中國學術思想研究輯刊

二三編
林慶彰 主編

第 20 冊

太谷學派及其教育思想研究

楊奕成 著

花木蘭文化出版社

國家圖書館出版品預行編目資料

太谷學派及其教育思想研究／楊奕成 著 — 初版 — 新北市：
花木蘭文化出版社，2016〔民 105〕
目 4+208 面；19×26 公分
（中國學術思想研究輯刊 二三編；第 20 冊）
ISBN 978-986-404-571-6（精裝）
1. 儒學 2. 教育哲學
030.8   105002155

ISBN-978-986-404-571-6

9 789864 045716

中國學術思想研究輯刊
二三編　第二十冊　　　　　　　　ISBN：978-986-404-571-6

太谷學派及其教育思想研究

作　　者　楊奕成
主　　編　林慶彰
總 編 輯　杜潔祥
副總編輯　楊嘉樂
編　　輯　許郁翎
出　　版　花木蘭文化出版社
社　　長　高小娟
聯絡地址　235 新北市中和區中安街七二號十三樓
　　　　　電話：02-2923-1455／傳眞：02-2923-1452
網　　址　http://www.huamulan.tw 信箱 hml 810518@gmail.com
印　　刷　普羅文化出版廣告事業
封面設計　劉開工作室
初　　版　2016 年 3 月
全書字數　177463 字
定　　價　二三編 24 冊（精裝）新台幣 46,000 元

太谷學派及其教育思想研究

楊奕成　著

作者簡介

楊奕成，1979 年生於台北市。東吳大學中文系學士、淡江大學中文所碩士、博士。研究領域為清代義理學，撰有碩士論文《程廷祚之《易》學及其思想》、博士論文《太谷學派及其教育思想研究》。曾於《中國時報》、《人間福報》、《國語日報》發表多篇散文創作。曾任教於蘭陽技術學院、台灣警察專科學校，現為淡江大學中國文學系、國立台北大學中國文學系兼任助理教授。

提　要

　　太谷學派乃晚清社會的一道曙光，其致力於儒學民間化可謂不遺餘力，這對於身處亂世，飽受流離之苦的人而言，彷彿一帖珍貴的安定劑，並對日後的民間講學有莫大的影響力；故而本論文從「教育思想」的角度切入，探討太谷學派的淵源以及從南宗到南北合宗的階段，如何藉由創建草堂來傳播儒學，尤其在北宗經歷黃崖山事件後，他們如何自風雨飄搖的政治氛圍中，肩負起傳承師說與明道的使命，進而就倫理教育觀、認知教育觀、詩學教育觀等面向架構其教育思想論。

　　在倫理教育觀，其對於五倫的闡揚與發揮用力甚多，更思索如何將這觀念以易知易行的方式，傳播於中、下階層的百姓。在認知教育觀，時至有清一代，形而上的思辨學風為經驗與實證所取代，其思索著該如何將知識與道德融合，以利宣講，俾益學生吸收與實踐。在詩學教育觀，其不僅鑑賞詩篇，並藉由學人的聚會而所創作的詩篇，形成一套獨特的詩學理論。

　　太谷學派的傳道活動由嘉慶以降賡續至抗日戰爭爆發，方勿促結束，雖然在學術史的長河裏一直處於被漠視的狀態；但其能將教育理念落實於五育中，對於當今的教育仍深具參考的價值。其次，由於時代侷限，太谷學派各代所面對的問題亦不相同，故導致彼此教育觀點或歧異或矛盾，吾人當寬宥之。

謝　誌——凝眸 1999

　　關於求學這件事，有一個時間點，彷彿月色溶入山脈，潮水溶入海洋，無法自記憶中抽離，而這也是我成長過程中重要的轉捩點——1999。

　　這一年，我走出迷惘的青春年少，這一年，我揮別無味的專科生活；也在這一年，我從競爭激烈的插班考試中，脫穎而出，進入嚮往已久的中文系。而今而後，遂長出一對自信的翅膀，翱翔在文學的天空。

　　在中文系的日子，當我拿起那枝創作的筆時，即感覺到窗外有風，靈魂遂穿梭於大千世界，一切的景語皆成情語，而當我置身於學術的殿堂時，紛擾的俗事即被暫隔於外，那沉思的狀態猶如胎兒在母親的子宮裡安靜的孕育著。無論創作或學術，皆令我憶起元代的劇作家關漢卿曾說：「世情推物理，人生貴適意。」適意的人生，心境總是寬的，步伐總是踏實的，而眼神總是篤定的。

　　念研究所時，老師曾說：「拿到博士學位，只是表示自己有做學問的資格。」這句話，在我取得博士學位之際，遂於耳畔再次響起。或許因為這一路走來的跌跌撞撞，所以年歲方過而立，我便明白了珍惜與謙遜的道理，並且也教會我以誠摯的心看待別人的成功。

　　寫作論文的這段期間，感謝曾師昭旭給我的提點，讓我一步步自迷霧裡理出一條清晰的寫作方向，也感謝殷師善培在六年前為我點亮一盞研究「太谷學派」的明燈，以及蔣師秋華在資料上的協助、行文方面的指導。研究之路，我何其有幸，受教良師，而大學時代的羅師麗容、朱師孟庭，亦是提撕我精神向上的良師。

　　踽踽獨行的研究路上，鶴堂兄與美紅姐常帶著他們那雙可愛的孩子，為

我捎來無數的晨昏歡笑，還有嘉欣姐、大學同窗懿雯時時予我打氣；因為有他們相伴，讓我在論文的寫作期間，常保一顆愉悅的心。另外，由衷的感謝烱元為我繪製統計圖表及排版，名聰為我的論文摘要翻譯，柏恩在口試時諸多雜事的協助，點點滴滴，永銘五內。這幾位朋友都是我人生中值得憶念的一片風景。

　　博士學位的取得，我將這份榮耀歸於生養我的雙親，並告慰最疼愛我的外婆，在天之靈。最後，在我準備開拓新的人生版圖以前，我想再回首，深情的凝眸，那屬於我的 1999。

二〇一一年小暑謹識於悸動的台北城

目

次

第一章 緒 論

宋儒朱熹〈觀書有感〉詩云：「問渠哪得清如許？為有源頭活水來。」亦如學界欲活絡其氛圍，即須不斷開拓嶄新的研究議題，如此不但能收拋磚引玉之效，更可以補學術史上的斷層與空白。否則，僅是舊題再究，又無法有豐碩的成果，將導致學界空氣因暮氣沉沉而僵化。

在台灣，目前學界對「太谷學派」之名尚處陌生的階段，更遑論對其思想的相關問題與影響力的了解。然而在大陸，「太谷學派」的議題則因有相關的學者及團隊的響應，故已呈現不少的研究成果。有鑑於此，吾人以之做為研究的議題，本章擬就：研究動機與目的、學界研究的概況評介、研究的範圍、主題與方法等三節，做一論述，希冀本論文能為學界注入一股新的生命力，開啓另一扇新視窗。

第一節 研究動機與目的

年少時，閱讀清末著名的譴責小說《老殘遊記》，每讀到那大明湖及黃河結冰的景象，即為劉鶚生動的描景功力，深深讚嘆，而讀到玉小玉說書的橋段，則為劉鶚那化抽象聲音為具體實景的才情而傾倒。稍長，經歷了一些白雲蒼狗的人事變遷後，再翻閱該書，讀到劉鶚在序言裏說：「嬰兒墜地，其泣也呱呱，及其老死，家人環繞，其哭也號咷……蓋哭泣者，靈性之現象也……靈性生感情，感情生哭泣。」〔註1〕才頓時發現《老殘遊記》不僅是一部敘景狀物極佳的小說，更是一部感嘆身世飄零的作品。

〔註1〕劉鶚：《老殘遊記》（台北：世界書局，2004年），頁3。

　　直到就讀研究所，因選修「古典小說專題研究」的課程，而閱讀魯迅《中國小說史略》，該書提及《老殘遊記》時即云：「作者信仰，並見於內。」〔註2〕由於在《老殘遊記》裏反映三教合一、批判宋儒滅人欲的思想〔註3〕，故而興起探究劉鶚信仰的動機，唯有如此，方能體現小說裏深刻的思想內涵。

　　關於劉鶚的思想淵源，其子劉大紳說：「《老殘遊記》最受人誤會者，為描寫中表現思想處。……不獨當時人少見為怪，即今日人亦未必不以為奇，而不測其源。實則先君隱蓄，抒寫者當不及千百分之一。欲識其眞，必先知學問淵源，即世傳之大成教、大學教、聖人教、黃崖教等。」〔註4〕足見太谷學派對劉鶚思想的影響甚深，故而表現在其創作當中。由此可知，這便是一種思想的傳播，王汎森在〈中國近代思想文化史研究的若干思考〉即說：

> 「一隻燕子能否代表一個春天？」如果一種想法只是出現在某位思想家的筆下，而沒有傳播開來，那也就只是一隻燕子而已。因為我們討論的是思想史，所以不能太心安理得地以為一隻燕子就代表一個春天，也就必須考慮思想傳播的問題。〔註5〕

而此處所言的「思想傳播」，乃一極待釐清的問題：太谷學派如何將儒家思想由上層精英轉移至下層百姓，並因而落地生根的過程。一個學派要在民間生意盎然，親民是一個很重要的關鍵，而親民的魅力則來自於將高深的義理，藉由戲曲、說書的方式表達出來，抑或如劉鶚以小說的方式體現太谷學派的思想內涵，使其融入民眾的生活，成為易知且易行的實踐。循此，朱禧在〈魅力來自感情，感情源於思想——再談《老殘遊記》和太谷學派〉便說：

> 太谷學派創始人周太谷很強調每個人都要有社會責任感，要關心別人……我們覺得劉鶚的一生，無論是投身河工、請建鐵路，還是參于礦務、北上賑濟，都體現了周太谷的這種思想。不僅如此，待到事不遂志，無法實現自己更多抱負後，1903 年開始撰寫《老殘遊

〔註2〕 魯迅：《中國小說史略》（台北：風雲時代出版股份有限公司，1996 年），頁357。

〔註3〕 劉鶚：《老殘遊記》，頁84～105。

〔註4〕 劉德隆、朱禧、劉德平編：《劉鶚及老殘遊記資料》第三冊（成都：四川人民出版社，1985 年），關於「太谷學派」的定名過程，可參見本論文的第二章，頁18。

〔註5〕 王汎森：〈中國近代思想文化史研究的若干思考〉，《新史學》第14卷第4期，2003 年，頁187。

記》，雖只是一部小說，卻仍然把這種社會責任感，放在了第一位。
〔註6〕

這段論述裏，很顯然的將《老殘遊記》的創作動機，叩緊了反映太谷學派的思想。持此觀點思之，太谷學派的學脈淵源與發展為何，即是首要探討的問題。再者，劉鶚既以小說方式來彰顯太谷學派的精神，而近代學者王汎森又發表專文，將太谷學派定義為民間性儒家學派〔註7〕，足見該學派與民間必有密切的關係，既如是，太谷學派的根本關懷是什麼？其又如何藉由教育思想彰顯此一關懷？此乃有待釐清的問題。

在漢民族的思想領域裏，儒學向來是位居主流的，自漢惠帝四年解除挾書令，河間王劉德鼓勵民間獻書，且立經學博士，至漢武帝「獨尊儒術」政策的推行並設立五經博士，確立五經的官學地位，儒學已然進入全盛時期。即便在魏晉南北朝，道家思想在時代氛圍的催化下興起，但儒學並非就此隱沒，乃是以另一種姿態承繼，而王弼以老、莊觀點注《易》，即是儒、道會通的顯例。

隋、唐時期，雖說佛學大盛，然而從唐太宗下詔整理群經的文字，再命孔穎達撰修《五經義疏》，又經長時間的修訂，至高宗時終於完成了《五經正義》，足見官方對於經學的心力投注仍是不遺餘力的。其次，自陳子昂以降，乃至韓愈、柳宗元所提倡的「古文運動」，亦是高舉著儒學旗幟的。而宋、明以來的程、朱理學，陸、王心學的迭興，更將儒學地位推展到極至。

時至有清一代，朱學受到官方的禮遇，康熙年間曾刊定《性理大全》及《朱子全書》，加上文字獄的盛行，士子為明哲保身，只好鑽研故紙堆，遂使考據之風盛行，然考據對象仍以儒家經典為主。另外，清中晚期所興起的今文經學，亦是為振興儒學，扭轉乾嘉以來逐漸流於瑣碎的學風。

順此脈絡而言，儒學的影響力似乎皆集中在士人，上層精英窮極心力地詮釋儒家的經典，希冀透過經典的涵養，從中獲取生命的力量，讓心靈有所歸屬，而不致漂泊無根，亦往內收束，進德修業，再相時向外彰顯，使事事皆能合乎儒家之道。不過，這仍無法全面反映儒學的影響力，彰顯儒學實踐

〔註6〕　朱禧：〈魅力來自感情，感情源於思想——再談《老殘遊記》和太谷學派〉，《南京理工大學學報》1997年第6期，頁20。

〔註7〕　王汎森：〈道咸年間民間性儒家學派——太谷學派研究的回顧〉，《新史學》第5卷第4期，2004年。

的精神。故而若把觸角延伸至下層市井小民，將可見「柳暗花明又一村」的學術風貌，此即前述「思想傳播」的問題，對此，傅斯年曾說：

> 《禮記・曲禮》「禮不下庶人，刑不上大夫」，這兩句話充分表現儒家文化之階級性。因爲「禮不下庶人」，所以庶人心中如何想，生活如何作心理上的安頓，是不管的，於是庶人自有一種趨勢，每每因邪教之流傳而發作，歷代的流寇，包括中國現在的共產黨，就是這一層。佛教道教之流行，也由於此。這是儒家文化最不安定的一個成份。〔註8〕

由此可知，只要是「人」都需要精神的、心理的安頓，所謂的「安身立命」，這是沒有階級性的；然而，漢民族歷朝的統治者似乎忽略於此，造成庶人的心靈苦悶、徬徨卻無由宣洩，因此往往藉由宗教信仰來產生安定的力量，而太谷學派從孕育、誕生到茁壯，正是大清國勢逐漸走向下坡的時期，故而他們如何藉由傳播儒學以安定民心，而傳播的型態及應用的方式爲何，則是次要探討的問題。

梁啓超在〈清代學術變遷與政治的影響（下）〉云：「凡大思想家所留下的話，雖或在當時不發生效力，然而那話灌輸到國民的『下意識』裏頭，碰著機緣，便會復活，而且其力極猛。」〔註9〕因此，儒家的思想若僅停留於上層的精英，則很可能淪於「坐而言不起而行」的後果；然而若能將之灌輸到下層的庶民，則實踐的效力是不容小覷的。是以太谷學派如何將儒學予以內化，再轉換爲易知易行的方式，傳達予庶民，則是本論文研究的主架構。

因爲閱讀劉鶚與《老殘遊記》的相關資料等外緣因素，故而興起以「太谷學派」爲主題的研究動機。王汎森對太谷學派的總評曰：「著手將儒家文獻轉化爲類似宗教經典，其組織又具有半秘密社會性質，很明顯地是想形成一個有力量的組織，藉以實行一些經他們改造後的儒家社會政治理想。」〔註10〕身處於清末亂世的太谷學派爲將儒學普及民間，故有經典宗教化的現象產生，而在專制的社會下，爲裨益傳道活動的開展，故不得不以半秘密的組織（從黃崖山寨到創建草堂）來從事儒學的傳播。是以，本文亦希冀藉由此議題的開發，探究其長達一百五十年的傳道活動，如何日積月累，逐漸形成一

〔註8〕 傅斯年：《傅斯年全集》（台北：聯經事業出版公司，1980年），頁2049～2050。
〔註9〕 梁啓超：《中國近三百年學術史》（台北：里仁書局，1995年），頁40～41。
〔註10〕 王汎森：〈道咸年間民間性儒家學派——太谷學派研究的回顧〉，頁146。

個個有力量的組織，並且將儒家思想加以改造，進而與當今的教育結合。

第二節　學界研究的概況評介

　　綜觀目前兩岸的學術界對於「太谷學派」的研究，以大陸所投注的心力最多，而在台灣則唯有以劉鶚或《老殘遊記》做為研究對象時，方會點綴性的提到。思及此，令人不禁要問：何以一個在歷史長河裏能綿延百年以上的學派，在學術界的研究竟只是吉光片羽，且起步如此遲緩？根據所收集的五本相關的研究專著，及民國以來共一百四十一篇相關的學報、期刊專文，或有缺漏，不過基本可顯示大致的趨勢；然後就面向上、時間上、地域上等三個角度做統計與分析，並繪製相關的圖表，以期能清晰的呈現目前學界研究的概況。以下就此說明於次：

一、專著研究釋論

　　關於太谷學派研究的相關專著，目前問世的有陳遼《周太谷評傳》〔註11〕、江峰《太谷學派生命哲學研究》〔註12〕、朱季康《黃崖山事件與太谷學派研究》〔註13〕及《張積中年譜》〔註14〕、許東《張積中與黃崖山寨研究》〔註15〕等五本。而陳遼《周太谷評傳》介紹周太谷其人其事，並以主題式的研究，呈現周太谷的思想概要，書末則附有張積中、李光炘、蔣文田、黃葆年、劉鶚、張德廣等人的評傳，該書在 1992 年問世，在學術界裏深具開創性的意義。

　　江峰《太谷學派生命哲學研究》是在 2007 年問世的，作者於該書裏提出一系列對生命的認知、本源、本質、結構、過程、價值、修養、境界等獨特的見解，並且巧妙的與當代的生命教育結合，是繼陳遼後對「太谷學派」的研究，有更深入的辨證與探析的學術著作，對於學術界深具啓迪之功。

　　朱季康《黃崖山事件與太谷學派研究》是 2007 年蘇州大學歷史系的博士

〔註11〕陳遼：《周太谷評傳》（南京：南京大學出版社，1992 年）。

〔註12〕江峰：《太谷學派生命哲學研究》（北京：東方出版社，2007 年）。

〔註13〕朱季康：《黃崖山事件與太谷學派研究》（蘇州：蘇州大學歷史系博士論文，2007 年 4 月）。

〔註14〕朱季康、劉弘達編：《張積中年譜》（南京：南京大學出版社，2009 年）。

〔註15〕許東：《張積中與黃崖山寨研究》（山東：山東師範大學哲學系碩士論文，2010 年 3 月）。

論文，作者從史實考證的角度切入，親身前往山東的黃崖山，考察其地理環境，並且於當地從事相關的田野調查，務必呈現出貼近黃崖山事件的史實，重現當年慘案爆發的全程。循此，作者將整個研究重心置於北宗領袖張積中，進而勾勒其宇宙觀、宗教觀、身心修養觀、政治社會觀等，可謂開創太谷學派研究的新面向。另外，作者與劉弘逵編著《張積中年譜》，以提供從事相關研究者繫年上的方便。

　　許東《張積中與黃崖山寨研究》是 2010 年山東師範大學哲學系的碩士論文，作者除了全面的分析張積中的思想內涵外，更從時代與社會的角度切入，針對黃崖山寨的組織、講學的內容與儒學宗教化的關係做一深入的探討，其次亦對黃崖山慘案的過程進行歷史疑點的辨析。而吾人亦可藉由本論文了解具有鮮明的宗教性格，乃太谷學派傳道活動能不絕如縷的重要因素。

二、專文研究面向的統計與釋論

　　在這一百四十一篇相關的研究專文裏，歸納出研究的面向約有五類：其一，學人生平及其交遊計四十三篇；其二，學派的發展史計二十七篇；其三，主題式的研究計三十四篇；其四，遺書或某篇章研究計二十四篇；其五，《老殘遊記》與學派的關係計十三篇。根據以上的統計資料所呈現出的圖式（請參見附圖一），可以得出四項結論：

　　（一）研究面向大多分佈於「學人生平及其交遊」、「學派的發展史」、「主題式」，而關於「《太谷學派遺書》或某篇章」、「《老殘遊記》與學派關係」的研究則為數不多。究其因，乃學派曾遭受政治的迫害，導致《太谷學派遺書》問世時間晚至 1997～2002 年間，劉蕙孫在〈太谷學派遺書序〉裏便詳細交代了這套書籍出版的艱辛過程，劉大紳、潘孝侯等人極力主張為了文化的承傳，故而應當出版，另有以黃仲素為首的學派中人則反對出版，認為這是洩漏天機，罪不可赦，經過極長遠時間的爭論，最後由方寶川提出出版計畫，且獲揚州廣陵古籍刻印社的大力支持，這套書籍終於問世。〔註16〕循此，近年來以劉鶚或《老殘遊記》為研究對象者，才會開始注意太谷學派的相關著作。其次，因為書籍晚出，故而討論《太谷學派遺書》或某篇章的論述便不多，縱使討論也僅停於概略性的介紹，性質等同於書摘。

〔註16〕劉蕙孫：〈太谷學派遺書序〉，收於方寶川編：《太谷學派遺書》第一輯第一冊（揚州：廣陵古籍刻印社，1997 年），頁 6～12。

（二）由於太谷學派早年為學術界所漠視，故而對於該學派之學人生平及交遊狀況的研究，多集中在介紹的階段，少有從原典中考究學人的心理狀況，或針對其學術思想的內涵進行探析。

（三）關於「學派的發展史」也絕多數處在介紹的階段，而改變整個學派傳道與發展命運的即是「黃崖山事件」，由於此事件曾受到官方高度關注，故而早期論述者僅能介紹整個事件發展的過程，不敢深入去評論，直至近年來有朱季康以宏觀學術視野，原典與田野調查兼具，方有進一步的深入論述。

（四）關於「主題式」的研究，這些論述有些僅是平鋪直敘的介紹，甚至只能做原則性或條列式的說明，直至 2004 年起，方有深入辨證的論述出現。

三、專文研究時間的統計與釋論

在這一百四十一篇相關的研究專文裏，可以十年為一單位，歸納出由西元 1931 迄今的研究概況。根據這歸納後的統計資料而呈現出的圖式（請參見附圖二），可發現 1931～1985 年，這五十四年期間僅有三篇相關論述，可謂太谷學派研究的荒涼期。自 1986～1996 年則可見太谷學派逐漸受到重視，此時期可謂預熱的階段，而 1997～2007 這十年，太谷學派的研究達到顛峰的狀態。究其因，乃《太谷學派遺書》的問世帶動整個研究的風潮，而這股風潮迄今仍未褪散，自 2008～2011 年，就有二十七篇相關的論述問世，研究成果可謂豐碩。

四、專文研究地域的統計與釋論

在這一百四十一篇相關的研究專文裏，歸納出研究的地域之分佈情形：中國南方有一百零三篇，北方有二十五篇，日本有二篇，台灣則有十一篇。根據以上的統計資料所呈現出的圖式（參見附圖三），發現中國南方竟然佔了一百零三篇，其中南京理工大學就有五十三篇。究其因，實乃地緣的關係，太谷學派的重要傳人中，除了朱淵為山東長清人外，全都是南方人，諸位研究者當是秉持著「人親土親」的情懷，發揚區域文化的精神，故而南京理工大學甚至為此闢了一個專欄，為太谷學派的學術研究盡一份心力〔註 17〕。而在台灣，太谷學派的研究相較於大陸則少很多，這十一篇裏，與劉鶚或《老

〔註17〕可參見王子淳：〈努力辦出有特色的學術專欄——《太谷學派研究》專輯編輯札記〉，《南京理工大學學報》，1995 年第 2 期。

殘遊記》相關的就佔了五篇，足見此乃台灣對太谷學派認識的大致途徑。再者，雖然《太谷學派遺書》已出版，但流通的地域仍不夠廣，這也是造成此議題在台灣研究偏低的原因。

第三節　研究範圍、主題與方法

太谷學派自周太谷為開山宗師以來，歷經第二代北宗張積中、南宗李光炘，以及致力於南北合宗的朱淵、蔣文田、黃葆年等第三代，最終是李泰階、劉大紳等第四代，賡續時間橫跨一個多世紀，而太谷學人傳世的著作亦頗豐；不過，關於「太谷學派」的研究卻長期處於被忽視的狀態，直到近二十年來方有相關的研究專著問世。

綜觀「太谷學派」這二十年來的研究概況，兼及前述的研究動機與目的，本文將研究的範圍擇定於南宗至南北合宗的時期，而這段時期有一個共通點，即學派的傳人皆創建草堂做為儒學傳播的橋樑，而草堂亦成為太谷學人精神寄託的所在。不過有一點要說明的是：雖然以南宗為研究主軸，但站在南北同宗的基礎上，南宗與北宗必有所交涉，南宗某些觀點勢必受北宗的影響，進而有承傳、修正、開創，故本文亦有多處徵引北宗的觀點來論述。以下茲就本論文所依據的原典，做一歸納性的說明：

（一）周太谷：為學派的創始人，其著述乃為解答弟子對於「九經」或「四子」的疑問，後來由後學張積中將之攜往黃崖，做為講學之用，並於同治五年（1866）編成《十三經或問》，然後由門弟子再附上其他文章，改題為《周氏遺書》。該書凡十卷，多為語錄體的論述，內容以討論內聖之功、外王之業為主，包含其天道觀、性命修養觀、政治觀、宗教觀等，藉此可了解其對儒家經典獨到的詮解觀點，針對此書，《續修四庫全書總目提要》載周太谷自言：「谷也愚，敢竊包羲、文王、周公、孔子之意，而述易簡之理，故其繫《易》不取爻象，而別為之說。」〔註18〕可知周太谷解《易》的觀點乃依循包羲等聖賢以來的義理路線而非象數，接著又評曰：「蓋畢生精力所瘁，入之深而知之切，自多義、文精義，昔人所未發者圖原、河之出圖也，始於滴一語，尤發千古未發之秘，語錄八卷則多所為論學文章、與門弟子論道箚記，出入群經子史，無不精邃明達。其門人陳一泉云：『我太谷生羲、文數千載之

〔註18〕見《續修四庫全書總目》第 34 冊（濟南：齊魯書社，1996 年），頁 791。

後，發言釋義皆生民罕見之言。』雖不免推仰師門，要非溢美，其論事論學，沖和允到，頗似濂溪。」〔註19〕足見《周氏遺書》實爲理解周太谷一生言行的重要著作，不讀該書則無法一窺周太谷思想的堂奧。

而《續修四庫全書總目提要》又著錄《太谷集》一卷云：「太谷論《易》之說，不概見，而仰瑜、一泉之序《太谷集》者，其旨可得而窺也。一泉之言曰……若斯言也，皆大有功於聖學，發前人所未發者也。仰瑜之言曰……先生雖述羲、文、周、孔之義而開物成物，其功不亞於作者矣。」〔註20〕接著又載《太谷經》一卷云：「谷遺言爲弟子所記者，號《太谷經》，有黃崖、龍川兩定本，其徒矜重之，不輕曝於外。」〔註21〕由於太谷學派曾爆發黃崖慘案，以致門人自此嚴禁學派遺書的流通，對於學派的思想則噤若寒蟬，唯懼再遭迫害。

（二）張積中：乃太谷學派中著述最豐者，《續修四庫全書總目提要》著錄《黃崖集》一卷，云：「是帙則黃崖難後，同門學者、家子弟，各以先人所收積中往還辭，裒集而成，以其居黃崖，因稱黃崖先生，即以名集，篇什有限，然頗足見積中胸襟學力也。」〔註22〕而本論文所引用與參考的部分，乃《張氏遺書》，分爲上下二卷，上卷以闡發《周氏遺書》爲主，包含其天道觀、性命觀、政治觀、宗教觀，下卷則多爲與友人或門弟子論學的書信，對了解其思想，亦頗有助益；《白石山房語錄》二卷，乃與弟子談性與天道及三教與人生；《白石山房文鈔》四卷，其中收有多篇張積中與友人或門弟子往來的書信；《白石山房詩鈔》三卷，體現了積中深厚的文學素養；《白石山房遺集續編》一卷，可知在黃崖傳教的盛況及經過，深具史料價值。

（三）李光炘：對於太谷學派之功，在述不在作，據張德廣編的《歸群寶籍目錄》著錄六種，然《太谷學派遺書》所收僅三種：《李氏遺書》、《群玉山房詩鈔》、《龍川弟子記》。《李氏遺書》一卷，以闡述儒家「仁義」、「孝悌」、「性情」等內涵爲主，並提出別於宋儒的新解，《續修四庫全書總目提要》云：「《李氏遺書》爲其講學語錄，共不過百則，迨門弟子輯其遺言所成，而大都深仁明達，卓然大儒之言。」〔註23〕《群玉山房詩鈔》不分卷，

〔註19〕見《續修四庫全書總目》第34冊，頁791。
〔註20〕見《續修四庫全書總目提要》第16冊，頁305。
〔註21〕見《續修四庫全書總目提要》第16冊，頁401。
〔註22〕見《續修四庫全書總目提要》第34冊，頁586。
〔註23〕見《續修四庫全書總目提要》第34冊，頁792。

又添續集，內容則為李光炘的詩作，關於詩作，《續修四庫全書總目提要》著錄《龍川詩鈔》，云：「《詩鈔》一卷，乃受業門人王啓俊、黃葆年輯其遺詩所成，自謂印以代鈔，聊省同學走筆之勞者，故其行不遠，後北平某氏、丹徒劉氏又有活字本行世，傳亦不廣，初不過詩一百許首，劉氏本復增補遺若干首，始共得二百許篇，古近體皆備，風格亦不一。」〔註 24〕《龍川弟子記》不分卷，包含對太谷《易》學的闡發及總結，同時可看出其善引佛、道觀點來解《易》，又反映其主張理欲調和的思想及宗教觀、政治觀、文學觀等。

《觀海山房追隨錄》一卷，乃講學之語錄，內容與《龍川弟子記》相近。其次，謝逢源所編的《龍川夫子年譜》，則是了解李光炘生平及太谷學人活動的重要著作。

（四）朱淵：《養蒙堂遺集》，主要論述太谷學派的哲學思想，包括性與天道、修養的方式，甚至寄寓個人的政治傾向，如反對維新變法的態度等，以及南北合宗的相關問題。對於了解太谷學派的歷史承傳，有相當的助益。

（五）蔣文田：《龍溪先生文集》二卷，乃與友人的書信往來，並收有序文及祭文數篇，藉此可了解太谷學派的譜系、歸群草堂建立前後的學派內部問題及其性命觀等；《龍溪先生詩集》一卷，可了解其文學觀，《續修四庫全書總目提要》著錄《龍溪集》，評文田詩作曰：「凡律絕古風如干首，多為與同門及弟子酬唱之作，詩律不甚嚴謹而情致頗遠，其以治學博，章句間尤多禪悅語，與詞人騷客雕章琢句，刻骨鏤心者，固不相侔也。」〔註 25〕道出了文田作品不重詩律重情韻，故讀來清新可喜，非纏綿俳惻、講究遣詞用字的詞風所及，可謂別具一格；其次，由於該詩集乃據年代先後排列，更是認識太谷學派的重要史料。

（六）黃葆年：是太谷學派三傳中著述最多者，本論文所引用與參考者，有《黃氏遺書》八卷，以反映修養觀、性命觀、宗教觀等為主，亦有與師友的書信資料；《歸群草堂語錄》，乃黃葆年與弟子間的問答，並有闡發聖功秘訣——「心息相依」的內涵與實踐；《歸群草堂文集》二卷，闡述其任職山東朝城知縣時，所主張的政策或政治理念；《詩經讀本》四卷，基本上參照毛、朱二家有關論述，進而闡發自己的觀點，有「微言」及「大義」兩部分；《禮

〔註 24〕見《續修四庫全書總目提要》第 34 冊，頁 799。
〔註 25〕見《續修四庫全書總目提要》第 34 冊，頁 588。

記讀本》十卷，乃節選評注《禮記》之作；《歸群文課》六卷〔註26〕，以經義說史爲主，專門探討《莊子》的微言大義，大抵是以儒、道會通的理念來解經；《歸群草堂詩集》二卷，反映其文學觀及論學之旨、太谷學派修身之教；《天籟集》四卷及《天籟遺音》二卷，皆反映其文藝觀。

（七）**劉鶚**：《鐵雲詩存》四卷，內容多借景抒發對人生飄零的慨嘆，亦有些詩篇表現其與太谷學派的關係。該書雖於本論文中出現不多，但仍做一說明。

在確立了研究的範圍後，接著便是研究的主題。謝逢源所編的《龍川弟子記》曾載其師李光炘云：「學道得師難；修道得友難；傳道得弟子難。故曰：『爲天下得人難』。」〔註27〕這段話可謂預言了太谷學派代代相傳的艱辛，人在求學的路上，要遇上兼具經師與人師特質的老師難，若有幸遇上了，還盼得益友相互切磋，學有所成後，便希望能將師說傳承下去，然而欲尋得適合傳道的弟子也不容易。由此可知，一個學派要能輝映於學術的長河，過程中是有許多困境需要突破的；是以本論文即以此面向做爲核心，依序展開論述。

綜觀太谷學派之門人，除了知識分子及少部分的政治人物外，更有來自民間中、下階層的百姓，故而從思想傳播的角度視之，便可知太谷學派在講學時漸趨通俗，實乃必然的傾向。傅斯年在〈論學校讀經〉說：

> 所以在《六經》以外，有比《六經》更有勢力的書，更有作用的書，即如《貞觀政要》，是一部帝王的教科書，遠比《書經》有用。《太上感應篇》是一部鄉紳的教科書，遠比《禮記》有用。《近思錄》是一部道學的教科書，遠比《論語》好懂。以《春秋》教忠，遠不如〈正氣歌〉可以振人之氣，以《大學》齊家，遠不如〈治家格言〉實實在在。這都是在歷史上有超過《五經》的作用的書。從《孝經》，直到那些勸善報應書，雖雅俗不同，卻多多少少有些實際效用。《六經》之內，都是十分之九以上但爲裝點之用、文章之資的。〔註28〕

〔註26〕 方寶川：〈黃葆年及其著述〉云：「《歸群寶籍目錄》有題爲希平夫子改作的《歸群草堂課藝》十四卷和《歸群草堂課藝續編》一卷兩種，不知《歸群文課》是否爲其中一部分，該書所錄文章，大都不署撰人，只有少數署名者。」收於方寶川編：《太谷學派遺書》第一輯第四冊（揚州：廣陵古籍刻印社，1997年），頁14。

〔註27〕 李光炘著、謝逢源編：《龍川弟子記》，收於方寶川編：《太谷學派遺書》第一輯第三冊（揚州：廣陵古籍刻印社，1997年），頁155。

〔註28〕 傅斯年：《傅斯年全集》，頁2049～2050。

由此足見，要將儒家思想普及於民間，唯有以生動活發、親切易知易行的方式去從事教材的編撰及宣講，方能順利達成。最後是研究方法，首先針對《太谷學派遺書》的文獻進行爬梳、考證，並廣泛蒐集相關的專著與單篇論文做爲參考與輔證，待仔細閱讀原典與相關研究資料後，再逐一分析。

而本論文在研究綱目上，首先，介紹太谷學派的淵源與發展，接著就太谷學派所創建的草堂與儒學傳播的關係，進行探討與說明。曾師昭旭〈論知與行的相契之道〉中認爲知識與德行並非定要強行區分爲二，事實上二者是可以彼此開放的，「例如知識之涉入道德實踐之學，是因在一具體的道德實踐之行爲中，本來就有純粹的良知心體與素樸的行爲二者綜攝其間。現在，知識之介入是僅去處理後者，而完全不碰觸良知（因爲在那裏是言語道斷故）」〔註 29〕。由此足見，東方的思維模式不似西方絕對的形式與理，太谷學派的學說乃以儒家爲宗，其中有主知者如荀子，也有重德者如孔、孟，但並非指其學問性格僅偏重一方，而是相互開放的，「在這互相開放且逐步涉入的歷程中，其不致互相傷害的保證是在於其涉入本來就僅接觸可接觸的部分」〔註30〕，由於太谷學派在詮釋某一論題時亦可見知識與德行相互開放與涉入。其次，在知與德的教育外，透過詩的賞鑑與創作以陶冶性靈，則可讓教育的面向更臻完善，故根據倫理教育觀、認知教育觀、詩學教育觀等主題，架構出一套太谷學派的教育思想，並且理出其提供當代教育環境的省思與影響，以彰顯本論文的研究價值。

〔註29〕 曾昭旭：《在說與不說之間——中國義理學之思維與實踐》（台北：漢光文化事業股份有限公司，1992 年），頁 25。
〔註30〕 曾昭旭：《在說與不說之間——中國義理學之思維與實踐》，頁 24～25。

第二章　太谷學派的淵源與發展

清末，有部著名的譴責小說名曰《老殘遊記》，作者劉鶚也因這部作品而享譽文壇，魯迅在《中國小說史略》中提到：「其書即藉鐵英號老殘者之遊行，而歷記其言論見聞，敘景狀物，時有可觀，作者信仰，並見於內，而攻擊官吏之處亦多。」〔註1〕由此可知，該書除寫作的技巧令人驚嘆外，劉鶚的思想亦寄寓其中。

劉鶚受業於太谷學派的第二代傳人，人稱龍川夫子的李光炘，他的〈述懷〉詩云：「余年初弱冠，束脩事龍川，雖未明道義，洒掃函丈前。無才學干祿，乃志在聖賢，相從既已久，漸知叩兩端。」〔註2〕這是劉鶚自言與太谷學派關係的明證，而方寶川〈劉鶚與太谷學派關係考辨〉則說：「目前，學術界已基本上取得了一個共識：要研究劉鶚的思想根源，就必須探尋太谷之學的內涵與本質。」〔註3〕足見太谷學派的思想對劉鶚生命的影響甚深。

其次，馬幼垣〈小說研究的點點滴滴──代序〉也說：「要討論《老殘遊記》而不先弄清楚劉鶚的思想和為人，以為可以就書論書，缺失顯明易見。劉鶚的思想主要有兩方面，一是他的服膺太谷學派之說，二是他對清末社會政治經濟，以及中國前程的觀感。」〔註4〕因此，釐清太谷學派的淵源與發展，

〔註1〕 魯迅：《中國小說史略》（台北：風雲時代出版股份有限公司，1996年），頁357。

〔註2〕 劉鶚：《鐵雲詩存》，收於方寶川編：《太谷學派遺書》第二輯第五冊（揚州：廣陵古籍刻印社，1998年），頁4。

〔註3〕 方寶川：〈劉鶚與太谷學派關係考辨〉，收於方寶川編：《太谷學派遺書》第二輯第五冊（揚州：廣陵古籍刻印社，1998年），頁1。

〔註4〕 馬幼垣：《中國小說史集稿》（台北：時報出版公司，1987年），頁8。

將有助於吾人對劉鶚重新的認識，亦可彌補該學派在中國思想史的長河裏，一直被忽視的遺憾。

本章擬就：學派的淵源與宗師的生平、北宗與南宗的承傳與開創、由分而合的過渡期、合宗以後的餘韻等四節，勾勒出太谷學派從創始以來的衍變歷程。同時也循著太谷學人篳路藍縷的腳步，見證其為學術、為教育、為明道而代代相傳的毅力與情懷。

第一節　學派的淵源與宗師的生平

周太谷是太谷學派的開創宗師；但由於該學派長期處於被學界忽視的狀態，故關於他的生平資料並不多，而陳遼的《周太谷評傳》可謂最早對周太谷的生平及活動，進行整理與爬梳的專著，他提到寫作動機時，說：「我之所以撰寫《周太谷評傳》，也是為了解開太谷學派這個學術之謎。」〔註5〕該書為周太谷的籍貫、生卒年、各階段的活動概況等做出確切的考證。

作為一位學派的創始人，周太谷在生命的歷程中，受到怎樣的思想啟蒙，曾面對怎樣的困境與轉捩點，進而深深影響該學派日後的發展，這是值得去探討與了解的。職是之故，茲將其生平論述於次：

一、周太谷的家世與成長

周太谷原名穀，號太谷，別號崆峒子，一作空同子。據第三代的太谷學人謝逢源所著的《龍川夫子年譜》載其「字星垣，里居閥閱，多不可考。相傳為池州府屬庠生，或以其臂力過人，疑為武庠生，又官翰林院孔目，嘗自言：『後世知我事蹟者少。』」〔註6〕然而據陳遼多方考證，確定周太谷的籍貫為安徽池州，生於乾隆二十七年（1762），卒於道光十二年（1832）。〔註7〕

關於周太谷的長相，《龍川夫子年譜》的形容是：「太谷形貌古厚，身修五尺有奇，河目海口，眉目垂覆睫，頷鬚亦不甚長，筋骨遒鍊，宛如松柏，常歷十數晝夜，不眠亦不倦，或請休息，則解衣就枕，鼻息三齁而興，精神

〔註5〕陳遼：《周太谷評傳》（南京：南京大學出版社，1992年），頁2。
〔註6〕謝逢源：《龍川夫子年譜》，收於方寶川編：《太谷學派遺書》第一輯第三冊（揚州：廣陵古籍刻印社，1997年），頁11。
〔註7〕陳遼：《周太谷評傳》，頁2～5。

益足。」〔註8〕這段描述可謂神化了周太谷的形象；但那特異功能非周太谷與生俱來，而是他透過後天不懈怠的精進與修養，故謝氏說：「太谷至誠如神，邗上老人猶能述其靈異，故多以術士目之，然非親聞於龍川，則概從其闕，後世以術數窺聖人，失之遠矣。」〔註9〕周太谷臨終前，囑李光炘傳道於南，而謝逢源又為李氏的弟子；因此，這段記載對於評價周太谷而言，乃具有相當程度的客觀價值。

周太谷的家境殷實，其母對於他的教育是採鼓勵及開放的，完全尊重他的意願與喜好，他說：「家財權予祖用、母用、兄用、弟用皆取於予。」〔註10〕足見其母傾付所有心力栽培他，故他又說：「予未三十而惡窮居。」〔註11〕少年時代的他，足跡就訪遍天下，藉此開拓視野，增廣見聞，並且訪遇名師，以致他為「母沒，遊學於千里之外，未能奔哭其終」〔註12〕而深感愧疚。《龍川夫子年譜》載其：

> 少好神仙，喜遊歷，蚤孤，母太夫人盡以家財付之，恣其所之，待臘月方歸，每遇試燈節後，太夫人必為之治裝，促使出門去，拜別時，請何嚮？太夫人曰：「男兒志在四方，豈有定所？」於是足跡遍天下，乃得福州韓先生子俞、洪州陳先生少華師焉。〔註13〕

從這段論述，可知其母思想的開化，讓周太谷四方遊歷，並充分供應所須的資金，在當時是少見的女性。這影響了該學派日後對女性的尊重，亦招收女弟子，使得女性也有受教育與學習的機會，《歸群草堂語錄》中便載：「女弟子魯氏姐妹來，精勤不懈，其餘亦多興起。師謂男弟子，多因循怠惰，見之直當愧死。」〔註14〕同處又載：「陸少復致女伴函曰：『我等現在係借假脩真，切不可戀假忘真。』師極為贊歎言：『彼一弱女子，切實如此，而男子中竟有終身勞碌，以假為真，遂不知真者在何處，對之能無愧悔？』」〔註15〕可見女

〔註8〕 謝逢源：《龍川夫子年譜》，頁 22。

〔註9〕 謝逢源：《龍川夫子年譜》，頁 26。

〔註10〕 周太谷：《周氏遺書》卷四，收於方寶川編：《太谷學派遺書》第一輯第三冊（揚州：廣陵古籍刻印社，1997 年），頁 192。

〔註11〕 周太谷：《周氏遺書》卷八，頁 485。

〔註12〕 周太谷：《周氏遺書》卷四，頁 192。

〔註13〕 謝逢源：《龍川夫子年譜》，頁 11～12。

〔註14〕 解琅：《歸群草堂語錄》，收於方寶川編：《太谷學派遺書》第一輯第五冊（揚州：廣陵古籍刻印社，1997 年），頁 9。

〔註15〕 解琅：《歸群草堂語錄》，頁 19。

性只因社會環境所圍限，故無法適性的發展，否則她們的智慧及對學問的熱情，有時是男性所不及的，誠如《老殘遊記》裏，劉鶚筆下的璵姑，她的容貌、學識及論辯的口才皆出類拔萃〔註16〕，胡璟在〈新舊裂變時代的女性——兼論劉鶚的女性觀〉便說：「就文學形象而言，璵姑與以往文學作品中女性形象大為不同，劉鶚是把璵姑作為他心目中的理想女性、新政治思想的代言人來多方刻畫的。」〔註17〕足見太谷學派對女性地位的提升與重視。

周太谷原配夫人不知其姓氏，常伴其身邊的是側室黃夫人。周太谷育有一子一女，其子名杰，字少谷，《周氏遺書》載周太谷誨少谷亦多處，而其女後來則嫁給李光炘之子李少平（字漢章）。

二、周太谷的學脈溯源

一個學派為學界所肯認，其間的歷程包括創立演化、成員性質、思想特質等，絕非一蹴可幾的，必得經過萌芽、成長以至茁壯，而讓一個學派萌芽的創始人，他必也是前有所承的，此乃學派的淵源，追溯此淵源，也讓人了解該學派之學術思想發展的導向。桑兵說：

> 古代文學流派，包括所謂自覺型的流派，其名稱都不是當事人自己標榜的，其命名以及人們對它的認識往往晚於流派本身的形成。也就是說，流派實體先已形成，然後人們才為它命名並對其有所認識。換個角度看，這樣的邏輯恰好說明流派是由後來人的認識逐漸定型的，而人們的能動性並不僅僅是發現流派的實體，還會參與流派形成的主觀進程。〔註18〕

從這段論述的角度裏，吾人可以了解太谷學派的定名也「不是當事人自己標榜的」，學界對他的認識也「晚於流派本身的形成」，而在定名以前，太谷學派有各種不同的名稱，諸如：大成教〔註19〕、崆峒教〔註20〕、泰州教〔註21〕

〔註16〕 可參見劉鶚：《老殘遊記》（台北：世界書局股份有限公司，2004年），頁84～94。

〔註17〕 胡璟：〈新舊裂變時代的女性——兼論劉鶚的女性觀〉，《長江學報》，（2006年2月），頁170。

〔註18〕 桑兵：〈中國思想學術史上的道統與派分〉，《中國社會科學》2006年，第6期，頁173。

〔註19〕 見馬敘倫《石屋續瀋》（上海：建文書店，1949年4月），頁6，載：「沈胠民來，談及大成教……其學則糅合三教，而實則歸于道，道又為漢、魏以來之道教而非黃、老也。門下無所不有，達官貴人至於販夫走卒、男女老幼無不收錄。」。

等，每一種名稱都有其命名的原因，黃葆年的《黃氏遺書》卷八，載其造了道祖、帝君、聖帝諸神，故陳遼《周太谷評傳》在附錄的〈黃葆年評傳〉裏提到：「一般人把它視為一種宗教，是和黃葆年把太谷學派宗教化直接有關的。」〔註22〕直至 1927 年盧冀野〈太谷學派之沿革及其思想〉〔註23〕，才正式定名為「太谷學派」，證明「流派是由後來人的認識逐漸定型的」。

至於要了解太谷學派形成的進程，就要追溯其學脈淵源了。周太谷少年時代，四方遊歷時，便拜福州韓仰瑜（子俞）、洪州陳一泉（少華）為師，《龍川夫子年譜》載：「嘉道間，陳、韓兩先生出，太谷兼其所學，而聖教以昌，聖功或數百年而一開，或數十年而一開，開則二氏晦，理學家以異端目之，不知二氏並不知聖功也，後之學者如學太谷，不知陳、韓，其孰知太谷？」〔註24〕周太谷拜其為師，學習佛、道方面的知識，並融合在其學說當中，這兩位先生實乃周太谷的啓蒙師。

謝氏又說：「太谷能以細葦刺木扉，如穿魯縞，與陳先生逆風揚帆，韓先生吹海見底，二事相類。」〔註25〕故有人以術士目之。《龍川夫子年譜》即載洪澤湖有大黿興風作浪，「太谷以杯取水，得小黿，大如錢，喃喃祝之語，移時，黿昂首若受命然，遂放之湖曰：『水治矣。』歸舟登岸，子因忘給舟資，復趨至河濱，見舟子一一仆水中，舟忽不見」〔註26〕。由此足見，周太谷雖懂罡符隱咒的異術，但都是在關切民生，為民除患的。

周太谷對學問的追求並不畫地自限，自以為滿，而是充滿旺盛企圖心的。嘉慶丙辰（1796）年間，他「道經匡廬，見石鐫茂叔，『志伊尹之志，學顏淵

〔註20〕 馬敍倫《石屋續瀋》，「枝語十一記崆峒教，即余前記之大成教也：其說云：『道光間，又有所謂崆峒教者，泰州周氏創之。周，彭澤人，或云池州人。』」，頁 46。

〔註21〕 見鄧之誠《骨董瑣記全編》（北京：三聯書店，1955 年），頁 6，載：「世傳泰州教……其教，讀書學道，不改儒風，惟傳教極秘密，相傳有諸異術，能搬運法。……流派繁衍，奉之者遍東南。」成案：此或乃源於周太谷能煉氣辟穀，通陰陽奇賬，符圖罡咒，役鬼隱形，又教人房中術等相關，也因為如此，故太谷曾被冠以「教匪」之名，逮捕入獄。

〔註22〕 陳遼：《周太谷評傳》，頁 181。

〔註23〕 原載《東方雜誌》卷 24 號 14，後收入《盧前文史論稿》（北京：中華書局，2006 年）。

〔註24〕 謝逢源：《龍川夫子年譜》，頁 15。

〔註25〕 謝逢源：《龍川夫子年譜》，頁 23。

〔註26〕 謝逢源：《龍川夫子年譜》，頁 24。

之學語」，始檢孟子之仁義、子思之誠明、曾子之明德、顏淵之博約，反復觀思，了無所得」〔註27〕。這年是周太谷學思歷程中重要的轉捩點，他意識到儒家學說方為正宗之理，但自己卻一無所知，直至戊午（1798）年，周太谷「續遊匡廬，復檢仲尼『己立立人，己達達人』、『能近取譬』語，熟觀沈思，豁有所得，憶孟、思、曾、顏之學，其義一也」〔註28〕，自此他便全神貫注，體證儒學。

《龍川夫子年譜》載周太谷「明道後為《或問十三篇》，皆九經四子不顯傳之祕，而聖學以明。兩先生自知弗如，復從而受業焉，後皆與聞至道而去」〔註29〕。唐朝韓愈〈師說〉有「師不必賢於弟子，弟子不必不如師」的主張，陳遼說：「在太谷學派中，年長的人甘心情願地拜比他年輕的有學問的人為師的事例是很多的。信奉學說而不論資排輩，可以說是太谷學派一個特色。」〔註30〕故周太谷學成後，韓仰瑜與陳一泉二人反拜其為師，把這主張實踐，這也影響了該學派日後重視師友關係的砥礪，陳氏並贊言：「我太谷生羲文數千載之後，發言釋義，皆生民罕見之言。」〔註31〕陳、韓二氏受業於周太谷門下良久，陳氏曾自言：「泉游先生之門，幾四十年矣，聞先生之道，不啻仰之彌高，鑽之彌堅爾。惜乎今之學者未能知也。」〔註32〕韓氏亦自言：「瑜游先生之門，亦幾四十年矣，觀先生之學，不啻仰觀乎天，俯觀乎海矣。」〔註33〕足見此二人對於周太谷的學說，心悅誠服，推崇備至。

悟道後的周太谷在〈進學解〉期勉後學弟子云：「學者果能循朱、張、程、程、周、孟、思、曾之緒，而後尋孔、顏之樂，復與幾存義之德，庶不負斯進學之解云。」〔註34〕此乃周太谷述其道統，肯認以儒家學說為宗，並對自己悟道的次序做一追溯，故他又寫了一篇〈道州節〉，「道州」指的是濂溪周敦頤〔註35〕，由此可知周太谷之學乃淵源於宋學，循著周子往上溯是孟子、

〔註27〕周太谷：《周氏遺書》卷四，頁233。
〔註28〕周太谷：《周氏遺書》卷四，頁235。
〔註29〕謝逢源：《龍川夫子年譜》，頁12。
〔註30〕陳遼：《周太谷評傳》，頁6。
〔註31〕周太谷：《周氏遺書》卷二，頁111。
〔註32〕周太谷：《周氏遺書》卷二，頁113。
〔註33〕周太谷：《周氏遺書》卷二，頁116。
〔註34〕周太谷：《周氏遺書》卷四，頁237。
〔註35〕周太谷：《周氏遺書》卷四，頁229～230。

子思、曾子以至顏子、孔子，往下則是大小程、張載、朱熹，貫通儒學乃周太谷重要的思想淵源，至於佛、老及理數則爲明道的方便門，故金天翮總結周太谷之學說：「谷之爲學，大抵貫穿孔、孟，旁通老、釋，而自闢門戶，時時緯以理數。」〔註36〕所言甚是。

三、周太谷晚年的遺願

　　周太谷門徒眾多，上自王公貴人，下至販夫走卒等，拜其爲師者，「及門姓氏，多不可考」〔註37〕，〈周谷傳〉載：「其傳道不拘守型式，時以醫治人疾。性樂易，鄰舍童子見谷來，輒跳躍就之。谷或與爲蹴踘、意錢戲，無忤也。士大夫傳者，以爲谷能煉氣辟穀，通陰陽奇賅，符圖罡咒。役鬼隱形。又教人取精玄牝，爲容成秘戲。」〔註38〕周太谷平易近人、亦諧亦莊的個性，尤其精通術數、房中術等，吸引眾人前來求道。《龍川夫子年譜》便載有這段動人的描述：

　　　子含、子元母壽氏，世業淮鹺，樂善不倦。子元從太谷游，太夫人
　　　聞而慕之，亦師事焉。太谷日率諸弟子飯於其家，相與講道論德，
　　　日晡始散，或值陰雨，太夫人必命肩輿以送，或出雨具十數，分以
　　　備客用，其篤信好學，母子有心焉。〔註39〕

由此可知，周太谷講道論德的教學景況，必是精采萬分，聽者皆如沐春風，而家長對道的仰慕，進而對教師的禮遇及對同學的照顧，這份心意更是令人動容。有道是：「言教不如身教。」家長以身教來表達對教師的敬意，對其子亦有潛移默化的作用；然而謙虛如太谷，面對學生熱情求教，他曾說：「爾一能之，如予能之，爾一不能，如予不能也，師道廣大，予何敢妄爲人師？」〔註40〕足見太谷視學生的表現爲己任，又明乎學海浩瀚，豈能一窺而盡，故有待師生間勉力切磋習之。

　　《歸群草堂語錄》載：「太谷掛術士牌子，人易識。」〔註41〕周太谷雖

〔註36〕 見《皖志列傳稿》（台北：成文出版社，1974年影印民國25年刊本），卷六，
　　　　頁17。
〔註37〕 謝逢源：《龍川夫子年譜》，頁26。
〔註38〕 《皖志列傳稿》，頁485。
〔註39〕 謝逢源：《龍川夫子年譜》，頁28。
〔註40〕 周太谷：《周氏遺書》卷十，頁603。
〔註41〕 解琅：《歸群草堂語錄》，頁44。

有「能煉氣穀」、「通陰陽奇賅」、「符圖罡咒」、「役鬼隱形」之舉，但他很強調扶乩時必得有誠敬之心，故他曾說：「昔者予遊匡廬，見少華爲乩，他必體恭氣順而後爲。」〔註42〕可見周太谷是很強調內聖工夫的，絕非僅爲術數而已。然而不解實情的官方，將周太谷冠以「教匪」的罪名，逮捕入獄。周太谷曾自言：「仲尼誨，不擇教則道大；子輿辯，不搯非則道明；予也言，不避罪則道行。」〔註43〕故出獄後的他，晚年寓居於揚州的海島巷，一方面肩負傳承儒家學說，捍衛儒學的正統地位，一方面則尋找適合委以接續學脈重任的傳人，這段日子他過得很愜意，《龍川夫子年譜》裏有段生動且有趣的記載：

> 晚年遨遊邗上，無識之者，清晨入茶社，高談闊論，人多不能領略，或以周大話目之，則瞿然改容遜謝曰：「大而化之之謂聖，吾何敢當此哉！」時又有識之者曰：「周某之言皆天話、胡話也。」於是又自解曰：「胡然而天也，胡然而帝，爲此說者，其知我乎？」其天趣之溫良，德量之廣大，類如此。茶後，肩輿出，診疾罷，每再飯於鄭氏家塾。薄暮返，鄰舍童子望見肩輿所在，歡躍爭迎，從之者如歸市。既至，則相與爲蹴踘、意錢諸戲以爲樂，既而官商市僧僧尼道俗，絡繹於門，太谷乃一一見之。〔註44〕

藉此更具體的了解周太谷的爲人，其德量之廣大，反映在無意於旁人的眼光，無論以大話目之，或以天話、胡話譏之，他都能時而遜謝，時而自解，從容不迫的應對態度，令人讚佩；其天趣之溫良，則反映在童心未泯上，受鄰舍童子的歡迎。周太谷「清晨入茶社，高談闊論」，「茶後，肩輿出，診疾」等行爲，是爲尋覓傳承其學的弟子所準備，又因他道高容人，故當來自各行各業者絡繹不絕時，他皆一一見之。此時，他所收的弟子遍及各階層，較著名的有汪大竹與許鶴汀。汪大竹名全泰，字竹海，道號子純，又號鐵盂居士，《龍川夫子年譜》曰：

> 時寄居甘泉，在南門眞一壇，忽乩仙判云：「今有至人在此，宜至心求訪。」大竹復請，得一像，題曰：「星垣布於周天。」一日過通泗橋，遇一老人，鬚眉惟肖，因踪至海島巷，叩問姓氏，悉與乩符，

〔註42〕周太谷：《周氏遺書》卷十，頁614。
〔註43〕周太谷：《周氏遺書》卷十，頁585。
〔註44〕謝逢源：《龍川夫子年譜》，頁12。

知為非常人，遂長跽求道，延住乩壇，而與業師許鶴汀同執贄禮焉。
〔註45〕

這段關於汪大竹訪師過程的記載，似乎有些命定的意味在其中，事前已有乩仙預言，事後果然應驗。汪大竹「博雅淹通，精於著述，有異表，目能見鬼神，少好老彭，官刑部時，始潛心孔、孟，迨師太谷，立功最多，著有《潛虛翼》一卷」〔註46〕。他與周太谷的相似之處，乃皆由術數轉向儒家學說，周太谷曾讚其云：「爾孝、爾慈、爾尊師、爾仁民，予門惟陳、韓，皆不及爾矣！」〔註47〕足見汪大竹亦頗獲周太谷的賞識。而汪大竹之師——許鶴汀見周太谷時，已是古稀之年，對於自己的文藝創作頗自負，但「經太谷指疵，無有是處，於是苦心孤詣，自夕達旦，一題作小講二十七首，太谷反復推詳，恍然自知其謬，末後一首嘔出黑血升餘，眩仆良久，忽覺心地清澈，所思無礙」〔註48〕，於是甘拜周太谷為師。

　　雖然周太谷的弟子遍及各階層，然而太谷學派得以承傳與開創，最主要則是得力於兩大弟子：張積中與李光炘，其二人為表兄弟的關係。從目前面世的《太谷學派遺書》裏，無論是二人的著作或其他門人在書信中提及二人的部分等，皆很可觀，足見二人在學派的發展過程中，具有舉足輕重的地位。道光十一年（1831）周太谷曾自言：「吾俟儀徵人來，即傳道矣。」〔註49〕由於二人皆為江蘇儀徵人，便一同前往，然後「辯難三晝夜，皆聞所未聞，因共受業於門焉」〔註50〕，李光炘之父丹崖公後亦謁見周太谷，「一見欽服，遂並執弟子禮，歲底因率師（光炘）偕歸，明年伯兄海山、族兄和卿皆及門焉」〔註51〕，家族眷屬前來共修、習道，前有述及母子者，此則有父子、兄弟者，可謂太谷學派一大特色；其次，周太谷把女兒嫁給弟子李光炘的兒子——李少平，兩家結為姻親者，這種門戶自限的結果，將太谷學派導向家族性的學派，日後即使廣納門徒，但能成為學脈傳人者多是有「關係」的，這似乎是學派無法發揚光大的原因。

〔註45〕　謝逢源：《龍川夫子年譜》，頁 13。
〔註46〕　謝逢源：《龍川夫子年譜》，頁 16。
〔註47〕　周太谷：《周氏遺書》卷十，頁 616。
〔註48〕　謝逢源：《龍川夫子年譜》，頁 17。
〔註49〕　謝逢源：《龍川夫子年譜》，頁 13。
〔註50〕　謝逢源：《龍川夫子年譜》，頁 14。
〔註51〕　謝逢源：《龍川夫子年譜》，頁 14。

　　道光十二年（1832）春，張積中與李光炘至揚州復謁周太谷，習受心法，《白石山房文鈔》載是年發生饑荒，周太谷「閱日賑。蓋食者以萬數」〔註52〕，甚至教導張積中，與其啓書，伏而讀，不如心聖人之心，實踐聖人悲憫蒼生之情，他說：「民大饑待食，其往覯是亦善讀也，書也者，前聖人之糟粕也，多讀何爲？」〔註53〕足見其強調經典必須融入具體生活的重要。

　　周太谷抱病仍關切民生，看著百姓爲饑荒所苦，故許下「百姓有罪，在於一人，予其以身代矣」〔註54〕的宏願，如此的情懷，令後學者爲之動容。《白石山房文鈔》載周太谷臨終前，曾謂門弟子：「我觀乎天，亂之將形也，予其逝矣。俎豆在廟，其存亡，天也。文章在笥，予之傳其畀爾矣。爾得師，師不能誨乎爾，爾勿謂遂無師也。守師言而師在是矣。譬主人失其宅而可以見於寓也。其識之，毋忘予言。」〔註55〕周太谷殷殷教誨門弟子，希冀他們能勿忘師言，謹守師說，傳承師道，則師亡而道仍存。初夏，周太谷病逝，李光炘、張積中等門人奉葬於儀徵縣的青山。至於周太谷的遺著，在葬事完畢後，弟子汪大竹前往池州周太谷故居檢點藏書，「殘缺失次，因彙而輯之，後張先生（積中）奉經往山左，存於南方者，惟《易》、《史》、《論語》三種」〔註56〕，而存於南方的三種，李光炘則交予其弟子謝逢源藏之。

第二節　北宗與南宗的承傳與開創

　　在太谷學派的發展過程中，張積中與李光炘二人扮演著承先啓後的重要關鍵。由於二人親習周太谷之學，人品與天資周太谷皆器重之，故《白石山房文鈔》載周太谷曰：「啓予者，炘也；助予者，中也。」〔註57〕周太谷視二人爲衣缽繼承人，雖然親習時間不長，卻將畢生學說傾囊相授，《龍川夫子年譜》載周太谷召優伶表演，設宴款待，以饗二人，此厚待之舉引來門人子因的質疑，周太谷答曰：「汝以渠等少年初學，不知皆我大弟子也。汝雖年高日

〔註52〕張積中：《白石山房文鈔》，收於方寶川編：《太谷學派遺書》第二輯第一冊（揚州：廣陵古籍刻印社，1998年），頁285。
〔註53〕張積中：《白石山房文鈔》，頁279。
〔註54〕張積中：《白石山房文鈔》，頁310。
〔註55〕張積中：《白石山房文鈔》，頁287。
〔註56〕謝逢源：《龍川夫子年譜》，頁49。
〔註57〕張積中：《白石山房文鈔》，頁293。

久，實吾門之小沙彌耳。」〔註58〕足見二人受周太谷如此的青睞，故亦有任重道遠之感。《白石山房文鈔》載子炘、子中曰：「心夫子之心，事夫子之事，炘與中，敢肆乎哉！」〔註59〕可見二人追隨周太谷求道問學之心相當堅定，故而周太谷臨終前，賦予張積中還道於北，李光炘傳道於南的任務〔註60〕。職是之故，茲將二人生平論述於次：

一、還道於北的張積中

　　張積中（1806～1866），字石琴，號兩溪，道號子中，又號白石山人，江蘇儀徵縣人，《續修四庫全書總目提要》云：「積中居山日，恆為人講學，風聲所播，鄉村婦豎，亦多感化，群尊之為張七聖人。」〔註61〕而《龍川夫子年譜》載其「家豐於財，少任俠，好神仙，無書不讀，洎聞至道，業亦中落，形貌豐美，藹然可親，年未艾，鬚髮盡白」〔註62〕。張積中的家境、為人皆與周太谷相近，他曾說：「公者，功也；利者，利也。心公則所事皆功，心私則所為皆利。」〔註63〕足見他對於名利相當淡泊，有著大公無私的精神，故而周太谷對他曉以「末世重財而輕義，天惡之。貪生於欲，欲成於胃濁」的大義〔註64〕，其次，因為價值觀契合，周太谷又對張積中說：「女事予甫三日，予以周公、孔子之道，盡告諸爾矣。」〔註65〕足見周太谷十分器重積中，傳授積中之教毫無保留，亦期勉他日後前往北方傳播，並實踐他的學說。

　　道光二十二年（1842），張積中「卜宅於小王屋山，築而居焉」〔註66〕時，其兄張積功（寄琴）一家及其養女素心亦一同生活。由於張積中受周太谷尊重婦女之影響，主張婦女也應有受教育的機會，故居小王屋山時，其嫂沁夢居士及侄女珠華，閒暇常在屋內讀書，張積中「山居多暇，與靜娟論道，其

〔註58〕　謝逢源：《龍川夫子年譜》，頁19。
〔註59〕　張積中：《白石山房文鈔》，頁299。
〔註60〕　謝逢源：《龍川夫子年譜》，咸豐七年條載「初太谷既傳道，乃申告之曰：『汝等將來各有專責，子炘將來當傳道於南，子中當還道於北。』」，頁46～47。
〔註61〕　見《續修四庫全書總目提要》第34冊，頁586。
〔註62〕　謝逢源：《龍川夫子年譜》，頁15～16。
〔註63〕　張積中：《白石山房語錄》，收於方寶川編：《太谷學派遺書》第一輯第二冊（揚州：廣陵古籍刻印社，1997年），頁115。
〔註64〕　張積中：《白石山房文鈔》，頁295。
〔註65〕　張積中：《白石山房文鈔》，頁307。
〔註66〕　張積中：《白石山房文鈔》，頁13。

中煮茗、焚香、彈棋、詠詩，悠然有太初之意焉。靜娟雜閱諸書，喜《南華》，素心時或相過與論《楞嚴》之奧」〔註67〕。由這段山居歲月，足見張積中在太谷學人中對於婦女智識的提升，不遺餘力，其次，他的《白石山房詩鈔》有〈伏恨吟〉十三首，寫作動機乃：「詠薄命也，才而失遇，千載慨然，況女子身，能弗悲歟！」〔註68〕也深刻的表達出他對才女卻薄命如斯的同情。

而當朋友黃月芬準備贈送給他一位「其人如玉，最工西子之顰，更兼吹氣如蘭，善織蘇娘之錦」的名姬，卻被他以「寄語東風，似我斷非棲樹鶴；為她弱絮，囑君好作護花鈴」之語婉謝了〔註69〕。由此可知，張積中喜歡過恬淡自在的生活，他以拒絕納妾來展現自己尊重女性，反對物化女性的思想，在舊式的社會裏，不僅是一種進步的光輝，同時也反映出他男女平等的主張。

自從周太谷逝世後，張積中潛心在小王屋的淺碧山房裏，鑽研周太谷的學說。道光十四年（1834）、十五年（1835）、二十八年（1848），他曾前往盧山訪周太谷悟道的遺踪，留下「夫子在盧山用功，十年不解帶」〔註70〕的佳話。而〈將往九華，江上寄李晴峰〉詩曰：「與君淚灑崆峒影，欲覓師踪難不難，越歲在乙未，重至盧山陽，盧山有樹皆知我，盧山有石皆悲傷，山南山北重重遍，竹影疑踪無所見，九月寒風六月薰，催人淚下如珠線，早將生死付寒灰，恐負師恩我自危。」〔註71〕當年周太谷囑其「還道於北」的遺言，他一直深存於心，不敢或忘。

咸豐四年（1854），太平軍攻進臨清州，時任知縣的張積功，城陷後，從容就義，寧死不屈，「全家皆殉焉」〔註72〕。李光炘聞耗悲慟，作〈哭輓張寄琴表兄臨清殉難〉以表哀悼，其詩曰：「瀟池一勺湧鯨波，百萬良家夜枕戈，朔雪嚴風翻赤情，蠻煙瘴雨過黃河，巢傾覆卵嗟何及，井列寒泉志不磨，讀聖賢書緣底事，本應一死歟嗟跎。」〔註73〕詩中流露出對張積功為國殉難的敬佩之意。而張積功此舉亦獲得朝廷表彰，他所倖存的兒子張紹陵則繼嗣於

〔註67〕張積中：《白石山房文鈔》，頁18。

〔註68〕張積中：《白石山房詩鈔》，收於方寶川編：《太谷學派遺書》第二輯第一冊（揚州：廣陵古籍刻印社，1998年），頁39。

〔註69〕張積中：《白石山房文鈔》，頁43～44。

〔註70〕張積中：《白石山房語錄》，頁51。

〔註71〕張積中：《白石山房詩鈔》，頁62。

〔註72〕謝逢源：《龍川夫子年譜》，頁35～36。

〔註73〕李光炘：《群玉山房詩鈔》，收於方寶川編：《太谷學派遺書》第二輯第二冊（揚州：廣陵古籍刻印社，1998年），頁44。

張積中。眼見這每況愈下的時局，直至咸豐六年（1856），爲躲避太平天國之亂及捻亂，張積中方動身前往山東黃崖山居住並講學，《張氏遺書》云：「昔太谷誨予曰：還道山東，大啓崆峒，上延孔脉，豈其時乎？夫人之於天也，東南西北，惟命之從，今者東來，天也，非人也。天其或者右吾道乎？予惜夫德之薄而從學者希，予何知哉！勉勉循循，惟日從事於學焉而已。」〔註74〕張積中的山東行，一心爲傳播並實踐師說於北方，故李光炘贈張積中詩曰：「還將宣聖澤，留與魯諸生。」〔註75〕而周太谷遺願至此乃得遂。

　　《龍川夫子年譜》載張積中「講學山左，學者仰之如泰山北斗，門徒之眾，蓋極一時之盛，學者稱爲黃崖夫子」〔註76〕。黃崖山位於山東濟南境內，是一處風景秀麗的地方，《南園叢稿》裏的「太谷教」條，詳述張積中如何建設黃崖山：

> 石琴疊石爲砦，引河水環之，據險自保，避地者歸之如流水，石琴隱以教羈縻之，環山居民皆傾家以獻，不敢私。石琴乃設泰字商號于各縣，指揮使令，千里如在目前，以故資用充足，創文事房、武備房，以居四方來學之士。〔註77〕

由於身處亂世中，故黃崖山在張積中精心策畫及有條不紊的管理下，儼然成爲一座世外桃源，其中商業活動熱絡，文武皆備，一時之間，「避地者歸之如流水」，居民過著與世隔絕、自給自足的生活，在《白石山房遺集續編》裏有〈附黃崖聖蹟〉，列出黃崖山講學處的景觀及建築格局〔註78〕。當具有安定的生活品質，張積中便開始實現「富而後教」的理想，《龍川夫子年譜》云：「自我太谷《十三篇》出，發往聖所未發，釋先儒所莫釋，上承四聖，旁通二氏，

〔註74〕　張積中：《張氏遺書》，收於方寶川編：《太谷學派遺書》第一輯第二冊（揚州：廣陵古籍刻印社，1997 年），頁 30～31。
〔註75〕　謝逢源：《龍川夫子年譜》，頁 47。
〔註76〕　謝逢源：《龍川夫子年譜》，頁 16。
〔註77〕　見《南園叢稿・沌谷筆談》卷一，收於《民國叢書》第五編（北京：中國地理學會，1929 年），頁 50。
〔註78〕　張積中：《白石山房遺集續編・附黃崖聖蹟》載：「太玄門、太玄池、太玄壇、重檐、九閒棚、前院、後院、上齋室、下齋室、內膳房、外膳房、俎籩房、銅玉庫、上更衣所、下更衣所、雲階、圓橋、水火房、竹圃、外廊、內廊、天根、月窟、咏歸堂、採藥徑、一勺亭、多竹翔雲、東泉、西泉、白石山房、白石洞書屋、璇璣洞、璇璣洞書屋、疊石澗、養正泉、遵問館、報本堂、思義軒。」此文收於方寶川編：《太谷學派遺書》第一輯第二冊（揚州：廣陵古籍刻印社，1997 年），頁 31～32。

始以庶人配土德焉。」〔註79〕而周太谷也曾對張積中說：「十三經之任寄諸爾矣！」〔註80〕張積中以儒家學說爲宗，佐以佛、老思想，廣採博取，重新詮釋儒家經典，以爲講學之用。

源自於周太谷，便行俎豆之禮，所祭者有先聖，還有大虛大辰大天尊及大陰天尊、大陽天尊、眾星星主天尊、列宿宿主天尊、大社后土大神后及雷電神后、風雲神后、雨露神后、稼穡神后等，太谷的禱文有言：「大辰綱萬，曜臨萬土，天地生生之德，非吾辰而不能一，谷雖一介先知，是理何敢昧而不報哉！」〔註81〕周太谷所行的祭祀之禮，乃淵源於《禮記》中「報本返始」之意，絕非怪力亂神、故弄玄虛之事，又〈戒匪德毋妄祭禱〉云：「聖人之禱無他，上永國命，下元旱澇刑疫於民，嗚呼！禹之禱，洪水不橫；湯之禱，大旱而霖；周公之禱，武、成之世道不拾遺；孔子之禱，王室尊，四夷服。」〔註82〕可知祭禱爲的是民生的福利及社會的和平，不明究裏者，才會將該學派鋪上一層濃濃的邪教色彩。

張積中也看重祭祀的意義，《白石山房語錄》云：「天人之交，非祭不能通也。」〔註83〕《張氏遺書》亦云：「祭也者，大報本反始也。」〔註84〕由此可見，張積中承傳周太谷思想的一致性，故在黃崖山講學時期，亦舉行祭祀活動，延續周太谷對祭典的敬意。《南園叢稿》載：「中逮祭祀堂，祀孔子，歲有例期，儀節繁縟，用古衣冠，深夜參拜，太谷孫婦素馨、甥女蓉裳，盛裝捧劍左右侍，旃檀廷燎，香聞數里，光燭霄漢，鄉人遠望之，莫不知爲張聖人夜祭也。」〔註85〕由於夜祭，再者並非人人皆可參祭，旁人只可遠望之，故更增添其神祕感。

《虞初近志·張積中傳》云：「顧當時學術敗壞，士子讀書者，以八股爲文章，以講章爲聖經，驟聞積中異說，喜而從之者固多，怪而駭之者亦不少，議論紛紛，疑積中爲邪教。有司欲立功，目黃崖爲逋逃藪。」〔註86〕由此足見積中講學的魅力，風起雲湧，有鑑是時崇尚功名的學風，以八股文爲考試

〔註79〕謝逢源：《龍川夫子年譜》，頁8。
〔註80〕張積中：《白石山房文鈔》，頁283。
〔註81〕周太谷：《周氏遺書》卷十，頁567。
〔註82〕周太谷：《周氏遺書》卷九，頁557。
〔註83〕張積中：《白石山房語錄》，頁114。
〔註84〕張積中：《張氏遺書》，頁56。
〔註85〕見《南園叢稿·沌谷筆談》卷一，頁50。
〔註86〕見《虞初近志》卷三（台北：廣文書局有限公司，1970年），頁9。

的形式，致使讀書人逐漸失去靈活創作與思考的能力，時日一久，即培養出一批批不知變通的腐儒，張積中有挽狂瀾於既倒的決心，矢志要端正學風，無奈與當局的主張相抵觸，他在黃崖山聚眾講學及夜祭等活動，終於引爆了中國近代史上，一場驚天動地的圍剿，破壞原本寧靜祥和的黃崖山寨，也是改變太谷學人日後的學術活動轉入地下化的關鍵。同治五年丙寅（1866）十月，山東巡撫閻敬銘據報：張積中在黃崖山聚眾策劃造反之事，由於張積中之兄張積功曾在朝為官，其子張紹陵亦任候補知縣，故閻敬銘礙於情面考量，欲召張積中到案說明。

　　然而張積中拒不前往，《虞初近志・張積中傳》載其聲色俱厲的對其子張紹陵云：「吾講學有何罪？……乃公肯以磊磊落落之身，低首下心以乞活耶？汝輩懼，可自往也。……積中此生，決不履公庭。必欲積中出者，積中出就死耳！積中亦丈夫也，伏劍而死則可，桎梏而死則不可，積中以身殉學矣，何為出！」〔註87〕足見張積中稟著知識分子「可殺不可辱」的精神，立誓以死抗爭到底。

　　〈黃崖教匪〉載：「敬銘奏略言：張積中素乏才名，祇以偽托詩書，高談性命，乃至縉紳為之延譽，愚氓受其欺蒙，其家本無厚資，來東不過十載，遂能跨郡連鄉，偏列市肆，挾術誆騙，為收集亡命之資，從其教者，傾產蕩家，挾資往走，入山依處，不下百數十家，生為傾資，死為盡命，實未解所操何術，所習何教，而能惑人如是之深。」〔註88〕從閻敬銘所上的奏摺來看，通篇盡是詆毀之詞，他認為張積中必是施用某種妖術，方能迷惑群眾，進而為其傾家喪命，亦在所不惜，這對於大清王朝的統治者而言，乃極為不利，故當婉辭勸說無效時，繼之而起的，必是流血成川的殺戮行動。

　　朱季康〈黃崖山事件具體軍事解決過程考論〉指出清軍與黃崖山寨的軍事對抗，歷經了接觸戰與奪卡戰、合圍、總攻等三階段〔註89〕，可見太谷學人捍衛黃崖山寨的團結。十月初六，山寨一破，「積中、紹陵戚屬男女均焚誅，合砦死鬥，無一生降，寄居官僚，及弟子等男女二百餘，有一室為灰燼者，其堅頑如此，存婦女幼稚四百餘，婦有形色灑然，笑語如平常者，獲弟子韓

〔註87〕　見《虞初近志》卷三，頁 10。
〔註88〕　見《四庫未收書輯刊・山東軍興紀略・黃崖教匪》第三輯第十三冊（北京：北京出版社，1997 年），頁 709。
〔註89〕　詳見朱季康：〈黃崖山事件具體軍事解決過程考論〉，《軍事歷史研究》2009年，第 4 期，頁 51～52。

美堂等數輩，皆願從師死，訊無他詞」〔註90〕，其誓死如歸，殉道之堅決，足以振奮人心，《清史稿》即載：「有張積中者，結寨肥城黃崖，集眾自保，以不受撫，夷之。」〔註91〕太谷學派的傳人聞耗，皆悲慟不已。雖然黃崖山事件已過百年，但那夜的短兵相接及從容赴義的情景，必能使代代的太谷學人興發「人生自古誰無死？留取丹心照汗青」的感懷，而朱季康則為這椿慘案下了客觀的註腳：

> 黃崖事件發生於一個災荒頻繁，民變蜂起，政府統治與社會倫理失範的年代。政府對民間控制力的下降為張積中札根黃崖山提供了寬鬆的政治與社會環境。……清政府清剿山寨是民間軍事化與政府控制的矛盾激化行為，清政府將黃崖山類同於一般「匪」類，這是具有時代局限性的看法，但也是當時政府所能判斷與決定的唯一途徑。故黃崖山寨的悲劇命運是當時的社會生態所決定的。〔註92〕

由此足見，清廷以「匪」類定此案，乃是清政府為自己的高壓統治尋找臺階下，而張積中為明道的理想，抵死不從的決心與日漸腐敗的官方形成強烈對比，亦為大清王朝日後的國勢埋下深重的隱憂。而方寶川在〈張積中及其著述〉中評曰：「張積中是太谷學派史上一位最富有傳奇性和悲劇性的傳人。他創立的學派北宗，使學派的發展達到了一個鼎盛的時期，但又導致了最慘痛和最低潮時期的到來，並直接影響了太谷學派發展的方向。」〔註93〕故而自李光炘始，便肩負起振興北方道統的任務及凝聚南北學人向心力的使命。

黃崖慘案爆發後，閻敬銘等人卻查不到其謀反的實據，最後礙於當局者的施壓，「搜得戲衣一箱，命營中七縫工補治之，則以此為據；復殺縫工以滅口」〔註94〕，而這證據即是閻敬銘在奏折中所謊造「起出號衣四十餘件，寫有太平天國字樣」〔註95〕的事實，如此「欲加之罪，何患無辭」的栽贓行徑，

〔註90〕見《四庫未收書輯刊・山東軍興紀略・黃崖教匪》第三輯第十三冊，頁709。

〔註91〕趙爾巽等撰、楊家駱校：《楊校標點本清史稿・列傳二百二十五》（台北：鼎文書局，1982年），頁12385。

〔註92〕見朱季康：〈清咸同年間黃崖事件再認識〉，《山東大學學報》2006年，第3期，頁91。

〔註93〕方寶川：〈張積中及其著述〉，收於方寶川編：《太谷學派遺書》第一輯第二冊（揚州：廣陵古籍刻印社，1997年），頁1。

〔註94〕見《虞初近志》卷三，頁10。

〔註95〕見《山東近代史資料》第一分冊（濟南市：山東人民出版社，1957年），頁131。

令人髮指，由此足見滿清腐敗，官方辦案草率，不明是非，罔顧人命的殘酷暴行，而這也對日後民間的講學蒙上莫大的陰影，限制了傳道活動的推展，首當其衝的非太谷學派傳人莫屬。

二、傳道於南的李光炘

李光炘（1808～1885），字晴峰，號平山，道號子炘，又號群玉山人，晚號龍川老人，江蘇省儀徵縣人。其弟子謝逢源編有《龍川夫子年譜》，以「編年為綱，紀事為目，人事有間，天時無間，其間道統之源流，學人之考績，嘉言懿行，據事直書」〔註96〕，載其一生事蹟甚詳。李光炘也是太谷學人中唯一有年譜傳世的，而另一弟子黃葆年則據此刪定為《李平山先生年譜》。關於李光炘開竅善讀的經過，在《龍川夫子年譜》有段近乎奇異的記載：

> 師幼寡言笑，七歲入塾，不能成誦，是年病幾殆，恍惚中遇一道人，提挈之，並坐鶴背，乘風飛越大海，下視駭浪，茫無邊際，心大恐懼，瞬息至一山莊，道人曰：「至矣。」遂推師墮地，目為之眩，瞥見古槐樹一株，乃知家園之後門也，正徘徊間，聞門內哭聲甚哀，駭而入，則身在病榻，如夢初覺，家人曰：「死半日矣。」自是心神朗豁，《六經》子史，過目成誦。〔註97〕

幼年的李光炘，曾遇見一位神祕的道人，帶領他經歷一場不可思議的奇幻之旅，醒來後頓有脫胎換骨之感，裨益他從「病幾殆」至「心神朗豁」，從「不能成誦」至「過目成誦」，這聰穎的稟賦，為他日後的講學與明道，提供良好的條件。道光十一年辛卯（1831），李光炘與張積中拜周太谷為師；然而次年即遭逢立雪神傷之劇痛，《龍川夫子年譜》云：

> 師從太谷，未及百日，遂有山頹安仰之悲，自言當時如失哺之嬰，所見所聞，不能了達，往往於睡夢中痛號而醒，及兩度匡廬，觀雲得悟，復得陳先生朝夕討論，夫然後豁然貫通，頭頭是道。〔註98〕

面對師歸道山而請益無人，李光炘初始見聞不能了達，繼則遊匡廬得悟，又朝夕用功，最終融會貫通。他曾對弟子說：「汝等以吾道太谷之所傳歟？非也，吾事太谷，不及三月，為時短淺，莫測高深，吾乃以榺代行，到處求人而後

〔註96〕 謝逢源：《龍川夫子年譜》，頁 109～110。
〔註97〕 謝逢源：《龍川夫子年譜》，頁 4。
〔註98〕 謝逢源：《龍川夫子年譜》，頁 42。

得之也。」〔註99〕李光炘以身教代言教，展現其對求道問學堅定的熱忱，並啓示門人學無止境，轉益多師的眞諦。

李光炘受教於周太谷時間雖然不長，但周太谷對其仍寄予殷切的期望：「木鐸付汝，凡我生平未發之言，此後聽汝說之。不擇時，不擇地，不擇人，有問必告，毋隱也。」〔註100〕李光炘的觸類旁通是善學的表現，而周太谷有教無類的思想，對李光炘日後的講學影響亦頗深，《黃氏遺書》即載：

> 其學也，窮理盡性，淵乎其若顏，又以至於命焉；其氣也，至大至剛，浩乎其若孟，又親炙聖人，養之以太和氤氳焉。故其發而爲言也，肫肫乎包蘊天地，含章古今，而夫婦之愚，夫婦之不肖，皆可與知而與能焉。〔註101〕

這段論述乃其弟子黃葆年對李光炘研究、修養與教學的成果之評價。李光炘性命之學的研究，淵博如顏淵；氣的修養，浩然如孟子.而教學則是他將內聖轉向外王的具體展現，故黃葆年又讚曰：「其誨我門人也，天地父母之心，循循善誘之意，無智愚賢不肖皆勞來匡直，輔翼振德而使自得之。」〔註102〕由此可知，李光炘的德業兼修，無論男女賢愚，皆受其光輝人格的浸潤，收潛移默化之效，《龍川夫子年譜》即載：「師在滬以西法照相二。……一形色清癯，破顏微笑，拈花侍者，王月卿也。月卿常熟人，善事師，願終母養，隨師修道，師贈聯云：『好向月中尋自在，但憑卿意欲何如。』師已爲之受記矣。」〔註103〕李光炘很重視女教，認爲提升婦女地位，有助於推動社會的進步，而王月卿即其女弟子。

然而，《黃氏遺書》載：「昔者陳、韓稱太谷之言，今皆見於遺書。平山之言詳矣！而見之於書不及於千萬之一，蓋謹益加謹也。然發前古所未發，釋前古所未釋，開物成務，皆生民罕見之言，終有不可得而隱者。」〔註104〕黃葆年一方面讚譽李光炘對經典的詮釋精湛且獨到，一方面對其傳學文本難得深表遺憾。

李光炘對於罡符隱咒所持的看法與周太谷一致，認爲此乃關切民生，助

〔註99〕謝逢源：《龍川夫子年譜》，頁 94。
〔註100〕謝逢源：《龍川夫子年譜》，頁 93。
〔註101〕黃葆年：《黃氏遺書》卷一，收於方寶川編：《太谷學派遺書》第一輯第四冊（揚州：廣陵古籍刻印社，1997 年），頁 26～27。
〔註102〕黃葆年：《黃氏遺書》卷一，頁 26。
〔註103〕謝逢源：《龍川夫子年譜》，頁 99～100。
〔註104〕黃葆年：《黃氏遺書》卷一，頁 28～29。

人度過難關的，《龍川夫子年譜》即載：「師偕陳先生遊鄱陽湖，見負舟者踣泥淖中，臂折而號，不能力食，先生憫之，爲折葦莖續之，復命立誓，終身不毆人，臂尋愈，壯健逾於常，能舉數百斛云。」〔註105〕負舟者臂折，從李光炘「折葦莖續之」的舉動，可以得知其法術高明到足以令人結舌；然而李光炘並非欲以此炫於人，而是欲助其康癒，並要其立誓日後不可以之傷人，氣力應用所當用。

有鑑於李光炘對於術數的態度，故可知祭祀是太谷學派體現教育宗旨的儀式，《龍川夫子年譜》即載祭典的過程：「維時萬籟俱寂，一塵不起，凡三更入室者，見夫燈帛輝煌，香雲繚繞，彝器莊嚴，衣冠整肅，主祭穆穆，執事蹌蹌，駿奔對越於其間，莫不體恭氣順，進退如儀，誠鉅典也。」接著李光炘祝禱於天曰：「願聖人之靈，略假聲色，以堅學人信心。」〔註106〕希冀藉由舉行祭典來堅定弟子求道問學的心，遇挫不退，故李光炘有「學無中立之理，不進即退」〔註107〕的主張。

李光炘與其父李幹丹崖公皆拜周太谷爲師，父子從周太谷問學，既學習知識更爲周太谷悲憫黎民之情所感召，丹崖公對李光炘說：「汝既聞聖人之教，此後傾家敗產由汝，成佛作祖亦由汝。」李光炘對於貧苦百姓總有同舟共濟之感，不惜變賣田產房舍，發揮「人饑己饑，人溺己溺」的精神。道光二十二年（1842）夏，水患至，李光炘更是全力以赴，投入賑災行動，縱使過著簞瓢屢空的生活，也能怡然自得，並賦詩曰：「簞瓢陋巷好生涯，石上藤蘿映月華，說與斷炊渾不管，自扶殘醉看梅花。」其弟子謝逢源說：「後之學者，可以想見吾師之風軌矣。」〔註108〕於是那因公而忘私、盡鬻所有的形象便躍然紙上。

李光炘的個性亦爲弟子津津樂道，「當其喜，百計莫能激使怒也，及其怒，百計莫能勸其喜也，愛惡哀懼亦然」，故謝逢源讚其「無所不用其極也」；他曾自言：「孟子道性善，孟子道性情也。」又提到：「每覽昔人情至之語，未嘗不掩卷流連，廢書三歎。」故蔣文田讚其爲「天下第一多情人」；學者因其「性爽捷，見機而作，不俟終日」，故讚其爲「古今第一爽快人」。〔註109〕而

〔註105〕謝逢源：《龍川夫子年譜》，頁42。

〔註106〕謝逢源：《龍川夫子年譜》，頁56。

〔註107〕謝逢源：《龍川夫子年譜》，頁70。

〔註108〕謝逢源：《龍川夫子年譜》，見32～33。

〔註109〕謝逢源：《龍川夫子年譜》，頁101～102。

《龍川夫子年譜》又載：「師起居服食，性情嗜好，多與人同，千金或不惜，一夫無敢慢，學者留心省察，一言一動，無非教也。」〔註110〕故從日常的末節，可了解身爲南宗領袖的李光炘，其隨和、慷慨、謙卑、務實的性格，對學人的感召力量是不言而喻的。

在太谷學派歷經黃崖慘案後，李光炘四處避禍，傳道事業受挫，「正月，遷東臺南鄉儲家渡。四月，遷泰州天滋河，又遷如皋。……時風鶴之驚，處處有之……行李匆匆，席不暇暖，栖遑之狀，槪可想見。……自丙寅至戊辰，流言四起，遷徙無常」〔註111〕。而對於張積中所肩負的北宗學脈當如何傳承，南宗學脈又當如何發展，以完成宗師周太谷「傳道於北，還道於南」的使命，更是晚年的李光炘所念茲在茲的。

自黃崖事件後，李光炘有鑑於政治的影響力不容小覷，故而積極尋求與官方友善的可能。據《龍川夫子年譜》載光緒六年庚辰（1880），湖北提督李長樂「延少平入軍幕講詁經史，叩知家學，心嚮往之」〔註112〕，後即拜李光炘爲師。光緒七年辛巳（1881），提督張國英也因爲謝逢源而識陳建安，使其有機會得以深入太谷學派，進而延李光炘爲西席，「由是慕道日篤，遂來學焉」〔註113〕，隨後又有毛慶蕃等官員紛紛加入。足見太谷學派逐漸獲得官方的肯定，擺脫因政治而蒙上的陰霾。

至於衣缽的繼承，根據《龍川夫子年譜》所載：「吾門有建安，則子弟日親；有錫朋，則講學益明。又曰：『子明好學，可爲教授也；石溪通變，可使四方也。』」〔註114〕由此可知，李光炘的初衷是這四大弟子皆能發揮所長，振興學派，發揚師說；然而三傳道統傳承何以成了「以黃爲主，以蔣爲輔」的格局？經方寶川多方考證，言：「陳建安去世後，謝逢源老歸故里。蔣文田等人則根據龍川先生的遺願和黃葆年的才學，共推黃葆年爲主，蔣文田爲輔，並以南宗傳人的身分與北宗朱玉川等人聯絡商討，共同完成了學派南北合宗大業。」〔註115〕此一定論也確立了太谷學派三傳道統傳承的譜系。

〔註110〕謝逢源：《龍川夫子年譜》，頁100。

〔註111〕謝逢源：《龍川夫子年譜》，頁63～64。

〔註112〕謝逢源：《龍川夫子年譜》，頁75～76。

〔註113〕謝逢源：《龍川夫子年譜》，頁77。

〔註114〕謝逢源：《龍川夫子年譜》，頁96。

〔註115〕此定論參見方寶川〈蔣文田及其著述〉，此文收於方寶川編：《太谷學派遺書》第二輯第四冊（揚州：廣陵古籍刻印社，1996年），頁13。至於詳細推論過程，可參見該文頁7～10。

第三節　由分而合的過渡期

　　自丙寅之年的黃崖山事件，為太谷學派傳道的活動與發展寫下血淚斑斑的一頁後，在北宗有張積中的弟子朱淵，接續傳承的任務，而南宗道統的傳承，則由蔣文田肩負續南援北的任務，並協助黃葆年聯絡南北同學，以期早日實現先師南北合宗的遺願。其次，著名小說家劉鶚曾拜南宗領袖李光炘為師，他為合宗之事也積極的投注諸多心力。本節將學派的第三代傳人之生平，論述於次：

一、維繫北宗的朱淵

　　朱淵，字玉川，山東長清人，其生卒年難以考定。咸豐七年（1857），朱淵及其兄朱瀛拜張積中為師，受業其門下。同治五年（1866），黃崖慘案事發，張德廣《養蒙堂遺集·校后識》載：「先生將命遠出，因未得與，時兵火之餘，訛言繁興，乃遺星散，先生獨椎心泣血，奮造黃崖山巔，盡殮被難遺骸，分別男女，瘞於山上，樹碣誌之。」〔註116〕故朱淵在太谷學派的發展中，是維繫北方的道統於不墜的支柱，他曾發出「一息尚存，不容少懈」〔註117〕的堅貞信念，並在〈祭文〉中表示「不能繼志述事，雖百死無可贖也」〔註118〕的自責，為南北合宗之事，他亦勉力而為，尤其是積極的凝聚學人間的心力。

　　朱淵對太谷學派的信仰是很堅定的，他一再以學長自居，告誡同學當同心同德，為傳道、明道而努力。他在〈論同學心法〉中說：「函丈日遠，知音寥寥，所餘同志，無復幾人。必須去私我之見，存一體之仁，共相維持，輔成斯道。勿以錢財取與而生彼我之見，勿以問遺疏遠而興離異之心，勿以語言相犯而生忿怒，勿以意見不合而致參差。」〔註119〕這段話句句道盡朱淵對同學的殷切期望，希冀同學為學派的傳承存有共體之感。

　　光緒十五年（1889），朱淵在〈致虞季升書〉提到：「十月之祭舉行已三年矣，南方同學無一次不虔帶祭品，先期而來，以供祀事，南之合於北，概

〔註116〕朱淵：《養蒙堂遺集》，收於方寶川編：《太谷學派遺書》第一輯第五冊（揚州：廣陵古籍刻印社，1997 年），頁 281。

〔註117〕朱淵：《養蒙堂遺集》，頁 62。

〔註118〕朱淵：《養蒙堂遺集》，頁 19。

〔註119〕朱淵：《養蒙堂遺集》，頁 23～24。

可見矣！……南既合於北，北獨不思求合於南乎？」〔註120〕十月之祭指的是光緒十二年（1896），南北的太谷學人首次齊赴黃崖山，以紀念黃崖殉難者之事，至光緒二十六年（1900）黃葆年在泗水縣舉行「第二花朝蝴蝶會」，朱淵亦前往參加，並作詩言志曰：「龍川不遠黃崖邇，願作生生世世遊……我汝三生誠厚幸，好隨夫子去從周。」〔註121〕表明其殷切希望南北合宗的心願能早日實現。

朱淵於蘇州歸群草堂成立後，曾於光緒二十九年（1903）、三十年（1904）前往，與學人歡聚。晚年則歸養故里，又與其堂弟朱蓮峰共辦「養蒙堂」，教授黃崖難裔的弟子。張德廣提及：「每遇叩請，莫不詳闡至理，反復指尋，皆悅服而去。……而至今山左學風綿熾，長清、肥城間尤人文蔚起，皆沐先生化澤之所致也。」〔註122〕足見朱淵對山東一帶的人文影響甚鉅。

二、續南援北的蔣文田

蔣文田（1843～1909），字子明，江蘇泰州人。因創辦龍溪草堂傳承師說，故人稱龍溪先生。蔣文田是個生活淡泊的人，他自言：「窮巷寡人事，居與木石鄰。得閒即為樂，饘粥不憂貧。」〔註123〕可見其簞食瓢飲，窮居陋巷，卻不改其樂的個性。他的〈除夕醉後示諸子〉詩有序言：「予家無斗儲，不耕而食，恆抱素餐之恥，而諸子皆將成立，罔知稼穡之艱難，予甚懼焉！夫民勞則思，逸則欲，殷憂所以啟聖，懷安必至敗名，惜乎！諸子習為惰農，知此者鮮矣！」〔註124〕由此可知其家境並非極貧，或有先人遺產而其亦能守，故詩曰：「少不事生產，俯仰焉所資，所賴食天祿，延命度歲時，不耕亦不織，終歲無寒饑，天恩何高厚，戰兢常自持，惟恐玷先人，遺行多所虧。」〔註125〕但蔣文田深懼諸子成為紈袴子弟，愧對先人遺澤，故在除夕夜以「天命本靡常，道善則得之」〔註126〕期勉諸子勿蹉跎年少。

〔註120〕朱淵：《養蒙堂遺集》，頁87～88。

〔註121〕朱淵：《養蒙堂遺集》，頁258。

〔註122〕朱淵：《養蒙堂遺集》，頁281～282。

〔註123〕蔣文田：《龍溪先生詩鈔》，收於方寶川編：《太谷學派遺書》第二輯第四冊（揚州：廣陵古籍刻印社，1998年），頁19。

〔註124〕蔣文田：《龍溪先生詩鈔》，頁57～58。

〔註125〕蔣文田：《龍溪先生詩鈔》，頁59。

〔註126〕蔣文田：《龍溪先生詩鈔》，頁61。

　　蔣文田喜好四方遊歷，曾自言：「少小志遠遊，足跡輕八荒。思欲窮幽險，千里裹餱糧，北行踰燕冀，南遊窺衡湘，俯視六合內，矯如凌風翔。」〔註127〕故其眼界因之而開拓，閱歷因之而豐富，但有家庭責任感的他，也曾發出「奮飛豈不好，難忘春日暉」〔註128〕的慨嘆，尤其當雙親年邁就不遠遊了。

　　同治二年（1863），蔣文田拜光炘爲師，至此悟今是而昨非，潛心向學。李光炘曾作〈贈蔣生子明〉詩云：「有道能知天爵貴，青瞳方骨本天生。卻留青眼貽孫子，不愧家聲蔣子明。」〔註129〕以表對蔣文田的器重與欣賞，並囑意其爲衣缽傳承人，而蔣文田亦發出「予生五十載，庸碌無一奇，幸聞至人訓，管窺得端倪」〔註130〕的幸語。

　　自李光炘逝世後，蔣文田數度訪遊廬山，其〈宿白石寺贈嵩壁上人〉詩曰：「我是崆峒道上人，偶來廬岳訪全眞。」〔註131〕又〈甲午再遊廬山作〉詩曰：「我識廬山山識我，再遊殊有故人情。……從今應許窺眞目，莫是崆峒道上行。」〔註132〕遊廬山是太谷學人追尋前賢體道、悟道的踪跡，自宗師周太谷以來而張積中、李光炘、蔣文田等亦然。後學重遊聖地，既可提撕精神，有益性靈，並體現於詩文當中，而堅定道心更是重要的收穫。

　　接續南宗的蔣文田，爲早日實現先師南北合宗的遺願，曾多次前往北方傳道，他自言：「男兒血性生來熱，九月天寒未授衣。」〔註133〕表明他對傳道之事頗有熱忱，不惜全力以赴。光緒十七年（1891），蔣文田赴山東朝城與黃葆年爲合宗之事聚會，臨別時，贈詩於黃葆年曰：「招招須我友，莫厭負薪勞。」〔註134〕蔣文田很看重「友」的意義，在《龍溪先生文鈔》收有數封他寫給黃葆年的書信，其云：「吾兄才力，勝弟等千倍、萬倍，……有非弟之所敢望者，獨念此數月間，不能聆兄之高論，一破弟之狂惑，爲可恨耳。皇天無親，惟德是輔，天不妄授，道必歸賢。伏願修德以凝道，此則兄之素願而弟亦以此

〔註127〕蔣文田：《龍溪先生詩鈔》，頁20。
〔註128〕蔣文田：《龍溪先生詩鈔》，頁21。
〔註129〕李光炘：《群玉山房詩鈔》，頁53。
〔註130〕蔣文田：《龍溪先生詩鈔》，頁59。
〔註131〕蔣文田：《龍溪先生詩鈔》，頁37。
〔註132〕蔣文田：《龍溪先生詩鈔》，頁48。
〔註133〕蔣文田：《龍溪先生詩鈔》，頁25。
〔註134〕蔣文田：《龍溪先生詩鈔》，頁38。

願望於吾兄者也……」〔註135〕信中流露出同學之間相互共勉的情懷,亦可看出蔣文田謙沖自牧的個性。

在歸群草堂成立後,黃葆年儼然以堂主自居,恃才自負,敢向其直諫者唯蔣文田而已,〈寄黃錫朋書〉有言:「夫一塵翳目,不能見太山之形也;一黍塞耳,不能聞雷霆之聲也。人情見遠而蔽近,苟非眞能知非,則居高馭下,雖有求言之心,而威嚴所及,下情必壅於上聞,而直言不聞於耳,所與共事者,奔走承順之人而已,甚則讒諂面諛之人而已,可不懼哉!可不戒哉!」〔註136〕蔣文田對黃葆年的愛護之情,流露於字裏行間,充分發揮益友「忠告而善導之」的精神。

蔣文田逝世後,黃葆年慨言:「嗚乎!蔣子,事師如事親,從友如從兄,愛弟如愛子,人之有技,若己有之,人之彥聖,其心好之,不啻若自其口出……其於年也,始終誘掖而成全之者四十有餘年,其情誼周摯,譬則生死人而肉白骨也。」〔註137〕學人在爲合宗之事商討的過程中,偶有意見不合而心生芥蒂之際,蔣文田眞摯熱情及謙讓的個性,對於學派內部關係的強化,有極大的助益,〈寄高辛仲書〉其云:「錫翁之於吾兄,愛之殷故望之切,望之切故責之周,其言雖若有所過當,而其相愛之情,纏綿固結,甚則不爲談笑之道而爲垂涕泣之詞者,何哉?無他,戚之也。」〔註138〕由此足見其極欲排解高辛仲與黃葆年之間的誤會,希冀高辛仲能體會黃葆年的用心良苦,才會出言稍重,故黃葆年之於蔣文田的評價,可謂公允。

三、實現合宗的黃葆年

黃葆年(1845~1924),江蘇泰州人,字錫朋,一作隰朋,號希平,在兄弟中排行第三,故又稱黃三先生,晚年在蘇州創辦歸群草堂,人稱歸群先生,又題書齋爲「退谷」,自號退谷居士。他曾自言:「葆年姜堰一頑童耳!愚無所知而有貧乏不能自存之實。」〔註139〕然而有位德高望重的鄉賢王倩山,已

〔註135〕蔣文田:《龍溪先生文鈔》,收於方寶川編:《太谷學派遺書》第二輯第四冊(揚州:廣陵古籍刻印社,1998年),頁14~15。

〔註136〕蔣文田:《龍溪先生文鈔》,頁21~22。

〔註137〕黃葆年:《黃氏遺書》卷八,頁563~564。

〔註138〕蔣文田:《龍溪先生文鈔》,頁44。

〔註139〕黃葆年:《歸群草堂文集》,收於方寶川編:《太谷學派遺書》第二輯第二冊(揚州:廣陵古籍刻印社,1998年),頁100。

慧眼識英雄，謂其哲嗣春海：「汝勿爲斯人憂，天自有位置斯人之地。」〔註140〕預言黃葆年有朝一日，必能出人頭地。

同治三年（1864），黃葆年在蔣文田的引薦下，拜李光炘爲師。晚年的李光炘曾有「錫朋明年當赴山左，承嗣北宗」〔註141〕之語，又《黃氏遺書》載：「龍川講學以來，數十年由博反約，夜以繼日，不啻寶藏之興於山而貨財之殖於海也。每義當至精，辭當至達，必顧年而屬之曰：『女爲我留贈後人。』」〔註142〕足見李光炘對黃葆年的器重。李光炘亦曾作〈贈黃生隰朋〉詩云：「汝南晨雞喔喔鳴，牛醫頭角獨崚嶒，可能他日爲吾舌，不愧天生黃隰朋。」〔註143〕故當陳建安辭世，謝逢源歸鄉後，在南宗道統傳承的過程中，黃葆年一直以主持者自居。

光緒九年（1883），屢試不中的黃葆年高中三甲第九十九名進士。〔註144〕光緒十二年（1886），任山東淄陽知縣，在往後的日子裏，他一方面以工代賑，修築城郭，在〈新修朝城碑記〉中申以百姓「力役之不可輕舉」〔註145〕之理，延續太谷學人以民爲本的思想；一方面爲實現「早向東西求匹偶，好聯南北到空同」〔註146〕的心願，積極組織數次的聚會活動，其中以光緒二十六年（1900）在泗水縣舉行的「第二花朝蝴蝶會」及二十八年（1902）於上海愚園的雅集，規模最爲盛大。直至光緒二十八年辭官，於蘇州設歸群草堂講學，終於實現先師南北合宗的心願，爾後集會皆在草堂舉行。光緒二十九年（1903）爲慶祝太谷學人在南方會集，舉行「癸卯第一花朝蝴蝶會」，乃歷屆太谷學人集會之冠，黃葆年說這次聚會乃：「慶吾道之南行也，是會也，與者七十人，其來或千里而遙，里而近，無貴無賤，無長無少，無人無我，我入花花世界而有朝朝暮暮之情焉。」〔註147〕足見這場聚會的盛況空前。

自1902年始，黃葆年在歸群草堂內，除講學傳道外，亦延續周太谷以來

〔註140〕黃葆年：《歸群草堂文集》，頁100。

〔註141〕謝逢源：《龍川夫子年譜》，頁92。

〔註142〕黃葆年：《黃氏遺書》卷一，頁29。

〔註143〕李光炘：《群玉山房詩鈔》，頁53～54。

〔註144〕朱保炯、謝沛霖編：《明清進士題名碑錄索引》（上海：上海古籍出版社，1980年），頁556。

〔註145〕黃葆年：《歸群草堂文集》，頁119。

〔註146〕黃葆年：《歸群草堂詩集》，收於方寶川編：《太谷學派遺書》第二輯第二冊（揚州：廣陵古籍刻印社，1998年），頁144。

〔註147〕黃葆年：《歸群草堂詩集》，頁186。

的祭祀活動，《黃氏遺書》載其所祭之神有二類：一爲天地山川等自然神及祖先——道祖，二爲民間信仰——文昌帝君及關聖大帝。〔註148〕方寶川〈黃葆年及其著述〉中說：「從黃葆年刪訂《李平山先生年譜》時，將《龍川夫子年譜》中有關詭誕怪異之事，迷惘難測之辭，刪除殆盡的情況，亦可推見黃葆年對宗教迷信之態度。」〔註149〕事實上，黃葆年祭道祖，乃蘊有報本返始之意，以延續周太谷以來的信仰原則，而後又增加奉祀民間信仰則寓有勸人向善，宣揚孝悌，普及儒學的用意，愼勿以怪力亂神，惑人耳目的行爲視之，對此吾人辨之不可不詳。

西元 1921 年，年過古稀的黃葆年，領著數位門人再遊廬山，憑弔宗師及先師，並做〈遊廬山〉詩云：「新秋佳令廬山地，黃髮垂髫總向風，七十七齡衰老叟，願隨群馬化蒼龍。」〔註150〕晚年，他對太谷學派的信念依然堅貞，熱忱依然不減。

距李光炘於同治七年戊辰（1868），黃崖案發的第二年，在泰州舉行「同人散後」第一次集會，迄民國十一年壬戌（1922）止，這五十五年以來，黃葆年在太谷學派的發展中，所具的重要性有三：其一，爲實現南北合宗的理想，走入仕途，以掩護自己到北方傳道，如此一來，不僅能振興北方的道統〔註151〕，同時也讓南宗有機會與官方建立和諧的關係，伺機東山再起；其二，主持聚會，聯絡南北同學的感情，彼此砥礪，以堅定學人的道心；其三，設歸群草堂講學，傳承師說，而草堂也成了太谷學人在南方的精神重鎮。故他在壬戌集會時，寫詩表心意：「戊辰嘉會今壬戌，天上人間兩不忘。晚節黃花香若此，化身千百好相將。」〔註152〕詩中流露出他對先師的懷念之情，並對自己爲太谷學派合宗、傳道所做的努力，甚感欣慰。他爲太谷學派的奉獻，鞠躬盡瘁，直至民國十三年（1924）病逝於蘇州。

〔註148〕黃葆年：《黃氏遺書》卷八，頁 549～557。

〔註149〕方寶川：〈黃葆年及其著述〉，此文收於方寶川編：《太谷學派遺書》第一輯第四冊（揚州：廣陵古籍刻印社，1997 年），頁 9。

〔註150〕黃葆年：《歸群草堂詩集》，頁 227。

〔註151〕參見馬西沙、韓秉方：《中國民間宗教史》（北京：中國社會科學出版社，2004年），分析：「李龍川之所以數度命黃葆年應試，求取功名，是有其用心的。目的是準備將來讓黃以朝廷命官的公開身份，掩護他的北方傳道。」頁 1320～1321。

〔註152〕黃葆年：《歸群草堂詩集》，頁 230。

四、籌措資金的劉鶚

劉鶚（1857～1909），江蘇丹徒人，寓居淮安。原名夢鵬，一作孟鵬，譜名震遠，字雲摶，一作篔湍，後自改名為鶚，又字鐵雲，筆名洪都百鍊生。他是位才高八斗的學者，因小說《老殘遊說》、詩集《鐵雲詩存》而被冠以文學家，因興辦過烟草店、印書局、大型賣場、工廠等而被冠以實業家，因掛牌行醫而被冠以醫學家，因協助賑災而被冠以慈善家，因《鐵雲藏龜》而被冠以考古家，因崇尚太谷學派的思想而被冠以思想家，因治理黃河有功而被冠以水利家。

而劉鶚與太谷學派的淵源，據《龍川夫子年譜》光緒八年（1882）條載：「丹徒劉鶚來。」〔註 153〕可知劉鶚於該年拜李光炘為師，自此以後，他便一直以太谷學人自居，他在〈致黃葆年〉提到：「惟一事不合龍川之法與公所為，輒怏怏終夜不寐，改之而後安於心。」〔註 154〕日常行為也唯李光炘所教是從，積極實踐太谷學派的思想於生活中，又據陳遼《周太谷評傳》所附錄的〈劉鶚評傳〉，從該書裏璵姑口中所說的「無極」、「太極」、以儒為宗，以佛、道為輔、宣揚民本的思想、肯定情欲以及奉《易經》為最高經典等思想，因而主張《老殘遊記》是他宣揚太谷學派思想的傳道書。〔註 155〕其次，《老殘遊記》中老殘對翠環、翠花等淪於風塵中打滾的女孩兒，充滿了無限的憐惜，他說：「這都是人家好兒女，……誰知撫養成人，或因年成飢饉，或因其父吸鴉片煙，或好賭錢，或被打官司拖累，逼到萬不得已的時候，就糊里糊塗，將女兒賣到這門戶人家，被鴇兒殘酷，有不可以言語形容的境界。」〔註 156〕足見受太谷學派反對物化女性的思想所影響，故朱松齡〈《老殘遊記》婦女形象及太谷學派婦女觀淺析〉說：「這些婦女形象的塑造，不僅是為了故事情節的需要，更是作者婦女觀的體現，表達了作者對專制社會婦女的同情和尊重，甚至書中有的女性成了作者思

〔註 153〕謝逢源：《龍川夫子年譜》，頁 78。據王學鈞〈劉鶚《題愚園雅集圖撫本後并序——劉鶚與太谷學派之關係》，《文獻》1990 年第 3 期載：「據《龍川夫子年譜》體例，凡寫明某某來或來游，並緊接著對此人略加介紹者，即表明此人本年正式拜門被納為門弟子。」頁 112。

〔註 154〕轉引自方寶川：〈劉鶚與太谷學派關係考辨〉，此文收於方寶川編：《太谷學派遺書》第二輯第五冊（揚州：廣陵古籍刻印社，1998 年），頁 14。

〔註 155〕陳遼：《周太谷評傳》，頁 190～191。

〔註 156〕劉鶚：《老殘遊記》（台北：世界書局，2004 年），頁 133。

想觀點的代言人。」〔註157〕例如：嶼姑與申子平大談儒、釋、道的差異，以及批判宋儒種種的欺人行徑，即為明證〔註158〕。

劉鶚在〈致黃葆年〉裏言：「聖功大綱，不外教、養兩途。公以教天下為己任，弟以養天下為己任。各竭心力，互相扶披而之，上報四重恩，下濟三途苦，同為空同之子孫，同培古今之道脉，同身同命，海枯石爛，無有二心。」〔註159〕藉此足以了解其與黃葆年分工，黃葆年盡力於教而他則盡力於養，對太谷學派在南北合宗上的經濟贊助，他是不遺餘力的。

然而劉鶚與黃葆年的個性皆屬恃才自負的，二人均有各自的想法，劉鶚在〈致黃葆年〉便說：「弟之所為，幾無一事不與公相反。」〔註160〕故二人的意見時有分歧，儘管如此，當劉鶚於光緒庚子年（1900）因北上協助賑災而被清廷以「私售倉粟」的罪名，於光緒三十四年（1908）被流放新疆，最後客死異鄉時，黃葆年在〈祭劉雲摶文〉仍讚其：「君有游俠之豪，有長者之義，有親師取友之學識……嗚乎！其終不失為崆峒之人與。」〔註161〕雖然二人意見常相左，然而劉鶚對於歸群草堂經費的籌措與資助及對太谷學派的貢獻，黃葆年仍是持肯定態度的，故而讚其「不失為崆峒之人與」。

第四節　合宗以後的餘韻

自民國三年（1924）黃葆年病逝於蘇州後，太谷學派的發展已進入第四代，也是學派將近尾聲之時，直至抗日戰爭爆發後，才在新世代中漸漸消失，而這階段的學派代表人物主要有兩位：一位是李泰階，他是李光炘之孫；另一位是劉大紳，他是劉鶚之子。雖然學派屆此已是日薄西山之際，但他們仍然為學派的發展持續盡力。茲就其二人生平，論述於次：

一、宣揚學說的李泰階

李泰階（1871～約1927），字平孫，人稱白沙先生、真州先生、李大先生。

〔註157〕朱松齡：〈《老殘遊記》婦女形象及太谷學派婦女觀淺析〉，《清末小說通訊》2010年第99期。
〔註158〕可參見劉鶚：《老殘遊記》第九回，頁87～90。
〔註159〕方寶川：〈劉鶚與太谷學派關係考辨〉，頁14。
〔註160〕方寶川：〈劉鶚與太谷學派關係考辨〉，頁14。
〔註161〕黃葆年：《黃氏遺書》卷八，頁561。

他是李光炘之長孫，故李光炘對他寄予殷切的厚望，每每講學時，李泰階亦隨侍在側聽講。李光炘病逝於泰州後，李泰階拜黃葆年為師，黃葆年在〈仲冬送李生平孫南歸并序〉云：「李生與予為三世交。生之祖，予師也，其伯父及父皆予友也。予之東山，生尚幼，聞其失學也，憂之。長而來此，予束之嚴，生無怨色。諸老見而嘉之，予亦喜予師予友之後之多賢也。雖然夙興夜寐，無忝爾所生，生其勉乎哉。」〔註162〕由於黃葆年受業於李光炘的門下，深得李光炘的器重，是以黃葆年在這篇序裏，流露出他對李泰階愛之深、責之切的心情，既期望李泰階能承繼其先祖以來勤學的傳統，同時為太谷學派的延續盡份心力。在《黃氏遺書》裏，也記載了一則黃葆年教導李泰階之事：

> 希平記平山之言。平孫侍，希平曰：「階乎，識之：昔者子思子述祖訓而作《中庸》，以為萬世法。女之逮事女祖也幼，女祖之言，女未能記也。予雖愚不肖，逮事女祖之日久，女祖之言，予猶能記之，故予之所記，皆女祖之言也。嗚乎！思予之不孝，予能記乎？思女祖之慈，予能忘乎？女祖之言，為門人小子言也，為天下後世言也。每顧予而屬之曰：『女為我留贈後人。』斯言也，其聲動心如昨日也。女之生也，女祖有厚望焉，謂予曰：『此子如可教，吾其托孤於子矣！』其言也，其聲動心如昨日也。予其能忘女祖之言哉！予其能記女祖之言哉！階乎，敬而聽之，默而識之。女祖陟降在上，在左右，其將默告女。」〔註163〕

從這段故事見證一場跨越兩代的師生情緣：李光炘之於黃葆年是器重且信任的，故其為門人講學的內容，便囑咐黃葆年記下，以傳於後人，甚至把自己的孫子託付於黃葆年，希冀黃葆年將太谷學派的學說授予李泰階。黃葆年不忘先師的叮囑，盡力的教導李泰階，而那「予其能忘女祖之言哉！予其能記女祖之言哉」，則可謂語重心長。

　　李泰階一直以來都隨侍在黃葆年身側，黃葆年為太谷學派南北同學所舉行的集會，他都參加。民國三年（1924）黃葆年病逝後，李泰階繼而主講歸群草堂，直至生命的最後。李泰階在太谷學派的發展中，主要的貢獻則在宣揚學說，據《歸群寶籍目錄》的著錄，李泰階之著作有《雙桐書屋文集》兩卷、《雙桐書屋詩鈔》一卷，前者已佚，目前僅存後者。李泰階過世後，則由

〔註162〕黃葆年：《歸群草堂詩集》，頁173～174。
〔註163〕黃葆年：《黃氏遺書》卷一，頁31～32。

黃葆年之子黃壽彭（字仲素）接續歸群草堂的講學，直至民國二十六年（1937）抗日戰爭爆發，學派的傳道活動方告一段落。

二、著書立說的劉大紳

劉大紳（1887～1954），字季纓（英），號居夷，筆名殷頑，晚號貞觀。他是劉鶚的四子，曾拜黃葆年為師，他在〈易象童觀代序〉言：「以吾經歷言之，則年十三，從蒙師受句讀，年十七，大人以家世習《易》，命執贄於歸群先生之門。」〔註164〕不過據劉蕙孫在《鐵雲先生年譜長編》所言，劉大紳在黃葆年門下受業的時間並不長，其所見聞則多承自其父劉鶚。〔註165〕

劉大紳在太谷學派的發展中，主要的成就乃著書立說，他自言：「自是吾遂專力於《易》，迄今已五十年，雖顛沛流離，而一卷隨身，終未嘗舍。」〔註166〕足見其於《易》學用功頗深。劉大紳之子劉蕙蓀在〈太谷學派遺書〉說：「太谷學派是儒家一個新流派，歸根結蒂的思想根據在於《周易》。」〔註167〕劉大紳目前傳世的著世有十二種：《貞觀學易》、《易學童觀》、《談易》、《論象》、《四目研幾》、《此中人語》、《閑談》、《姑妄言之》、《龍川先生詩鈔》、《儒宗心法》、《春暉軒心痕殘稿》、《關於老殘遊記》等；然主要的著作仍以《易》學為主。

據朱季康《張積中年譜》載：「文革後，太谷學派『黃門』後傳繼續講學，學派通過民間互助方式，傳衍至今。」〔註168〕可知太谷學派至今雖已陷後繼無人的窘況，卻仍然餘波蕩漾，而這也只能說明太谷學人對學派的忠誠度與熱忱，始終不渝，至於復興的契機則似乎微乎其微，朱季康在《黃崖山事件與太谷學派研究》便說：

> 總體評價太谷學派當時的處境，可稱邊緣化。而販夫走卒之流，

〔註164〕劉大紳：《易象童觀》，收於方寶川編：《太谷學派遺書》第三輯第二冊（揚州：廣陵古籍刻印社，2002年），頁600。

〔註165〕劉蕙孫：《鐵雲先生年譜長編》（濟南：齊魯書社，1982年）載：「綜合我父親的治學過程，雖十幾歲就拜從太谷學派黃葆年先生門下，但實際在黃先生身邊受學的時間極短，幾乎可以說沒有。所見所聞完全得自鐵雲先生的庭訓。」，頁21。

〔註166〕劉大紳：《易象童觀》，頁600～601。

〔註167〕劉蕙蓀：〈太谷學派遺書〉，收於劉德隆、朱禧、劉德平編：《劉鶚及老殘遊記資料》，（成都：人民出版社，1985年），頁629。

〔註168〕朱季康：《張積中年譜》（南京：南京大學出版社，2009年），頁175。

　　受資質、基礎所限，難明學派精髓，無法承擔學派的傳承任務，
　　更遑論光大之？學派的中堅集中在中、下層知識分子群體中，如
　　此，向學派輸送新鮮血液的動脈來自於家族姻親，既爲必然，也
　　無奈。〔註169〕

朱氏所言，可謂對太谷學派未來傳動活動的發展，下了中肯的評價。他點出
了學派無以爲繼的癥結，乃在於「販夫走卒之流，受資質、基礎所限，難明
學派精髓」；然而，學派的傳承不在於結果，而在於尋找意義的過程，太谷學
派當時致力於民間儒學化的推廣，此舉讓中、下階層的百姓，有機會接受儒
學的涵養與薰陶，喚醒其道德感，並具體落實於生活中。若由此觀之，太谷
學派對於中國教育史則有著積極不可磨滅的貢獻。

第五節　小結

　　太谷學派的傳道活動，自周太谷創立學說始，迄於劉大紳止，歷經嘉慶、
道光、咸豐、同治、光緒、宣統以至於民國成立，賡續時間長達一百五十年。
對於一個起於民間而未獲官方支持的學派而言，實屬難得。

　　江峰在《太谷學派生命哲學研究・緒論》說：「任何事物都是以其特殊性
而區別於其他事物的，事物的個性特色也就是這一事物之所以成其爲自身的
證據。對於一個學派來說，其思想的個性特色則是它能夠展現自身歷史風貌
而自成一派的關鍵所在。」〔註170〕在釐清太谷學人的生平及學派發展後，亦
見證太谷學派透過各種行動來表現其思想的延續性，此表現於七方面：第一，
自周太谷以來，代代學人皆有樂善好施、悲天憫人、以民爲本的情懷；第二，
自周太谷以來，代代皆尊重婦女，招收女弟子，提升婦女的地位；第三，自
周太谷以來，即藉由祭祀先聖及自然神，以寓報本返始之意，而李光炘以後，
又祭祀學派宗師、奠基人，以表崇敬之意，到了黃葆年則除了延續先人的祭
祀之意，又增設奉祀民間信仰，俾使儒學民間化更爲深刻；第四，自周太谷
於廬山悟得儒家思想後，代代學人皆有廬山之行，尋宗師悟道的途徑，以堅
定學人的道心；第五，自黃崖慘案後，學人爲避禍而流落四方，故學派奠基

〔註169〕朱季康：《黃崖山事件與太谷學派研究》（蘇州：蘇州大學歷史系博士論文，
　　　　2007 年 4 月），頁 43。
〔註170〕江峰：《太谷學派生命哲學研究》（北京：東方出版社，2007 年），頁 46。

人、傳承者便發起集會，一則紀念宗師，一則聯絡同學感情，相互砥礪，延續太谷學派強調朋友之道；第六，李光炘、朱淵、蔣文田、黃葆年皆設立草堂講學，以傳承師說，也爲延續太谷學派的學脈而努力；第七，太谷學人皆好遊歷，藉以開拓視野，增廣見聞，體察民生疾苦。

太谷學派能從嘉慶年間跨越至民國，太谷學人之間的向心力，對學派之主張，採一貫的信仰態度，並且代代克盡任務，皆是關鍵。要言之，第一代主要在建構學說的體系，第二代在明道與傳道，第三代在爲南北合宗之事而努力，第四代則是傳道與著書兼備。太谷學派雖已無以爲繼，欲振乏力，但其曾經爲明道、傳道，進而關切人倫日用的情懷，對現今學界由「內聖」走向「外王」的徑程，仍深具參考價值。

第三章　創建草堂與儒學傳播的關係

　　太谷學派的創始人——周太谷，一生潛心於儒學的研究，並博採佛、道的思想以豐富儒學，俾使其學說的體系更爲完備。時至晚年，他將傳承學說之任，賦予張積中及李光炘兩大弟子，二人皆謹記師命，爲傳道及明道的付出，不遺餘力。

　　周太谷逝世後，張積中前往山東，於黃崖山寨構築教養合一的村社組織，李光炘則於南方設立龍川草堂，招收弟子以講學，二人皆爲實現先師「還道於北」、「傳道於南」的遺願而全力以赴。

　　然而，同治五年（1866）九月，山東青州府閭廷珮、益都縣何毓福稟報：「拿獲匪犯冀宗華、冀兆棟，供出同拜黃崖山張七（張積中）爲師，現山中業已聚集多人，令彼等赴青州一帶勾匪，定期九、十月間起事，先取青州，後取濟南。」〔註1〕張積中的講學引來官方側目，黃崖山寨爲清軍全面圍剿，所有的寨民皆與張積中同心一致，抱持著寧死不屈的殉道精神，慷慨就義；霎時間，太谷學派傳道的活動，爲風聲鶴唳的空氣所包圍。

　　循此，顯見的是：政治已經介入了學術的傳播，官方企圖藉由政治來引導儒學的發展，太谷學派在經歷這場血淚相流的黃崖事件後，日後的傳道活動將如何進展與延續，便成爲維繫北宗的朱淵及延續南宗的李光炘義無反顧的課題。太谷學派在周太谷及張積中相繼離世後，其道統的延續能跨越一世紀，除學人間對學派的向心力及對信仰一貫的原則外，代代的學派領袖創建草堂以傳播學說，亦是重要的關鍵；於是草堂成爲凝聚太谷學人情感的所在，

〔註1〕　《山東近代史資料》（第一分冊）（濟南市：山東人民出版社，1957 年），頁 130。

也是其精神的重鎮，而草堂的主持者講學的方向，亦是發揚儒學人文精神的本來面目，並且透過重新省視與思考，爲儒學注入源頭活水，賦予儒學新的生命力量。

職是之故，本章擬就：太谷學派四大草堂成立的宗旨與使命、草堂創建的時代因素與歷史意義、儒學傳播的型態與應用等三節，來探討太谷學派代代的領袖，他們如何發揮草堂的傳播功能，一方面將儒學傳播於民間，獨立於政治之外，一方面俾使太谷學派的學脈得以賡續。

第一節　太谷學派四大草堂創建宗旨與使命

我國自唐代起有「書院」，一直到清末，長久以來，由於科舉制度的盛行，以及程朱理學處於官方學說的地位，故官方對於書院的影響甚鉅。雖然明代有王學引領思想解放的運動，讓書院有機會走向獨立自主的路，但到了末流，則又形成空談心性、束書不觀，出現無根、空疏等弊端。再者宦官的專權，書院的講學者極力抨擊時政，竟招致大禍，書院自此陷入浩劫，一蹶不振。時至有清，因爲文字獄的交織纏結，書院更是一直爲官方高壓的態勢所籠罩。

黃文樹在〈泰州學派的淵源〉說：「要了解一個學派，先須了解這個學派活動的時代社會背景，能如此，才可明瞭那個時代如何孕育這個學派，而這個學派又如何推動那個社會向前發展。」〔註2〕由於清廷的高壓政權，箝制人民思想與活動，故周太谷及張積中等皆曾遭受過政治迫害，以致傳道事業一度受挫，而學派代代的領袖爲了在戎馬倥傯、時局動盪的多事之秋，維繫學脈，故太谷學派自第二代李光炘始，即創建龍川草堂，以講學傳道，陸續又有朱玉川的養蒙堂、蔣文田的龍溪草堂、黃葆年的歸群草堂等。是以本節就此四大草堂在太谷學派的發展中，其創建的使命及內部的學規爲何，論述於次：

一、李光炘與龍川草堂

當周太谷於道光十二年（1832）歸道山後，其臨終前「傳道於南」的遺願，李光炘不敢或忘，念茲在茲的是：尋一闢建講習所的理想之地，以繼續

〔註 2〕黃文樹：《泰州學派教育思想之研究》（台灣：國立高雄師範大學教育系博士論文，1997 年 1 月），頁 34。

傳道的活動。咸豐十一年（1861）冬，李光炘對謝逢源說：「禎祥迭見，吾道將興，此其時矣，邵伯龍川一帶，必得侶地，汝往之，有緣人不難致也。」〔註3〕龍川位於今江蘇省的江都市，謝逢源聞師言遂往，因而結識顧裕禧（字吉人）、顧牧（字子占，吉人之子）、江岷（字子若）等友人，彼此一見如故。同治元年（1862）二月，李光炘偕謝逢源遊龍川，並與這班友人相談，十分契合，進而與之商量闢建草堂的事誼。

關於草堂闢建的過程，在《龍川夫子年譜》中有詳細記載：「既而來者日眾，居停無所，乃議醵資構屋於南灘爲講習地。川人多木業，因灘以屯，灘地交錯，稅直甚昂，地屬顧氏，定址後，礙他產，吉人市房易之。夏五月，命逢源往宜陵，請海山來相宅，子占、藍田從事考工。五閱月而成，門內隙地，樹花竹，梧桐兩株，左右交蔭，師顏其廳事日『龍川草堂』。」〔註4〕龍川草堂從擇地、動工闢建到美化學習的環境，每個環節都甚爲謹慎講究，最終能夠順利落成，乃是集聚眾資的，因爲有這群志同道合者，他們願意爲太谷學說的傳承而出資、出力，俾使這個未獲官方認可的私人講學，能行教於世，其令人動容的力量即在於此，而學人間團結一致的凝聚力，更是不言可喻。

其次，從講習所的楹聯，可以了解其辦學的宗旨及所倡導的價值觀念，這對於宣揚聖賢功德、啓迪生徒，都有潛移默化之效，同時亦可彰顯這講習所創建的精神。龍川草堂的楹聯有五，其一是：「開一瓣青蓮，猶是濂溪遺愛；望千秋紫氣，依然柱下風流。」點出太谷學派的淵源來自宋代的周敦頤，今創建草堂之目的，即爲傳播儒學而努力，而「柱下」可知講學亦雜揉了老學。

其二是：「至精、至變、至神，胥歸簡易；不惑、不憂、不懼，悉本中庸。」點出太谷學派萬變不離其宗的學說歸結於《易經》，亦重視《中庸》的價值。

其三是：「堯舜之道，孝弟而已矣；夫子之道，忠恕而已矣。」點出孝弟與忠恕皆爲太谷學派所重視，講學方向乃以儒家思想爲宗。

其四是：「父子有親，君臣有義，夫婦有別，長幼有序，朋友有信。」點出太谷學派強調五倫，認爲倫理是穩定社會發展的重要基礎。

其五是：「博學之，審問之，愼思之，明辨之，篤行之。」此乃太谷學派

〔註3〕　謝逢源：《龍川夫子年譜》，收於方寶川編：《太谷學派遺書》第一輯第三冊（揚州：廣陵古籍刻印社，1997年），頁50。

〔註4〕　謝逢源：《龍川夫子年譜》，頁51～52。

指示門人治學的途徑，其主張除學思並重外，更要將所習得的道理實踐，而非淪爲紙上談兵的有腳書櫥。〔註5〕

龍川草堂在同治二年（1863）創建完成，並開始廣招門徒，方寶川說：「龍川草堂的建成與開學，標志了學派南宗的正式形成。」〔註6〕陳士毅與蔣文田等人皆在該年拜從李光炘爲師，草堂並於同年四月之朔，子夜之半，奉瓜祭祀先聖，以表對宗師的崇敬之意。謝逢源說：「回憶昔年，稅駕龍川，初開講舍，正值戎馬倉皇之際，一堂師弟弦誦其中，師之爲人，既無患得患失之心，亦無計較利害之心。」〔註7〕由於受李光炘高尚人格的感召，即使太平軍及捻軍連年征戰，來學者卻日益眾多，弦誦之聲盈滿於室。

在《龍川夫子年譜》裏載門徒拱銓「遭兵亂流寓龍川，以賣瓜子餬口，師在茶社講說經義，銓每竊聽不去，久之，人詢其故，曰：『小人幸聞聖人之教，勝獲十倍利，雖忍飢亦所願也。』因以白師，遂留服役」〔註8〕，由此足見李光炘講學的魅力，以致瓜販寧可將生意暫置一旁，也要聆聽聖人之教。拱銓聽講認眞之至，《龍川夫子年譜》又載：「師道立，而善人多，講習討論，往往達旦，學者或精神困怠，危坐強支，師則反復推詳，聲出金石，侍坐不倦者，惟銓而已。」〔註9〕此乃身處亂世之人，格外須要一帖穩定劑，以安定漂泊無所歸依的心靈所致。

李光炘在招收門徒時，對拜師的儀式甚爲重視，其於《觀海山房追隨錄》即載：「弟子從師，猶如女子嫁人，雖裙布荊釵，亦須成禮，苟且相從，必不能久，拱銓曰：『不知禮，無以立也。』師首肯曰：『孺子可教。』」〔註10〕因爲藉由此莊嚴的儀式，方能提撕門徒從師問學之心，若無舉行此儀式，來學者對拜師之事，如有苟且相從的心態，日後道心亦容易退轉，故《龍川夫子年譜》裏載：

> 學人初及門，師必曉之曰：「吾門往者不追，來者不拒，如信心不及，自來自去，亦無罪過，然切不可謗道，謗則必遭天誅，愼之！愼之！」

〔註5〕以上五楹聯均見於謝逢源：《龍川夫子年譜》，頁52。
〔註6〕方寶川：〈李光炘及其著述〉，收於方寶川編：《太谷學派遺書》第一輯第三冊（揚州：廣陵古籍刻印社，1997年），頁3。
〔註7〕謝逢源：《龍川夫子年譜》，頁85～86。
〔註8〕謝逢源：《龍川夫子年譜》，頁57～58。
〔註9〕謝逢源：《龍川夫子年譜》，頁58。
〔註10〕李光炘：《觀海山房追隨錄》，收於方寶川編：《太谷學派遺書》第一輯第三冊（揚州：廣陵古籍刻印社，1997年），頁51。

　　遠來學者，師必具酒食以饗之，務使賓主盡歡而後已。或問其故，

　　師曰：「養而後教則民易從，飲食者，所以開教化之原也。」〔註11〕

從這段記載可知，李光炘招收門徒是無任何門檻或條件的，故《龍川夫子年譜》云：「師在龍川，來者不拒，兼收並蓄，殆取披沙揀金之意。」〔註12〕甚至還會設酒食招待，其主張「養而後教」，認為養是行教化的基礎，人在形而下的生理需求獲得滿足後，才會有形而上的心理層面的追求；是以曾師昭旭說：「當人還困於衣食、全力為生存打拼的時候，人是不配稱為人的（這時還只是動物）；必須是吃飽飯以後，高級需求浮現之時，人才踏進人的領域。也就是說：吃飽飯並不是人生問題的解決，而剛好是人生問題的真正開始。」〔註13〕可知太谷學派是個相當關切民生，站在人的角度思考的入世學派。至於日後來學者是否留下受教，李光炘是尊重其意願的，唯一的要求是不可謗道，這是體現對太谷學說信仰一貫的原則，換句話說，李光炘會給初及門者充分的時間評估，不為任何強人之事，一旦願意留下者，方行拜師的儀式，在《歸群草堂語錄》對此有一生動的比喻：「升堂是穿著衣裳說話，入室是脫去衣裳說話。」〔註14〕由此可見「及門」與「入門」，就如「登堂」與「入室」，二者之間是有差別的。

　　李光炘對於門徒有優異的表現，是很願意給予獎勵及肯定的，希冀藉以激發其向上的動力，《龍川夫子年譜》即載：「門人或有一技一藝之長，師必獎勵之，使達其材；苟有一言一行之善，師必誘掖之，以成其德。」〔註15〕李光炘很看重門徒的長處且循循善誘，以期門徒能將自己的長處，發揮得淋漓盡致，以更上層樓。

　　龍川草堂在李光炘的主持下，來學者猶如過江之鯽，至同治五年（1866）黃崖山事件爆發，太谷學人頓時成了驚弓之鳥，門徒星散於各地，四處避禍，三載餘的草堂講學即匆匆畫下句點。張進〈危機與應對——黃崖教案後的李光炘與太谷學派〉說：「李光炘從組織上主動解散太谷學派南宗，一

〔註11〕謝逢源：《龍川夫子年譜》，頁 58～59。
〔註12〕謝逢源：《龍川夫子年譜》，頁 105。
〔註13〕參見曾師昭旭：〈人是文化創意之本——「文化創意產業」的幾點釐清兼論人的養成與人的失落〉，《淡江人文社會學刊》（2005 年 10 月），頁 35。
〔註14〕徐照：《歸群草堂語錄》卷四，收於方寶川編：《太谷學派遺書》第一輯第五冊（揚州：廣陵古籍刻印社，1997 年），頁 64。
〔註15〕謝逢源：《龍川夫子年譜》，頁 59。

方面可以撇清學派群體性活動引發的政治嫌疑，另一方面也能夠有效消除可能存在的邪妄罪證。李光炘化整爲零的舉措，最大限度地保存太谷學派南宗有生力量，這也是一種不留隱患，以退爲進的高明對策。」〔註16〕有鑑於黃崖慘案，在既專制又亂世的社會下，任何的行爲皆有被栽贓的可能；是以，李光炘於慌亂中棄草堂而遠走他鄉，並非對傳道活動放棄，而是存有「留得青山在，不怕沒柴燒」的心態，此乃不失爲明智之舉，亦足見李光炘高度的應變力。

時至同治八年（1869），太谷學人遷祭器於東皋，復修俎豆，擬重開草堂授徒，不料再遭小人讒言構陷，《龍川夫子年譜》載：「張氏、嚴氏、鄧氏之禍作，師乃燕居海陵，欲行不逮，既而北涉溟洋，南浮淞泖。」〔註17〕所幸「康、吳、熊三君左右之，始免於難」〔註18〕。至同治十二年（1873），李光炘曾定居於泰州，繼續講學，但爲了維繫道統於不墜，此時他只能「忍於蒙不潔以終其身」〔註19〕，並嚴格的要求自己與學人謹言慎行，《龍川夫子年譜》即載：「師遇生客，不談時文，不談時事，不談時人。」〔註20〕此乃爲防止官方的猜忌與嫌疑，直至光緒三年（1877）十月，方重回龍川草堂講學，黃崖亦遣虞作恭、虞從哲、趙成、趙寬等，相繼南來交流師說。光緒十一年（1885）八月，李光炘返回泰州，同年十一月初三，病逝於泰州，門人奉葬於儀徵青山。

二、朱淵與養蒙堂

同治五年（1866）十月的黃崖山事件，改變了太谷學派日後傳道活動的命運，而北宗的學脈也因爲張積中的殉道，群龍無首，陷入窘境。朱淵是張積中的高足，由於黃崖山事件爆發時，奉師命外出，故倖免於難。事發後，他回到黃崖山上埋葬罹難者的遺骸，並且以紹述太谷學派的學說爲畢生的職志，張德廣〈養蒙堂遺集校后識〉云：「蓋繼黃崖太夫子之後，授

〔註16〕 張進：〈危機與應對──黃崖教案後的李光炘與太谷學派〉，《揚州大學學報》
　　　　 第14卷第3期（2010年5月），頁87。
〔註17〕 謝逢源：《龍川夫子年譜》，頁66。
〔註18〕 謝逢源：《龍川夫子年譜》，頁67。
〔註19〕 黃葆年：《黃氏遺書》卷二，收於方寶川編：《太谷學派遺書》第一輯第四冊
　　　　 （揚州：廣陵古籍刻印社，1997年），頁136。
〔註20〕 謝逢源：《龍川夫子年譜》，頁106。

學北方者惟先生。」並讚：「維助同門，引掖後進，尤夙興夜寐，皇皇如不及者。」〔註21〕由此可知其遊學南北、舟車勞頓，便是肩負著北宗道統於不墜的使命。

　　黃葆年〈贈黃崖學者并序〉云：「朱君玉川、蓮峰兄弟暨趙君伯言皆長清人，黃崖舊學人也，得葉、吳兩君書，知予在濟南，步行來訪，接談甚洽，予感而賦贈。」〔註22〕可知朱淵與其堂弟朱濂（字蓮峰）積極與南宗的蔣文田、黃葆年等往返論學，商討如何振興道統的事誼，這份情懷黃葆年感而賦詩曰：「黨錮於今鑄鐵成，淒涼猶見魯諸生。嚴風朔雪知松柏，地北天南有弟兄。大廈難支思郭泰，孤兒何處問程嬰。十年心緒征塵裏，此夕樽前無盡情。」〔註23〕該詩流露出對黃崖難的倖存者的同情，也為學人流落四方而感傷。朱淵晚年回到山東長清故里，偕朱濂創建養蒙堂以講學，足見其對傳承師說的不遺餘力，故黃葆年於〈祭朱蓮峰文〉云：「君長清一農夫耳，遭逢際會，得師至人，乃能死生終始，不貳其心，四十年如一日。嗚乎！真黃崖學者也，求君而北，偕我而南。」〔註24〕此絕非溢美之辭。

　　養蒙堂之名乃取意於《周易・蒙卦》云：「蒙以養正，聖功也。」〔註25〕有啟迪生徒，開啟智慧之意。養蒙堂在太谷學派的發展史上，有別於另外的三座草堂，其創辦的意義有二：第一、教授黃崖難裔子弟，在講學的過程中，訓勉子弟，記取悲壯的黃崖山事件，在緬懷先人遺澤的同時，也應當期勉自己肩負起傳承的使命，故其曾於〈復張壽三書〉云：「我輩自應樹起脊梁，不論時勢艱難，一意為學，疾風識勁草，歲寒知柏松，勿貳乃心，則福自我求矣。」〔註26〕第二、由於養蒙堂辦學的宗旨乃為延續北宗的道統，因此朱淵雖為師長，但講學時卻秉著「聞道有先後」的共學切磋精神，與弟子的互動猶如學長般的殷殷關懷與鼓勵，其在〈復毛實君書〉云：「弟忝受訓蒙之任，

〔註21〕　朱淵：《養蒙堂遺集》，收於方寶川編：《太谷學派遺書》第一輯第五冊（揚州：廣陵古籍刻印社，1997年），頁281～282。

〔註22〕　黃葆年：《歸群草堂詩集》，收於方寶川編：《太谷學派遺書》第二輯第二冊（揚州：廣陵古籍刻印社，1998年），頁100～101。

〔註23〕　黃葆年：《歸群草堂詩集》，頁101。

〔註24〕　黃葆年：《黃氏遺書》卷八，頁559。

〔註25〕　見《周易注疏》，收於《景印文淵閣四庫全書》第七冊（台北：台灣商務印書館，1983年），頁338。

〔註26〕　朱淵：《養蒙堂遺集》，頁223。

平素開導後學，不過敬以聞諸師友者，舉以相告，或引而伸之，豈敢強不知以為知哉！」〔註27〕由此足見他謙沖自牧的胸懷。

朱淵所創建的養蒙堂，並無明文定訂其學規，他對弟子的期勉，乃是承自先師張積中。張積中的講學很重視弟子的品德，其於〈古文觀止序〉云：「灑掃應對進退，末云乎哉！蒙以養正，聖功也。……數百年間，成童而下，皆習聖經賢傳之言，成童而上，盡習詩賦文章之學，其習詩賦文章也，父教其子，師教其弟，惟日以揣摩風氣為事，博一第以為功，而聖經賢傳之書，束之不顧。」〔註28〕張積中主張「行有餘力則以學文」，讀聖經賢傳是為習取其中智慧，而非以博取功名為要，又〈示黃崖諸子〉載：「志不可滿，滿則驕；樂不可極，極則亂；敖不可長，長敖則逐非；欲不可縱，縱欲則敗。」〔註29〕足見其強調「中庸」，過與不及皆會導致不堪的後果，故時時反觀內省，以修正個人不當的言行，是重要的。朱淵在〈復張述明〉云：「師愚不肖，如予豈足以為依歸哉！予與汝病在愚鈍板滯。愚鈍而不思化為爽快，板滯而不思變為靈動，猶常起上人之心，好勝之念，是誠不知以自反為強，克己為勇，亦終於愚鈍板滯而已矣。」〔註30〕這段話充分流露出太谷學派重視師友間的砥礪。朱淵曾對弟子張述明言：「汝問諸蒙學孰優？……惜其均未讀書，予又不善教導耳。」〔註31〕由此可知，朱淵在訓示弟子時，亦能謹記師訓，並正視自己的缺點，進而虛心反省，以身教代言教，實屬難得。

三、蔣文田與龍溪草堂

當太谷學派南宗的領袖李光炘逝世後，南宗傳人之一的蔣文田便回歸泰州故里，在家鄉白龍溪旁，創建龍溪草堂，授徒講學。從蔣文田傳世的《龍溪先生文鈔》、《龍溪先生詩鈔》及他與太谷學人往來的書信看來，關於龍溪草堂的創建原由、過程及學規等，竟隻字未提，所提者盡是對太谷學人殷切的關懷與幾諫，或者是對朋友之間求學問道的闡述，由此可見其教育的理念。

蔣文田的龍溪草堂在太谷學派發展史上，所扮演的僅是一個過渡的角

〔註27〕 朱淵：《養蒙堂遺集》，頁124。
〔註28〕 張積中：《白石山房文鈔》，收於方寶川編：《太谷學派遺書》第二輯第一冊（揚州：廣陵古籍刻印社，1998年），頁7～8。
〔註29〕 張積中：《白石山房文鈔》，頁209。
〔註30〕 朱淵：《養蒙堂遺集》，頁208。
〔註31〕 朱淵：《養蒙堂遺集》，頁211。

色，但又有其重要性。言過渡，乃蔣文田雖創建龍溪草堂，卻仍不憚馳驅之苦，爲南北合宗之事奔波；言重要性，乃由於黃葆年北上至山東爲官，而南宗的道統仍必須有所傳承，據蔣文田〈與人書〉曰：「近者黃先生解組歸來，卜居於泰州南鄉之刁家鋪，離城二十餘里。此地舊有東皋草堂，風景甚佳。擬於其間，接待來學。」〔註32〕由此可知，龍溪草堂的創建僅爲南方的太谷學人暫時的精神重鎮，而南北合宗方是最終的目標與理想。

　　歸群草堂於蘇州開講後，南北的太谷學人皆雲集於此，而蔣文田在龍溪草堂時所教授的弟子，諸如：楊蔚霞、達紫成、錢希範、李祖峰、羅達衡等，也併入歸群草堂，成爲歸群弟子，而蔣文田也完成了其階段性的任務。

四、黃葆年與歸群草堂

　　同治七年（1868），距黃崖事件爆發已逾兩年，太谷學人也過了兩年風聲鶴唳的生活，終於在該年的重九日，李光炘在泰州舉行了「同人散後」第一次的集會，星散各地的太谷學人雲集於此，這是對太谷學派的學說信仰堅定的表現，故而李光炘由衷的悸動，溢於言表，他題〈牧馬歸群圖〉以誌其事，並寫詩以抒懷：「清秋佳會重陽節，舊雨新霜兩不忘，牧馬歸群從此日，化龍池畔好相將。」〔註33〕此詩流露出李光炘對南北合宗的熱切期望。

　　太谷學派第三代的領袖：蔣文田及黃葆年，二人謹記先師「南北合宗」的遺願，先有蔣文田在泰州創建龍溪草堂，同時並協助在山東傳道的黃葆年聯絡南北同學，積極爲合宗做準備，直至光緒二十八年（1902），黃葆年南歸，時任上海江南製造局總辦的毛慶蕃，邀請黃葆年、蔣文田等人於上海愚園雅集，商議合宗的事宜，終於在蘇州葑門內十全街創建歸群草堂，草堂之名則取自先師李光炘的詩句，寓有實現先師遺願的紀念。

　　陶凌雲曾於五十年代初走訪過歸群草堂，並訪問當地人，後來發表〈關於蘇州歸群草堂〉，文中提起當年的講學狀況：「據說每次開講都是兩場，先是蔣先生出來，問問情況，聽聽心得，解答問題，比較隨便，也講學，相當於輔導報告吧。然後是黃先生講學，很是嚴肅，下面只能靜靜地聽。」〔註34〕

〔註32〕 蔣文田：《龍溪先生文鈔》，收於方寶川編：《太谷學派遺書》第二輯第四冊（揚州：廣陵古籍刻印社，1998年），頁131。
〔註33〕 謝逢源：《龍川夫子年譜》，頁65。
〔註34〕 陶凌雲：〈關於蘇州歸群草堂〉，《文匯報》，2008年9月7日。

而在《歸群草堂語錄》也載黃葆年說:「聽我之話,不必稱贊,只要能信而已矣,能行而已矣。」〔註35〕由此足見,歸群草堂的主講者是黃葆年,而蔣文田則是位居輔導的,因此,招收門徒、講學的方式,都由黃葆年主持,據《南園叢稿・沌谷筆談》卷一所載:

> 黃規約甚嚴,收徒如入會然,初來者必經會員之介紹,合格與否,須待領袖面試,試法不重文藝,不論男女,試定後,或留之長住,或每年一見,分別等第,因人而施。一言棒喝,無異雷霆,愚者初見,往往惶懼失常。講學亦限于門內生徒,不肯公開而指授,又專事口傳,不以書筆,即所選《古文學餘》一書,亦抄而分給同門,不出售于書肆也。〔註36〕

從這段記載,可以想見當年黃葆年在歸群草堂講學時的嚴肅與權威,其嚴肅乃是為收拾來學者散亂紛擾的精神,必須專心一致,才能學有所得;其招收門徒時的嚴格、謹慎,講學時的權威與諸多限制,則是由於曾遭受政治迫害而驚懼未平,故學派的學說僅限於同門之中流播,嚴禁披露於世。《歸群草堂語錄》載黃葆年指導群弟子從師問學之道,云:「入門有二:耳門開曰『聞』,口門開曰『問』。汝等聽話須先開耳門;然果有所聞,必須外問諸師友,內問諸身心,方能有益。」〔註37〕由此可知,黃葆年講學時,並非全然唯我獨尊,他叮嚀弟子聽聞之後,切忌囫圇吞棗,而應多方體驗求證,方是治學的正確態度。

從黃葆年權威的個性看,相對的他是很注重三綱倫常的,若是背道而馳,即會遭到逐出師門的下場,《歸群草堂語錄》云:「劉懷婦病陽虛。師曰:『伊病皆由自取,實係陽惡,並非陽虛,聞其待懷太煩碎,伊何以放肆若此!我門中有定例:子不得言父過,婦不得言夫過,庶不得言嫡過。犯此即背畔三綱,豈可學道?伊若不改,即從此不許進門。』」〔註38〕黃葆年的心高氣傲,不許他人言其過的形象,乃是深植於太谷學人的心中,同門中唯蔣文田敢向他直諫,在他的觀念裏,只有為師者可以直言其過,故他對門徒劉懷說:「汝不知父母所以養我,更不知天地所以生我,以致猖狂妄行,不能入孝出弟,

〔註35〕 劉鶚:《歸群草堂語錄》卷三,收於方寶川編:《太谷學派遺書》第一輯第五冊(揚州:廣陵古籍刻印社,1997年),頁28。
〔註36〕 見《南園叢稿》,頁51～52。
〔註37〕 劉鶚:《歸群草堂語錄》卷三,頁34。
〔註38〕 劉鶚:《歸群草堂語錄》卷三,頁34～35。

吾老矣，猶望汝之能改也。」〔註39〕劉懷之妻的猖狂妄行，以黃葆年「夫為婦綱」的角度來看，妻是不可言夫過的，黃葆年形象有別於朱淵、蔣文田的和藹，究其因乃其為鞏固在學派中主講者的地位。

歸群草堂在 1924 年黃葆年逝世後，由李光炘之孫李泰階主講，不過李泰階繼位不到一年便歸道山，由黃葆年之子黃壽彭接續，太谷學人卻也漸漸凋零，昔日講學的盛況已不復見。後來草堂講學也隨著抗日戰爭爆發而結束，據陶凌雲回憶：「到我去尋訪時已經破敗。但還能看出，那是一個有一百多間房的大宅院。」〔註40〕雖已今非昔比，但太谷學人為延續道統而做的努力，仍是值得肯定的。

第二節　草堂創建的時代因素與歷史意義

太谷學派四大草堂的創建，各有其使命，或為傳承師說，或為凝聚分宗以後南北同學的向心力。若以歷史長河的角度縱觀，亦可發現太谷學派講學的態度，是與被官方所護持的書院有別的，同時為了將教育普及，其講學的方式，獨樹一幟，賦予儒學的傳播另一種新面向；是以本節就此觀點，論述於次：

一、肩負傳承師說的使命

在太谷學派的發展史上，南宗的李光炘乃承上啟下的關鍵人物，方寶川即說他：「原為素封之家，為了實踐師說，曾多次傾家賑濟災民。後『家道中落，貧不能支』，身居茅屋，四壁蕭然，不改其樂。」〔註41〕他謹遵周太谷「傳道於南」的遺命，宣揚師說，創建龍川草堂以講學。在黃崖山事件爆發後，他在風雨飄搖之際，指定門人蔣文田、黃葆年肩負援北的任務，與北宗孑遺朱淵承繼張積中的學說，同時亦期勉學人為「牧馬歸群」的南北合宗而努力。

朱淵晚年創建養蒙堂，除了教授難裔黃崖子弟、對學派的信仰一貫外，亦有情感的因素，他在〈復虞季升書〉云：「淵竊以為師與親一也。以敬言則為師，以愛言則為親，以養言則為親，以教言則為師。中養不中，才養不才，

〔註39〕蔣文田：《龍溪先生文鈔》，頁 32。
〔註40〕陶凌雲：〈關於蘇州歸群草堂〉。
〔註41〕方寶川：〈李光炘及其著述〉，收於方寶川編：《太谷學派遺書》第一輯第三冊
　　　　（揚州：廣陵古籍刻印社，1997 年），頁 2。

故人樂有良師友也，師與親奚分之有？且明心見性，吾夫子之訓也。念念不昧本性，即念念不忘吾師也；念念不失本心，即念念不忘吾師與親也。」〔註42〕朱淵將師長與雙親視爲等同的地位。而師長的意義又可從不同的角度賦予不同的意義：以敬與教言則爲師長，以愛以養言則爲雙親。其次，在朱淵看來，能念念不昧本性、不失本心，而師長的精神即在這「明心見性」的修養中彰顯。

蔣文田創建龍溪草堂，乃爲延續太谷學說在江北的道統，擘劃南北合宗之事，直至黃葆年，終於在蘇州創建歸群草堂，合宗之事方實現。由於黃葆年曾任官職，與官場中人素有交情，故而對歸群草堂講學的開放程度，有一定的影響。《歸群文課》載：「聖人之心，心乎天而已矣；天之心，心乎聖人而已矣！天何言哉？假物以鳴。周之衰也，斗筲之人處於上，欲鳴而不能鳴也，賢人君子隱於下，能鳴而不欲鳴也。於是乎天生聖人以鳴之，而不欲鳴者亦因以一鳴於世，故儀封人曰：『天將以夫子爲木鐸。』……天道往復，聖聖相承，孔子吾不得而見之矣，安知木鐸之聲，不復聞於今世也乎？」〔註43〕受過政治迫害以致傳道事業受阻的太谷學派，曾經欲鳴而不能鳴，而歸群草堂的創建，除了實現傳承師說的理想，更進一步言，則是要彰顯天愛眾生與萬物之心，歸群草堂如木鐸，天假其而鳴。

二、超然於功利的講學觀

太谷學派草堂辦學的宗旨之一在傳承周太谷的師說，在以一種易知易曉、平易近人的方式，將儒學普及於各階層。另外，由於其接二連三遭受政治的干預與迫害，講學的態度自然不是以迎合科舉利祿爲導向。職是之故，太谷學人進而思考的是：聖人藉由經典所要傳達給吾人的究竟是什麼？《歸群文課》云：

> 夫聖人之吐辭爲經也，爲章句計乎？爲義理計乎？抑爲吾之身心計乎？竭畢生之力，讀萬卷之書而茫然莫辨於身心，則或竊聖人之形似以自蔽，或啜聖人之糟粕以自足，甚或假聖人之名號以自利，而其去聖人之遠，不知其幾千萬里也，則同是非聖人之遠於我也，亦

〔註42〕 朱淵：《養蒙堂遺集》，頁 91。
〔註43〕 歸群弟子：《歸群文課》，收於方寶川編：《太谷學派遺書》第二輯第六冊（揚州：廣陵古籍刻印社，1998 年），頁 89～90。

非我之遠於聖人也，一言以蔽之，曰：「志非所志而已矣！」〔註44〕
在太谷學人看來，如何安身立命，進而潤澤他人，即是經典所要傳達給吾人
的。世人不明乎此，才會志非所志，舍本逐末，故縱使讀遍萬卷書，仍茫然
不知所讀爲何，終致流於自蔽、自足、自利之弊，無法與聖人之心相契合，
人本的精神因而無法彰顯。張積中在《白石山房語錄》即曰：「王道上事，切
不可高興，一高興則走到功名富貴上去矣。切記！切記！」〔註45〕其語重心
長，再三叮嚀門人要志在發揮儒學人本的精神，不可志在獲利云云，故《白
石山房語錄》又曰：「學道人辦王道上事，志在其事則可，志在其利則不可，
故禹思天下有溺者由己溺之也，稷思天下有飢者由己飢之也，舜之飯糗茹草
也，若將終身焉。」〔註46〕所謂的人本即是發揮「人溺己溺，人飢己飢」、「推
己及人」的精神，這是聖人的胸襟，也是經典要啓示讀者的，故自周太谷起，
代代學人對於慈善公益的活動，總是卯足全力，不落人後的。《歸群草堂語錄》
載：「丹經萬卷，道不在書。」〔註47〕足見其主張讀書或講學皆要叩緊實踐，
而非空談。

　　循此言之，太谷學派對「士」的認定標準是有別於世俗的，《歸群文課》
載：「嗚乎！天下之無士也；以天下之士，其名而不士，其心也，心者，名實
之所歸也。心乎富貴則富貴中人也，不得謂之士；心乎功名則功名中人也，
亦不得謂之士也；不心乎富貴功名而心乎邪說暴行則犯上作亂中人也，更不
得謂之士也。」〔註48〕世人所以爲名利雙收，甚至以邪說暴行搧動他人犯上
作亂的，在太谷學人看來皆不能謂之「士」，故放眼當代能稱「士」者，無矣！
「士」絕非僅爲博取「一舉成名天下知」的榮祿，「士」要有勇於承擔人間苦
難的入世精神，故《歸群文課》載：「士也者，希賢、希聖以希天者也。是故
士其心爲志，志在聖賢而後可謂之士。一鄉之士志在一鄉，一國之士志在一
國，天下之士志在天下，是蓋各有其志矣。」〔註49〕太谷學人以爲「有爲者
亦若是」，眞正的「士」志向要遠大，胸襟要寬大，要以效法先聖、先賢乃至

〔註44〕歸群弟子：《歸群文課》，頁841～842。
〔註45〕張積中：《白石山房語錄》，收於方寶川編：《太谷學派遺書》第一輯第二冊（揚
　　　　州：廣陵古籍刻印社，1997年），頁90。
〔註46〕張積中：《白石山房語錄》，頁91。
〔註47〕徐煦：《歸群草堂語錄》卷四，頁71。
〔註48〕歸群弟子：《歸群文課》，頁637。
〔註49〕歸群弟子：《歸群文課》，頁638。

生養眾生萬物的天地為目標；雖然每個人的能力都不同，但立志的心意都是值得肯定的，力在一鄉者服務一鄉，力在一國者服務一國，力在天下者服務天下，人人盡其所能，蒼生皆潤其澤，幸矣！

由是觀之，太谷學派草堂講學何以儒為宗、佛為輔，答案是顯而易見的，張積中在《白石山房文鈔》裏，便已經從治世與出世的角度切入，對儒、佛之異表達其見解，其云：

> 夫儒佛之異，異其迹也。儒以治世為本，佛以出世為先。凡世間法，佛皆以出世之心照之，於是絕而君臣，棄而父子，無兵刑禮樂之政，無士農工賈之倫，外視其身，何有乎人？外視乎人，何有乎事？循佛之說，人類絕矣，儒者乃起而攻之，攻之而能去之也。〔註50〕

張積中以為治世與出世是儒、佛最根本的差異，如果人人循佛之說，則首先挑戰的即是儒者向來所鞏固的倫理觀念，一旦沒有倫理做為人脈網絡的基礎，則君臣、父子的關係崩解，兵刑禮樂之政隨之不興，再者士農工賈各行各業皆獨善其身，與所有的人事物皆保持冷漠的距離，順是為之，家無齊、國無治，天下也無平了。《歸群草堂語錄》也說：「有與儒異者，必思其何以異？有與大聖人異者，亦必思其何以異？」〔註51〕足見太谷學派的講學乃以儒家的經典為主，乃為與治世接軌。

《歸群草堂語錄》載：「龍川夫子待己之嚴，始克發憤，然亦由當時一無所恃，論功名則童生，論功德則不名一錢，無所憑藉。是以夫子能以此相施，自己能一心聽受。然則有所恃者，真學人之不幸也。」〔註52〕李光炘深知在那兵馬倥傯的年代，富貴名利不過如天際的浮雲，如岸邊激起的浪花，瞬間而短暫，江山代有才人出，生命在其中有太多的搖擺及不確定性，故他尋求一種永恆的可能，進而發現唯有從經典中完成人格的陶冶，方能在亂世中撐起一身之骨，挽救那岌岌可危的靈魂，《歸群文課》又載：「志在富強而荒經以求之，吾恐戰國之禍復見於後世矣。」〔註53〕聖賢所留下的文化遺產，若一味朝著功利角度去運用，則將禍延後世，永遠無法真正解決生命的困惑。

持此觀點，黃葆年在《禮記讀本》裏云：「洒掃之事，晚近世族子弟羞之，

〔註50〕張積中：《白石山房文鈔》，頁189。
〔註51〕徐煦：《歸群草堂語錄》卷四，頁63。
〔註52〕劉鱓：《歸群草堂語錄》卷三，頁25。
〔註53〕歸群弟子：《歸群文課》，頁891。

所以世祿之家鮮克由禮也。《禮經》教人之入微，有如此者。」〔註54〕太谷學人從基礎的灑掃著手，藉此導引門人以服務奉獻為志，這種理念是迥異於當時以功利為導向的書院，黃葆年又云：「人之失足也，多在行止坐臥之間，則人之自修也，必在行止坐臥之間矣。」〔註55〕足見太谷學人認為「士」的培養及其人格的塑造，必得由日用常道做起，故《歸群文課》載：「教者，離經以開之，開其志也。」〔註56〕點出藉由經典教之以立志，是太谷學派草堂辦學的另一宗旨：培養為天下蒼生服務的「士」，既如是，太谷學派倡導職業平等。《觀海山房追隨錄》曰：「世無可廢之業，眾生業識謂當為公卿大夫，不當為輿台僕隸，使天下盡為公卿大夫，則輿台僕隸又誰為之乎？」〔註57〕由此可知，只要為民所服務的，即正當職業，無貴賤之別。

三、儒學民間化的新面向

自有宋以來，程朱理學定於一尊，書院為官方所掌控，講學的對象多以知識分子為主，下層社會的行商坐賈、織婦耕夫等與儒學的距離是遙遠且陌生的，尤其對女性而言，受教育更是遙不可及的夢想；但太谷學派的思想可謂開啟近代女性啟蒙的序幕，《龍川夫子年譜》載：「師夢見天榜書一『好』字，覺而語於眾曰：『一陰一陽之謂道。』女教其興矣。」〔註58〕姑不究其夢是否過於牽強，卻暗示女弟子的崛起及婦女地位逐漸受到重視。

李光炘縱觀歷史，意識到女性受教育是重要的，《觀海山房追隨錄》載：「夏之興也以有莘，其亡也以妺喜；商之興也以簡狄，其亡也以妲己；周之興也以姜嫄，其亡也以褒姒。從來國家興敗，無不係諸婦人，故聖人《禮》首婚姻，《詩》首〈關雎〉，《易》首〈乾〉、〈坤〉，《書》首釐降也。」〔註59〕由此可知，要談治國、平天下之道，必須先由齊家著手，本立而道生，以男主外、女主內的傳統觀念看來，女性有了基本的教育水平，對於齊家之事，一定俾益良多。因此，太谷學派的草堂，為了達到教育普及化的目的，他們

〔註54〕 黃葆年：《禮記讀本》，收於方寶川編：《太谷學派遺書》第二輯第三冊（揚州：廣陵古籍刻印社，1998 年），頁 27。
〔註55〕 黃葆年：《禮記讀本》，頁 36。
〔註56〕 歸群弟子：《歸群文課》，頁 860。
〔註57〕 李光炘：《觀海山房追隨錄》，頁 62。
〔註58〕 謝逢源：《龍川夫子年譜》，頁 80。
〔註59〕 李光炘：《觀海山房追隨錄》，頁 61。

以儒家思想爲宗，輔以匹夫匹婦日常中所接觸的佛、道教義理來講學，《白石
山房語錄》即載張積中說：「旁門外道最易惑人，非於工夫實有把握，不能不
爲其所搖，旁門之議論俱有至理，故能惑人。」〔註60〕足見唯有釐清本末的
關係，方能眞正賦予儒學民間化新的面向。

　　儒學民間化的第一步，便是要讓來學者明瞭「性相近，習相遠」的道理；
是以明心見性是重要的課題。太谷學派常用比喻的方式來解說這個義理，也
就是以易知的來說明難知的，《觀海山房追隨錄》載李光炘說：

> 人未見性，如貧子衣中珠而又不識珠形，何從索取？佛因造一假珠
> 示之，貧子識後，佛告曰：「此假珠也。」是教人自尋本來之珠，非
> 是造假珠。《詩》云：「伐柯伐柯，其則不遠。」執柯以伐柯，睨而
> 視之，猶以爲遠，君子以人治人，改而止。今夫燒丹鍊汞者，不過
> 搬精弄氣，造作假珠耳，不亦謬哉！〔註61〕

由此可知，人非聖賢，孰能無過，但人的本性是善的，「過」乃受外境所擾而
犯，因此，如何復明本心，則須透過不斷的反省，使自己的行爲能合於正軌。
而復明本心的能力是人皆有之，不假外求的，接著引《詩》句來說明人性皆
善，但犯錯不願意自省，隨波逐流，善的本性終會被遮蔽的道理。至於道教
所行的燒丹鍊汞，則是不明究竟，本末倒置了。李光炘又再舉一例，來說明
此理，其云：

> 人雖至愚，良心自不能昧。或語人曰：「與汝百金，爲我詈汝母。」
> 其人必不然。既而曰：「我詈母，母何傷？得金可以供母。」世人營
> 心爵祿，榮耀閭，卒之身敗名裂，辱及其先者，何異取人之金而自
> 詈其母哉！此之謂失其本心。〔註62〕

人再怎樣的糊塗，良心仍存；但良心要無時無刻的存養，才不致迷失，否則心
隨外境速轉。初始，深明爲利而詈母是不對的，繼而又因「得金可供母」而詈
母，此即良心放失，與世人不以其道而功成名就，最終竟身敗名裂是相同的。
《觀海山房追隨錄》載李光炘說：「佛與眾生是一不是二；一念悟，眾生是佛，
一念迷，佛是眾生。」〔註63〕人人皆可成佛，人人皆可成堯、舜，有爲者亦若
是，故良心的發用只在迷悟之間，一旦悟得透，就不會迷失方向了。

〔註60〕 張積中：《白石山房語錄》，頁120。
〔註61〕 李光炘：《觀海山房追隨錄》，頁58。
〔註62〕 李光炘：《觀海山房追隨錄》，頁59。
〔註63〕 李光炘：《觀海山房追隨錄》，頁43。

　　儒學民間化的第二步，是強調修養問題。《論語·學而》載孔子說：「不患人之不己知，患不知人也。」〔註64〕儒家強調修養是為了讓自身日新又新，並非以炫耀於人為目的。李光炘以佛法的角度切入，來闡發這個道理，其云：「梁武帝問初祖達摩曰：『朕一生造寺度僧，布施設齋，有何功德？』達摩言：『實無功德。』蓋以武帝初心不過為求福起見，世人修德即思獲報，是取義反以趨利，立功反以造過，不亦謬哉！」〔註65〕此乃要破除有心為善的迷失，無心為善方能與天道接軌。《觀海山房追隨錄》針對為善為惡的有心與無心，有段精彩的問答：

> 澄問曰：「為善須無心，若有，為善雖善亦不報，有諸？」師曰：「既
> 是為善，何得無心？既曰無心，何得為善？聖人為天地立心，為生
> 民立命，有心乎？抑無心乎？若謂有心為善而天不報，則必有心為
> 惡而天亦不報矣。此迂儒鄙謬之見，一語足以阻人為善之心，不可
> 聽也。佛說法不可思議，果報亦不可思議，安得謂有心為善，雖善
> 亦不報哉？」〔註66〕

由此可知，李光炘的「有心」乃是指人固有的善性，由於人皆秉天地之心而生長，故人為善以潤澤萬物眾生，使其皆能體悟天有好生之德的美意，《歸群文課》即載：「聖人生天地之間，其所以與天地並立者，效天法地，與天地合其德而已矣。」〔註67〕但世俗之人經外境雜染後，其有心則是摻入了功利性的目的於其中，這是人本無的。如此的觀念對村夫野老而言，似乎過深；故李光炘轉向果報的角度來宣講：

> 太上曰：「善惡之報，如影隨形。」誠哉！是言也。天之報人或遲或
> 速，或報於子孫，或報其來世，猶之立竿見影，日中則影短，日昃
> 則影長，日將落則影愈長，立竿無不見影，即善惡無有不報，不過
> 分其遠近長短耳。報之速者有量，報之遲者無量，權子母者，時愈
> 久則息愈豐，天地豈有不應之感哉？〔註68〕

此「天地豈有不應之感哉」的觀點，便能與老百姓「善惡有報，時機未到」

〔註64〕見《四書章句集注》，收於《景印文淵閣四庫全書》第197冊（台北：台灣商務印書館，1983年），頁17。
〔註65〕李光炘：《觀海山房追隨錄》，頁61～62。
〔註66〕李光炘：《觀海山房追隨錄》，頁60～61。
〔註67〕歸群弟子：《歸群文課》，頁713。
〔註68〕李光炘：《觀海山房追隨錄》，頁46。

的觀念相契合。《論語·泰伯》載孔子說：「民可使由之，不可使知之。」〔註69〕然而李光炘講學爲了讓聽聞者信服，因此藉因果報應之說宣講，凡走過必留下痕跡，目的則是爲逼顯出人所本有的善性，《歸群草堂語錄》即載：「有所固有，無所本無，方是性善。」〔註70〕儒家修養便是要養其固有，去其本無，以人德回應天道。

黃葆年在歸群草堂講學時，對於儒學民間化也不遺餘力，他在草堂內行祭典，所祭者有三：其一乃道祖，《黃氏遺書》即載：「嗚乎！道祖，天地萬物之母也，天地之位也，惟道祖位之，萬物之育也，惟道祖育也。」〔註71〕道祖指的是自然神，祭祀道祖向百姓教以「飲水思源」之理。

其二乃帝君，《黃氏遺書》即載：「微我帝君，天德渾全。……微我帝君，文德之純。……我帝君以孝友開人文，以陰騭開天文，所以察時變而化成天下者，數千年矣。方今天開文運而邪說誣民，充塞仁義，微我帝君之文德，其孰能格人！」〔註72〕帝君指的是文昌帝君，祂是司民間功名祿位之神，祭祀帝君有祈求振興文運，金榜題名之意。

其三乃聖帝，《黃氏遺書》載：「我聖帝敬以直內，義以方外，獨存《春秋》之志於幾希。浩浩乎，秦、漢以來，一人而已。……微我聖帝之神武，其孰能正之？」〔註73〕聖帝指的是關聖大帝，祂是忠誠之至，義薄雲天的武帝，祭祀聖帝寓有效其養正氣，正義凜然的精神。方寶川〈黃葆年及其著述〉說：「黃葆年在歸群草堂講學期間，尤其是後期，由於門弟子眾多，且社會成份及文化素質相差較遠。黃葆年爲了兼重普及，勸人爲善，講求老嫗能解，遂三教九流，隨地設喻。」〔註74〕由此可知，太谷學派講學的方式有逐漸親民的趨勢，這僅是一種手段，其目的乃爲將儒學的思想普及於民間。

太谷學派既爲民間學派，其根本的關懷即在於教和養的問題上〔註75〕。

〔註69〕 見《四書章句集注》，頁43。

〔註70〕 劉鶚：《歸群草堂語錄》卷三，頁23。

〔註71〕 黃葆年：《黃氏遺書》卷八，頁549。

〔註72〕 黃葆年：《黃氏遺書》卷八，頁551～555。

〔註73〕 黃葆年：《黃氏遺書》卷八，頁557。

〔註74〕 方寶川：〈黃葆年及其著述〉，此文收於方寶川編：《太谷學派遺書》第一輯第四冊（揚州：廣陵古籍刻印社，1997年），頁9。

〔註75〕 方寶川：〈劉鶚與太谷學派關係考辨〉，此文收於方寶川編：《太谷學派遺書》第二輯第五冊（揚州：廣陵古籍刻印社，1998年），即載劉鶚〈致黃葆年〉云：「聖功大綱，不外教養兩途。公以教天下爲己任，弟以養天下爲己任。」，頁14。

為鼓勵群眾向學，草堂亦解決來學者的民生問題，因為人必需在解決吃飯問題後，方有思索人生價值的動力，例如龍川草堂主張飲食者乃開教化之原，又據陶凌雲回憶當年的歸群草堂：「聽說那時，平日開飯要十七八桌，每逢開講的日子人更多。還有帶家眷從遠道來，租住在附近民房的。」〔註76〕由此可見，這兩個草堂在實質上也解決生活在兵荒馬亂中的貧苦百姓，教和養的問題，如此儒學朝民間化的發展，又更進一步。

　　至於教的部分，太谷學派在講授的內容趨於平民化，教師不僅因材施教且教學場域俯拾即是，教學方法靈活而不呆板，在《龍川夫子年譜》即有一段李光炘生動教學的記載，展現其不可多得的教學魅力：

> 師容貌氣體，惟變所適。或現老人身則頹邁龍鐘，
> 或現少壯身則流動充滿，或現疾病身則拘攣委頓，
> 或現安樂身則自在紆徐，或現愚拙身則瞻顧遲疑，
> 或現智巧身則泛應曲當，或現才子身則錦心繡口，
> 或現庸俗身則絜短較長，或現長者身則寬裕有容，
> 或現獄吏身則破除情面，或現嬰兒身則天真渾灝，
> 或現婦女身則悱惻纏綿，或現丈夫身則豪俠好義，
> 或現道人身則游戲圓通，或現菩薩身則莊嚴無上，
> 或現魔王身則光怪陸離。〔註77〕

由此足見，李光炘的教學充滿戲劇張力，他依據學生的性格及所提的問題，而有相應的回答與表現，這種角色扮演的教學方式不僅令人印象深刻，而且也讓村夫匹婦易懂，進而引發其學習的樂趣與熱忱。（關於這部分在本章的第三節有詳盡論述），而教學的面向則含概宣揚仁、孝、悌等美德的倫理教育觀，從日常事物入手啓發學生如何致力於內與外修養的認知教育觀，還有藉由探究詩歌的本源，進而鑑賞與創作詩篇，以達到教化目的詩學教育觀。這無非希冀學生能在確實吸收後，應用於日常的待人接物中，關於這部分在本論文第四～六章皆有詳盡論述。

第三節　儒學傳播的型態與應用

　　太谷學派代代的領袖，是創建草堂做為傳播儒學的場域，也是草堂的主

〔註76〕陶凌雲：〈關於蘇州歸群草堂〉，《文匯報》2008 年 9 月 7 日。
〔註77〕謝逢源：《龍川夫子年譜》，頁 102～103。

講者，其教育的對象有哪些？該用什麼方式來講學？講學的宗旨除了傳承師說外，還有什麼更重要的目的？其次，在講學之餘，學派透過何種方式來砥礪門人，以堅定學人求學問道的決心？以下就太谷學派講學的型態及如何把學派的主旨應用於講學中，分點論述於次：

一、教育對象與教學方式

太谷學派這四大草堂，招收弟子的門檻是由寬至嚴的。李光炘的龍川草堂是有教無類的，據《龍川夫子年譜》載：「設教龍川，海內求道之士，聞風興起，不遠千里而來。」〔註78〕是以來學者四方雲集，戶限爲穿，公侯將相有之，販夫走卒亦有之，不分老少智愚，男女兼收，謝逢源說：「師有教無類，或病其雜，師曰：『土德運會最廣，貴若王侯，賤若娼優，遠若夷狄，皆可入道。』」〔註79〕足見李光炘秉持著「塗之人可以爲禹」的信念，貴與賤皆擁有平等的受教權，此觀點自周太谷以來便如是。《龍川夫子年譜》載：「初太谷每講學，喜侍立不去。太谷曰：『汝解余言乎？』對曰：『喜，賤人也，少未讀書，惟聞公言，覺歡喜入心。』太谷曰：『汝貴人也，曷賤之有？』」〔註80〕張喜乃張積中之兄張寄琴的家僕，周太谷讚其有慧根、有悟性是貴人，誠如孔子向來不以階級論君子與小人之意相同。

至於朱淵的養蒙堂僅收黃崖難裔的弟子，蔣文田的龍溪草堂所收者，以知識分子爲主，到了黃葆年的歸群草堂，招收的對象仍普及各階層，《黃氏遺書》載其云：「學不以男女異也，觀〈國風〉可知也；學不以遠近異也，觀陳良可知也；學不以富貴貧賤異也，觀王侯世子及國之俊選皆入大學可知也。噫！古今無異道也，古今無異學也，貳心者，自異之也。」〔註81〕足見其亦體現了太谷學派有教無類的精神，但入門的規矩從嚴，而且要定期考核，但所有教授的內容則密而不宣。

關於教學的方式，教師的表達能力是很重要的，《黃氏遺書》載：「嗚乎！作者難，述者難，傳者亦難。昔者，年聞夫子之誦經也，至味出於音聲，洋洋乎其盈耳，當是時也，可以不言而喻焉，退而求之於書，不可得矣。昔者，

〔註78〕謝逢源：《龍川夫子年譜》，頁 94。
〔註79〕謝逢源：《龍川夫子年譜》，頁 106。
〔註80〕謝逢源：《龍川夫子年譜》，頁 36。
〔註81〕黃葆年：《黃氏遺書》卷六，頁 407。

年聞夫子之說經也，無隱不見，無微不顯，至精至神至變而夫婦之愚不肖，可以與知而與能。」〔註82〕由此可知，李光炘誦讀及解說經典的功力頗深，誦時能誦出至味，說時能將隱微之理講得透徹明白，令愚不肖者有醍醐灌頂之感。

其次，便是因材施教，《論語‧雍也》載孔子說：「中人以上，可以語上也；中人以下，不可以語上也。」〔註83〕由於太谷學派所招收的門徒散佈於各地各階層，故學派的主講者也隨著對象的根器不同，而採用多樣的方式以因應學習者的所需，主要有：（一）個別指點、（二）隨機指點、（三）聚徒講授。以下就此三種教學型態，論述於次：

（一）個別指點

曾師昭旭在〈中國人文傳統與現代教育〉說：「因為每一特殊事件對每一個人來說都是自有其特殊而與他人的經驗不同的，所以中國傳統的教育必重視個別傳授。最標準的教學方式便是一對一。」〔註84〕一場成功的教學，並非僅取決於教師學識豐富，能言善道而已，同時也應兼顧學生的吸收狀況，因此，教師講學時所使用的措辭及教授的內容，也要隨著對象而有所調整，如此方能使學生心領神會。李光炘在這點上掌握得恰到好處，《龍川夫子年譜》載：「師有教無類，因人而施，與子言孝，與父言慈，與士夫言忠信，與農圃言稼穡，與商賈言經紀，與工匠言技能，與行旅言關津，與文人言詩詞，與女子言性情，莫不舍己從人，如其來意，每到山窮水盡，略一指撥，生面別開，故智、愚、賢、不肖，一聆師教，無不悅服。」〔註85〕李光炘能顧及不同身分者有不同的需求，故能「舍己從人」，唯有言其所欲聞，把自己調整到與受教者同樣的高度，能以同理心去講授，方能「如其來意」，俾使來學者皆能心悅誠服。

然而每個人的秉性、根器有別，有時不強求弟子從己，也是「因材施教」的體現，曾師昭旭說：「這是個別原則的一種分化，就是專指人的特殊氣質或氣性或氣稟。乃因同一事件對不同氣稟的人來說會形成不同的感受與經驗，

〔註82〕黃葆年：《黃氏遺書》卷一，頁59。

〔註83〕見《四書章句集注》，頁35。

〔註84〕曾昭旭：《存在感與歷史感——論儒學的實踐面相》（台北：臺灣商務印書館，2003年），頁74。

〔註85〕謝逢源：《龍川夫子年譜》，頁103～104。

也因此會衍生不同的意義與後果，所以教導者必須因材施教，才能各有所當，而使學者皆能有所領悟。」〔註86〕故而《龍川夫子年譜》云：「門人有所爲，或挾成見以問，師皆然之，從不遏人之欲，甚或縱之使行，及事敗，或問，師曰：『聖人治未病，不治已病，有病終須發，自病自愈，無後災，何禁止之有哉！』」〔註87〕對於某些明知不可爲卻仍一意孤行的人，李光炘從不勸阻，而是任其隨心爲之，事敗後，方令其體悟「事非經過不知難」的道理，足見不教之教亦是一種教，故李光炘有「善教者，以人治人」〔註88〕之論。而李光炘個別指點弟子的內容，與弟子間的問答，由其群弟子記錄，再由黃葆年編訂成《觀海山房追隨錄》，而黃葆年也採用個別指點，其《歸群草堂語錄》即是其根據弟子切身所問而答，再由弟子記下編纂成書。

（二）隨機指點

曾師昭旭說：「這也是個別原則的分化，乃是專就氣質的活動變化處而言。即每一教導或指點，都要在氣機流行的恰當處提出，才能觸動人心，助其開悟，否則便如對牛彈琴，白費力氣。」〔註89〕太谷學派教學的方式非常活潑，教學的場域有時也並不侷限在室內，隨時隨地都可以進行教學活動，指點弟子，如此的教學方式，可以收束弟子散亂於外的精神，《龍川夫子年譜》載：

> 師每出遊，肩輿已駕，不言所之，或請所往，則曰：「有大佳處，汝不欲語我也。」或指某處，則曰：「汝可獨行，毋爲我累也。」或遂無言，則曰：「觀望徘徊，嘗試我也。」或以某某請，則曰：「汝欲召則召之，非我所願也。」或珍錯滿前而曰：「無下箸處。」或當金革喧填之際，車馬雜遝之場，口講指畫，爲人說法，若所答非問必繼以怒，師之提撕警覺，隨時隨地皆然，故從遊諸人，莫不壹志凝神，不散外散。〔註90〕

李光炘與群弟子出遊，對於出遊的目的地總是不置可否，使弟子們茫然無所措，又或者在市聲鼎沸之處，絃歌不輟，若弟子們爲外境所擾而答非所問時，

〔註86〕曾昭旭：《存在感與歷史感——論儒學的實踐面相》，頁74。
〔註87〕謝逢源：《龍川夫子年譜》，頁98。
〔註88〕李光炘著、謝逢源編：《龍川弟子記》，收於方寶川編：《太谷學派遺書》第一輯第三冊（揚州：廣陵古籍刻印社，1997年），頁37。
〔註89〕曾昭旭：《存在感與歷史感——論儒學的實踐面相》，頁74～75。
〔註90〕謝逢源：《龍川夫子年譜》，頁84。

其必怒聲喝斥，目的則是要訓練弟子們隨時隨地用志不紛，乃凝於神，此亦為體道、證道的方式，《黃氏遺書》也載黃葆年與李光炘行於水濱之事：「道隘行人亂，有荷人而出於其間者，步趨如恆，盈而不傾。夫子見而歎之顧年而語之曰：『是不易能也，彼何以能是，惟其能存神斂氣故也。彼小人也，猶能存神斂氣而君子顧不能，何哉？』」〔註91〕，李光炘以隨機指點方式，藉由當下的情境，再加以解說，能讓弟子對道有「百聞不如一見」的真切體驗。

李光炘這種隨處指點，引證比喻，深入淺出的教學方式，可讓聞者有茅塞頓開的暢快感受，《龍川夫子年譜》即載李光炘隨機指點的事蹟。茲舉數例論述，其一，「師往還萬里，海不揚波，一路青鳥翔鳴，若迎若送。師指曰：『是精衛也，海上見之大吉。』」〔註92〕這則引用「精衛填海」的神話，雖然有些迷信的成分，但寓有學習炎帝之女奉獻犧牲的旨趣在其中。

其二，李光炘每日於王畫堂家的後院與弟子作葉子戲，「師精神照察，始終不少衰，勝負不累千萬，而較及錙銖，終則弗計焉。入局諸子，莫不小心將事，罔敢神馳於外，則信乎賭場亦道場也」〔註93〕。這則藉由賭局，告戒弟子行事當聚精會神勿渙散的道理。

其三，「師性善光明，室必南嚮，窗牖洞達，夏不搭棚，嘗誦先儒句云：『幽暗巖崖生鬼魅，清平郊野見鸞鳳。』消阻閉藏，學人所當深戒」〔註94〕。這則從家居內部的格局，告戒弟子暗室生疑心，為人當光明磊落的道理。

其四，提到李光炘與弟子共吃湯團，並以此為珍饌，有人問：「天廚之味何如？」李光炘答曰：「共食一味，各自不同，殆隨人功德所別耳。」〔註95〕這則藉由飲食隱喻聽講，個人的根器不同，領略也不同。

黃葆年也採用隨機指點的方式教學，《歸群草堂語錄》載：「勸人息爭便是功德，自己能忍辱，一身無戾氣矣。勸人能忍辱，人人無戾氣矣，推之家國天下皆如是也。現在美總統倡和平會而海內之戾氣消，我等雖無此能力，未嘗不可隨處留心也。」〔註96〕黃葆年由時事角度切入，雖然常人無權勢可左右時局，但從自身的修養做起，可以與人建立良好的關係，進而達諸天下。

〔註91〕黃葆年：《黃氏遺書》卷四，頁225。
〔註92〕謝逢源：《龍川夫子年譜》，頁79。
〔註93〕謝逢源：《龍川夫子年譜》，頁87～88。
〔註94〕謝逢源：《龍川夫子年譜》，頁100。
〔註95〕謝逢源：《龍川夫子年譜》，頁101。
〔註96〕劉龢：《歸群草堂語錄》卷三，頁18～19。

　　曾師昭旭說：「學習的目的在開悟，開悟的目的在還歸於生活以成就一獨立的人格、篤實的君子。所以學必至於實踐然後爲完整。」〔註97〕故而太谷學派隨機指點的方式也很重視弟子當下的體驗，朱淵〈復毛實君書〉云：「弟之爲學少心得，多知解，即體驗兩字。言體，體諸身；驗，驗諸心。亦是兩口人合成一口人，兩口氣合成一口氣，二人同心則爲仁。同心之言，其臭和蘭香之至，和之至也。和之至而氣尙有不順者乎？心尙有不平者乎？」〔註98〕可見隨機教學，強調眞誠的體諸身，凡事先驗諸心，一旦心認可，則氣和心平。《歸群草堂語錄》載黃葆年要張德廣「體驗本來、體驗自然」，張德廣答曰：「師命體驗本來，弟子覺得本來清淨；師命體驗自然，弟子覺得自然具足。」〔註99〕由此看來，見性的工夫乃如人飲水，冷暖自知，不假他人，而蔣文田在《龍溪先生文鈔》亦云：「能隨處留心，隨處留情，則氣質日變而學問日新，何必拘拘於執經請業乎？」〔註100〕足見太谷學派在教學方面，是鼓勵弟子尙體驗勝過於拘泥於文辭的。

（三）聚徒講授

　　聚徒講授是一般最常爲教師使用的教學方式，但所面臨的困境是：每位弟子的能力與需要有個別的差異，如何讓每位弟子能有良好的吸收狀況，入寶山不致空手歸，則是考驗教師講學的口才，《龍川夫子年譜》載李光炘「語滑稽則淳于箝口，辨異同則公孫結舌，說方技則專門名家者不能道，談玄妙則精於二氏者不及知。崇論宏議，雖老師宿儒或難盡解；罕譬曲喻，雖童婦之愚莫不知之，能令疑者生信，淺者求深，是者知非，益者日損」〔註101〕。可見李光炘不僅學識豐富，還能將難解的觀念，以平易的語言道出，其口若懸河、由淺入深的講學功力，確實令弟子折服。

　　曾師昭旭說：「所謂因材隨機，目的都在幫助學者自覺本心、明察過錯，而不在耳提面命，以威嚴制約。所以必循循善誘，然後爲善教，必貴於自得然後爲善學。」〔註102〕職是之故，弟子對於李光炘講學的評價頗高，謝逢源

〔註97〕　曾昭旭：《存在感與歷史感——論儒學的實踐面相》，頁75。

〔註98〕　朱淵：《養蒙堂遺集》，頁123～124。

〔註99〕　張德廣：《歸群草堂語錄》卷六，收於方寶川編：《太谷學派遺書》第一輯第五冊（揚州：廣陵古籍刻印社，1997年），頁98～99。

〔註100〕蔣文田：《龍溪先生文鈔》，頁70。

〔註101〕謝逢源：《龍川夫子年譜》，頁108～109。

〔註102〕曾昭旭：《存在感與歷史感——論儒學的實踐面相》，頁75。

讚云：「講學無方無體，時而巽言則春風滿座，皆大歡喜；時而法語則如雷如霆，令人耳聾三日；時而游戲則俗語常言，都成妙諦；時而莊語則引經據典，非先王之法言不言。有時摘伏於廣眾之中，令人無地可容，自知罪戾；有時婉諷，深入人心，令人感激涕零，悔之恨晚；有時不虞之譽，令人受寵若驚；有時求全之毀，令人莫知其咎。」〔註103〕由此可知，能與當時情境結合，或切中某件時事，必能觸動聆聽者的心弦，使其聞有所得，心有所悟，此乃李光炘講學受歡迎的原因。

二、爲學眞諦的闡發

　　陶雪玉〈儒家傳播方式探析〉說：「人內傳播〔註104〕的關鍵就在於他是每個人對自我以及外在世界的把握、理解、建構，是一種對主體意義化的提升。」〔註105〕爲學眞諦的闡發即是一種人內的傳播，並藉此提升學生對主體意義的認知。然而世人多急功好利，周太谷便說：「人之不學也，我亦知之矣，智者疑於智而愚者愚於愚，富者昏於富而貧者急於貧也。」〔註106〕足見智與富者因自以爲是故不學，愚與貧者因囿於現實故不學，有鑑於此，太谷學派的傳人講學的態度則是超然於功利的，朱淵〈寄虞淑美書〉即云：「爲學之士，必將人我是非毀譽窮通，置之度外，惟以道爲第一事，方不爲塵勞所轉，若自身仍在煩惱場內而欲希望大道，安可得哉！」〔註107〕功利即伴隨著是非毀譽窮通，這些對於悟得爲學的眞諦，便會有所阻礙；是以如何以平易近人的方式，來向學生闡發此義理，達到人內傳播的目的，即是重要的課題。

　　循此，《觀海山房追隨錄》即載：「學莫先於致知，知天之所予也。故要致今人，人心用事，天知不得出頭，譬如權奸竊位，蒙蔽聖聰，大君不得自主。」〔註108〕由此可知，必須先明瞭天何以要人爲學，明乎此，爲學方能有益於眾生，藉由打比喻的方式，可讓抽象的爲學眞諦變得深邃具體，故《龍

〔註103〕謝逢源：《龍川夫子年譜》，頁107。
〔註104〕郭慶光：《傳播學教程》（北京：中國人民大學出版社，1999年），頁73，載：「人內傳播也稱內向傳播，指的是個人接受外部信息並在人體內進行信息處理的活動。」
〔註105〕陶雪玉：〈儒家傳播方式探析〉，《廣西民族大學學報》（2009年6月），頁59。
〔註106〕周太谷：《周氏遺書》卷八，收於方寶川編：《太谷學派遺書》第一輯第一冊（揚州：廣陵古籍刻印社，1997年），頁486。
〔註107〕朱淵：《養蒙堂遺集》，頁95。
〔註108〕李光炘：《觀海山房追隨錄》，頁65。

川夫子年譜》載李光炘期勉李漢春曰:「毋效狷介小儒,尋章摘句,一知半解,輒自矜詡,但能以虛受人,天知自然流露,毋求銳進,毋欲速成,斯眞善學聖人者也。」〔註109〕此語點出爲求功名而埋首於尋章摘句則讀書人的格局因之被窄化了,唯有以謙虛的心,踏實的學習,方能體悟聖人啓示後學爲學的眞諦。

　　而重視飲食乃開教化之原的黃葆年,在《歸群草堂語錄》即載他藉由飲食,從味覺的體驗來向學生闡發爲學的眞諦,此例甚是生動:

> 吃菊花鍋甚美。師曰:「人之於學也。能如吃菊花鍋,可謂知味矣。無如居家者,味在財利;入世者,味在功名。世味日深,道味日淺,與之言學,何由入耳?汝等清夜捫心,果眞味在何處,則門內、門外可一默而知也。須知世俗之人,固不能言知味,即三代而後文人學士,徒知屈原、司馬遷之味者,皆係門外漢,必須眞知《論》、《孟》之味,方可與言文,必須眞知孔、顏疏食簞瓢之味,方可與言道。知《論》、《孟》之味則百家諸子皆不足以分其心;知孔、顏疏食簞瓢之味,則富貴功名皆不足以搖其志。」〔註110〕

習慣山珍海味者,久之,對於蔬食菜根即無法下嚥,此即所謂「世味日深,道味日淺」,誠如「味在財利」、「味在功名」者,久之,便無法明瞭「讀聖賢書,所學何事」。黃葆年主張爲學就好比吃菊花鍋,在漢民族的文化思維裏,菊花予人安貧樂道、淡泊名利的意象,爲學者若能超脫於財利與功名的枷鎖,即悟得爲學的眞諦。在黃葆年看來,《論》、《孟》之味與孔、顏疏食簞瓢之味即如菊花鍋之味,唯有能眞切的「知味」,方能成爲「百家諸子皆不足以分其心」、「富貴功名皆不足以搖其志」的讀書人。

三、重視師友關係的砥礪

　　太谷學派自周太谷講學以來,即很重視朋友的關係與友道的實踐,《龍川夫子年譜》即載李光炘說:「昔者庖犧以君臣,文王以夫婦,周公以父子,孔子以師弟,太谷以朋友。後之學人,得友者昌,失友者亡。」〔註111〕對於一個民間私人講學的學派而言,周太谷深諳「以友輔仁」之道,認爲同儕之間

〔註109〕謝逢源:《龍川夫子年譜》,頁85。
〔註110〕劉蘇:《歸群草堂語錄》卷三,頁20。
〔註111〕謝逢源:《龍川夫子年譜》,頁76。

的相互砥礪與提拔，對於學派的發展是有所裨益的，《周氏遺書》載周太谷說：
「予過彼觀，彼過予觀；彼患難我扶持，我患難彼扶持。暇至風雩浴沂，歸
而道問學，斯可謂善友也已。」〔註112〕周太谷認爲朋友之間能相互責善、扶
持、切磋學問，甚至郊遊，方能謂之善友，而李光炘秉承先師的思想，亦主
張「患難扶持，朋友之誼也」〔註113〕。自從黃崖山事件爆發後，學派處於風
雨飄搖中，傳道事業因爲政治的介入而倍感艱辛，太谷學人朱淵、蔣文田一
面要振興北方道統，一面要與南方的同學聯繫，黃葆年爲早日實現其先師李
光炘「牧馬歸群」南北合宗的遺願，舉行一次次南北同學的集會，以及劉鶚、
毛慶蕃等人在經費上的支助，這些都需要發揮同學間的團結心，方可圓滿達
成。

　　其次，太谷學人間偶因意見相左或學術討論的爭執，也都需要彼此的諒
解，故周太谷曾說：「友若鄰也，鄰我德也，鄰我學也。」〔註114〕足見朋友可
裨益德業精進，而朋友對於太谷學派發展過程中的重要性，亦不言可喻。黃
葆年《詩經讀本》云：「鳴乎！有絲毫不和、不平者，存於其中，則朋友之交，
恐難以全始而全終矣。」〔註115〕職是之故，太谷學派代代的學人皆很重視朋
友間的相處之道，他們謹遵宗師周太谷所闡揚的朋友眞諦，進而爲合宗的理
想努力，朱淵的〈論同學心法〉即云：

> 蓋學既同師，義同一體，既同一體，豈可漠視而各有包藏？若見同
> 學有非禮之言，非禮之行，必須開誠相諫，或垂淚而道，冀其悔改，
> 切勿視同胡越，背地私議。人有所得，如我所得；人有所失，如我
> 所失。憂戚同之，患難同之。所謂友者，相接以義者也，非接以利
> 者也。若以世俗名利而生彼我，非眞友也。〔註116〕

太谷學人認爲「眞友」乃建立在「義」而非世俗的名利上，而此「義」來自
於「學既同師」，共同延續學派的慧命，故朋友間有開誠責善之義，彼此不分
你我，得失、憂戚、患難與共；是以太谷學派看重朋友，乃是因爲友的意義

〔註112〕周太谷：《周氏遺書》卷七，此文收於方寶川編：《太谷學派遺書》第一輯第
　　　　一冊（揚州：廣陵古籍刻印社，1997 年），頁 395。
〔註113〕謝逢源：《龍川夫子年譜》，頁 61。
〔註114〕周太谷：《周氏遺書》卷七，頁 396。
〔註115〕黃葆年：《詩經讀本》，收於方寶川編：《太谷學派遺書》第二輯第四冊，（揚
　　　　州：廣陵古籍刻印社，1998 年），頁 297。
〔註116〕朱淵：《養蒙堂遺集》，頁 24。

不僅是最平等、眞切的關係，同時也可以是明道的師長，朱淵〈寄虞淑美書〉即云：「無上大道非師莫明，如天之覆我，如地之載我，如君之臨我，如父母之育我；然天地、父母能生我、育我而不能成我，故學者懷師友成我之大德，非惟終身不忘，雖萬世不忘也。」〔註117〕由此可知，師友之間是超越父子的血緣，夫婦的親屬，君臣的上下利害關係，那是一種平等、共學的關係，《黃氏遺書》載：「學非倫不立，離人倫以言學，非學也。倫非友不成，父子、君臣、兄弟、夫婦，微朋友之信，莫能終始之也。」〔註118〕五倫中唯朋友倫最爲眞切，其餘的四倫如果缺少朋友之間的互信，則關係勢必容易搖擺不定，無法長久，因此朋友關係最能發揮相互薰陶的感染力量。黃葆年在《詩經讀本》即云：「世無良師友則學校不廢而廢，世有良師友則學校廢而不廢。」〔註119〕可見良師益友足以取代學校的教育功能，也是輔翼德業俱進的重要支柱。

太谷學派由於強調師友的價值，因此對於擇友的條件亦十分重視，其秉承孔子「無友不如己者」〔註120〕的觀念，主張應當結交在德業上精進不已的朋友，朱淵在〈上毛葆卿書〉便說：「一鄉之善士斯友一鄉之善士，一國之善士斯友一國之善士，天下之善士斯友天下之善士，千古之善士斯友千古之善士，器量大小不同，聲應氣求，類使然也。」〔註121〕所謂「物以類聚」，善士結交善士爲友，這樣彼此方能相互薰陶，也才能時時提醒自己的靈魂免於墮落，又《黃氏遺書》載：「希平謂門弟子曰：『嗚乎！人不可以無友也。予之不德也，以能親近有德之士，故不至終淪爲小人。』」〔註122〕黃葆年認爲唯有親近有德的朋友，方能敦促自己隨時內省，向上提升，終不致淪爲不求諸己的小人，這種「親君子，遠小人」的思想，黃葆年在追溯歷史的長河後，即更加肯定其重要性，《黃氏遺書》載：

> 得友者，得所友也。得友者昌，堯以不得舜爲己憂，舜以不得禹、皋陶爲己憂是也。失友者，失所友也，失友者亡，桀於昆吾，紂於費仲，厲於榮夷公，幽於尹氏皇父是也。諸葛氏曰：「親賢臣，遠小人，此先漢之所以興隆也；親小人，遠賢臣，此後漢之所以傾頹也。

〔註117〕朱淵：《養蒙堂遺集》，頁95。
〔註118〕黃葆年：《黃氏遺書》卷三，頁209。
〔註119〕黃葆年：《詩經讀本》，頁193～194。
〔註120〕見《四書章句集注》，頁15。
〔註121〕朱淵：《養蒙堂遺集》，頁103。
〔註122〕黃葆年：《黃氏遺書》卷一，頁47～51。

　　先帝在時，每與臣論此事，未嘗不歎息痛恨於桓、靈也。」嗚乎！
　　豈獨天子哉！友君子則君子，友小人則小人，自公卿以至於庶人，
　　興亡得失之幾，決於此矣。〔註123〕

黃葆年縱觀歷史的盛衰，總結堯、舜與西漢所以為盛世，桀、紂、厲、幽與
東漢所以為衰世，其間的盛衰乃繫於為政者是否親所當親，遠所當遠，而將
治國之道轉換為交友之道，亦總結出或為君子，或為小人則繫於個人是否友
所當友。由此可知，周遭人際交互影響的力量是很大的，是以黃葆年又說：

　　君子之得友也，如飢得食，如寒得衣也。得一友而朝夕從之，不憂
　　其少也。得眾友而一德同之，不厭其多也。攻錯相資而學日昌焉，
　　性情相與而德日昌焉，終始相成而道日昌焉。君子之得友也，如見
　　子都之姣，聞師曠之音而食易牙之味也。有一念之自是，則益友去
　　而不知矣；有一息之自肆，則損友來而不覺矣。不知不覺，其不失
　　友而亡也者，幾希。〔註124〕

由此可知，君子得益友相輔，則個人的學問及道德也會隨之精進提升，故得
益友怎不令人喜悅？那種喜悅是極具感官之樂的，彷彿視覺裏的「如見子都
之姣」，彷彿聽覺裏的「聞師曠之音」，彷彿味覺裏的「食易牙之味」；然而仍
必須時時刻刻要求自己提撕警覺，否則一念自是或一念自肆，便會導致益友
去而損友來，《黃氏遺書》即載：「陳善閉邪則益矣，順過逐非則損矣，益者
謂之友，損者謂之匪人。」〔註125〕由此看來，人所表現於外的行為，或益或
損，也成了他人擇友的條件，思及此，豈可不時時刻刻敦促自己的言行。

　　蔣文田〈寄毛實君書〉云：「弟以為人生事業，祇在求友，得友則能移情，
移情則能得息，得息則能除一切苦，真實不虛矣。」〔註126〕接近益友，學習
益友的言行，良好的品德便在潛移默化中塑造，故而蔣文田看重「移」的作
用。若交益友則會反觀內省，受益友的息氣感染，進而剔除昔日不當的言行，
讓自己成為新人。

　　太谷學派的學人為了共同的理想而努力，因此師友間宛如親人，相互照
顧，《龍川夫子年譜》載：「書堂事師甚篤，夫人唐亦諳師食性，日率女治羹

〔註123〕黃葆年：《黃氏遺書》卷三，頁215～216。
〔註124〕黃葆年：《黃氏遺書》卷三，頁213～214。
〔註125〕黃葆年：《黃氏遺書》卷三，頁221。
〔註126〕蔣文田：《龍溪先生文鈔》，頁51。

湯，無間寒暑，師每食，必嘉其誠，以故先後十餘年安之若家人父子，無急言遽色。」〔註127〕由此可知，王畫堂事師如事親，其事師的恭敬也是尊道的體現，如此眞情流露的畫面，令人爲之動容。《黃氏遺書》即載黃葆年讚云：「畫堂率妻及女，致敬致孝，以貧賤事夫子，而夫子安之者幾二十年，年實目接身與而心愧服之。」〔註128〕又《龍川夫子年譜》載：「時，漢春又以三千金奉師。」〔註129〕漢春乃湖北提督李長樂的字，他對於李光炘在經濟上多有支助，並曾說：「儘師用之，乏則告我。」〔註130〕這份情義相助的情懷，實令人動容；其次，太谷學人不僅尊師重道，對於朋友的幫助亦是義不容辭，《龍川夫子年譜》載：「同人告乏於漢春，漢春以番錢三百分贈之。」〔註131〕同學有經濟上的困難，有能力者是很願意伸以援手相助，解決其生活問題的，故蔣文田在〈寄高辛仲書〉即云：「朋友之間，一施一受，一吞一吐而已矣。」〔註132〕足見太谷學人在施與受，吞與吐之間，完成朋友的道義。

太谷學人間的感情如此眞摯，黃崖山事件爆發後，學人流落四方，聚少離多，於是寫詩書懷的作品，不勝枚舉，茲舉數例說明：朱淵〈將去燕京留別毛實君先生〉曰：「去歲良朋常滿座，今年獨我醉春風。春風醉後人歸去，欲說相思付夢中。」〔註133〕今昔相比，物是人非，慨嘆之情表露於字裏行間。又〈雨後河畔有感〉曰：「尋芳偶爾到河濱，雨後青山一色新。似此風光誰領取，教人焉得不思君。」〔註134〕此詩亦是舊地重遊，睹物思人之作。其次，亦有久別重逢之作，蔣文田〈泗水署中重陽日同賦菊花〉曰：「去年共醉重陽節，今日還來就菊花。一笑故人雞黍具，依然風味似田家。」〔註135〕重逢的悸動盡付笑談中。

除了表相思之情外，也有學人間互相砥礪的作品，朱淵〈贈同學諸友〉其一曰：「二千年前聖功開，時不重逢難再來。好景漫教當面錯，奇花必要一

〔註127〕謝逢源：《龍川夫子年譜》，頁88。
〔註128〕黃葆年：《黃氏遺書》卷一，頁51。
〔註129〕謝逢源：《龍川夫子年譜》，頁85。
〔註130〕謝逢源：《龍川夫子年譜》，頁82。
〔註131〕謝逢源：《龍川夫子年譜》，頁90。
〔註132〕蔣文田：《龍溪先生文鈔》，頁47。
〔註133〕朱淵：《養蒙堂遺集》，頁241。
〔註134〕朱淵：《養蒙堂遺集》，頁244。
〔註135〕蔣文田：《龍溪先生詩鈔》，收於方寶川編：《太谷學派遺書》第二輯第四冊（揚州：廣陵古籍刻印社，1998年），頁72。

心栽。性須自悟休懸想，命仗師傳莫妄精。事半古人功必倍，願君進取莫徘徊。」〔註136〕期勉同學當精進努力，勿絲毫懈怠。黃葆年〈庚辰北上贈豐城毛實君〉其中有曰：「人生得友朋，如鳥張羽翼。拔君但一毛，助我成六翮。」〔註137〕足見益友對個人德業輔翼的力量極大。是以黃葆年〈四君子詠并序〉云：「予謂朋友猶藥石也，古稱良藥苦口利於病，忠言逆耳利於行。」〔註138〕由此可知，結交益友，相互針砭、勉勵，人生之路將可減少不必要的崎嶇顛簸而步上康莊大道。

第四節　小結

太谷學派各代的領袖創建草堂，皆各有其使命：李光炘創建龍川草堂，主要是爲實現其先師周太谷「傳道於南」的遺願，是時來學者雲集，直至黃崖山事件爆發，傳道活動被迫停止；朱淵創建養蒙堂，主要是爲振興北方的道統，同時撫卹黃崖難裔的子弟；蔣文田創建龍溪草堂，主要是爲南北合宗做預備，其次，由於黃葆年是時在山東爲官，故龍溪草堂便成爲南方太谷學人暫時的精神重鎮；黃葆年創建歸群草堂，主要是爲實現其先師李光炘南北合宗的遺願，故取李光炘「牧馬歸群」之意做爲草堂之名。

太谷學人創建草堂的時代因素，乃爲承繼其師說，延續其學脈，不致因黃崖慘案而道統中斷。超然於功利是太谷學派講學的態度，他們希冀門人從經典中習取聖賢服務奉獻的精神，而非以科舉利祿爲導向，因此其講學主張以日用常道入手，並叩緊實踐，藉此培養名副其實的「士」，此舉有別於爲官方態勢所籠罩的書院。儒學民間化則是太谷學派講學的終極目標，其主張民間化的第一步，是藉由比喻的方式，來闡明性本善的義理，第二步則輔以佛、道因果報應的思想，闡明時時反觀內省、謹慎言行的重要。其次，奉祀民間信仰與養而後教的主張，則是民間化的落實，這些皆具有重要的歷史意義。

太谷學派的草堂在傳播儒學的對象，是有教無類的，其教學的型態，則可分個別指點、隨機指點、聚徒講授等三種，每一種型態皆兼及因材施教、引證比喻、情境體悟，教學方式相當靈活。而儒學傳播的目的，是要讓人明瞭爲學的眞諦，因此，草堂的講學者便會以打比喻的方式，來闡明這個義理；

〔註136〕朱淵：《養蒙堂遺集》，頁257～258。
〔註137〕黃葆年：《歸群草堂詩集》，頁72。
〔註138〕黃葆年：《歸群草堂詩集》，頁64。

師友關係則是太谷學派很重視的，也是儒學傳播的應用，自周太谷始，即肯定師友間相互的薰陶、感化，對於個人品德修養，深具潛移默化之效。其次，朋友倫乃以互信爲基礎，彼此能患難扶持，情意眞摯，這是太谷學派以朋友爲主題的詩作，總能動人心弦的原因。

第四章　太谷學派的倫理教育觀

　　太谷學派自周太谷始，即廣納門徒，他爲了吸引來學者的興趣，便以術數爲導引，同時亦出現令人感到不可思議的事蹟，以神化其人，壯大其學派的聲勢。馬敘倫《石屋續瀋》即云：「有人容貌衣履甚怪，來從受道，既而其人驟然不見，索之池畔，得贄帖。乃曰：『此龍王來受教也。』人共靈之，從之者遂眾。」〔註1〕龍王亦悅其學說，拜其門下。

　　除此，太谷學派在信仰方面也有道教神祇的崇拜，在組織結構上周太谷被神化爲教主似的人物，第二代的張積中聚居黃崖山時則以絕對權威統領整個教派，黃崖山寨規定：「凡入山者，不得私其財，納其半立籍，由積中左右之。」〔註2〕以利山寨生活能自給自給，在祭祀禮儀方面，《龍川夫子年譜》載：「昔太谷在揚州，內行俎豆，外行八善。師（李光炘）以四月朔日開祭，復於佛誕日命子若、逢源等踵行。放飛釋潛，施藥施棺，掩骼埋胔。」〔註3〕雜合釋道及民間祭祀風俗，故學派被外界蒙上一襲神祕的面紗。

　　然而，從太谷學派以師承輩分劃分其組織層次，第一代的宗師及各代的領袖又以諸子學說、性命身心修養爲講學內容，而信仰上除原始崇拜、祖先崇拜外也祭孔，吳奇白曾提及張積中「在山上設立孔子祭祀堂，半夜裡明燈蠟燭來祭祀」〔註4〕，又張積中向周太谷祭禱時，祭文曰「維昔包羲，象傳卦

〔註1〕　馬敘倫：《石屋續瀋》（上海：建文書店，1949年），頁6～7。
〔註2〕　《光緒肥城縣志》（山東：齊魯書社，1992年），頁97。
〔註3〕　謝逢源：《龍川夫子年譜》，頁60。
〔註4〕　《山東近代史資料》（第一分冊）（濟南市：山東人民出版社，1957年），頁163。

書。維昔文王，乃序卦序。維昔周公，乃系卦辭。維昔孔子，乃作象辭」〔註5〕點出自己有肩負承續道統的責任，導致太谷學派與民間宗教難以區分。

有鑒於此，周新國〈徘徊於學派與教派之間的活化石——太谷學派發展軌跡探討〉說：「在組織結構上，李光炘建造了龍川草堂，半公開地招徒講學，採取傳統儒家學派常規的教學模式，這應是黃崖山事件後，李光炘有意識地與民間宗教劃清界限的一種表示。」〔註6〕周氏在時間上的理解並不妥，回溯太谷學派的發展，其實自張積中講學始，即以儒家學說爲宗，開始走向撥除那神祕面紗之路，欲還以儒學本來面目。其次，龍川草堂的創建乃早於黃崖山事件的爆發，李光炘草堂講學並不以「怪力亂神」招來信徒，而是要往儒學傳播的路徑去實踐。因此，講學的方向也由平民化逐步走向學術化。太谷學人了解僅靠宗教的護持是稍顯單薄的，必得要有精深的義理爲依據，方能裨益一個學派源遠流長的發展。

葉海煙〈儒家倫理與當代倫理教育〉說：「教育學是人學，而且是將人學放入人文脈落之後所形成的具實踐性意涵的理論體系，而倫理教育即是教育或教育學作爲一『實踐之學』所必須正視的基本課題。」〔註7〕太谷學派創建草堂講學，除了傳承師說以外，更重要的是：對世風日下感到憂心。黃葆年〈書曾子固宜黃縣學記後〉即云：「嗚乎！學校廢而虞、夏、商、周之治遠，科學熾而土崩瓦解之勢成，君子觀於今日之學校，不能不歎息痛恨於謀國者之不忠，而言時務者之無通識也。」〔註8〕當時的學校皆以功利的角度辦學，導致時人道德感日益淪喪，是以太谷學派亦希冀藉由講學來提振人心，激發「內在的道德性」，挽救那每況愈下的靈魂。

然而應當如何挽救？〈書曾子固宜黃縣學記後〉又載：「惟法堯、舜之法而心孔、孟之心，足以救之；法堯、舜之法，立愛惟親，立敬惟長，始於家邦，終於四海而已矣。心孔、孟之心，孝弟謹信，愛眾親仁，行有餘力則以

〔註5〕 張積中：《白石山房遺集續編》，收於方寶川編：《太谷學派遺書》第二輯第一冊（揚州：廣陵古籍刻印社，1998年），頁5。

〔註6〕 周新國：〈徘徊於學派與教派之間的活化石〉，《揚州大學學報》第 14 卷第 3 期（2010 年 5 月），頁84。

〔註7〕 葉海煙：《中國哲學的倫理觀》（台北：五南圖書出版股份有限公司，2002 年），頁179。

〔註8〕 黃葆年：《歸群草堂文集》，收於方寶川編：《太谷學派遺書》第二輯第二冊（揚州：廣陵古籍刻印社，1998 年），頁 86～87。

學文而已矣，於各國之善則節取之，於各國之弊則盡去之，立學以建中國之極焉。」〔註9〕依黃葆年看來，唯有「法堯、舜之法」、「心孔、孟之心」，從根本之處著力，以完成倫理教育，此乃人格養成的基礎，進而方能治國、平天下。

持此觀點，可知草堂講學的角度即由此切入。首先，太谷學人要讓來學者明乎天道下貫於人，為人提供善根的保證，既如是，自然之性亦是天理的一部分，其在天理中彰顯，理即欲，欲無非理，而個人從孝悌修養到潤澤眾生的政治關懷，這由內聖走向外王的徑程，即是天理的實踐，而儒家的經典則是重要的輔助，它對人格陶冶、感召的力量甚深，它為內在善根的引發到天理的落實，築起一座天人相應的橋樑。是以本章擬分：據德依仁的本體論、天理即人欲的調合論、推孝而忠的實踐論、經志合一的治學論等四節，來探討太谷學派如何教人從自身修養做起，再輔以經典的引導，由內而外，一步步的構建其倫理教育觀。

第一節　據德依仁的本體論

關於人性善惡的問題，自先秦以來，即為諸子廣泛且熱烈的討論，到底人性是善是惡，抑或善惡相混，更為此而爭論不休。諸子對此認定的角度，往往也是其學說立論的依據，並決定其對人生及社會的態度與影響。

曾師昭旭〈從仁道論儒家對終極的體現〉云：「所謂儒家，要到孔子自覺地點明乃至規定了一特殊的性格，而且後人也大致認同且遵從這性格以繼續發展之後，才逐漸形成的。」〔註10〕太谷學派的宗師周太谷，其晚年於海島巷創建「繼濂堂」〔註11〕以講學，「濂」指的是宋代理學之祖——周敦頤（1017～1073），字茂叔，號濂溪。周敦頤將個人從《中庸》體悟到的「誠」，放入《易經》的義理架構中，他以「誠」為體，主張人的一切道德行為皆以之為

〔註9〕　黃葆年：《歸群草堂文集》，頁87～88。
〔註10〕曾昭旭：《良心教與人文教——論儒學的宗教面相》（台北：台灣商務印書館，2003年），頁36。
〔註11〕見蔣文田：《龍溪先生詩鈔》載：「海島巷繼濂堂，舊有櫻桃兩株，結秀含英，亭亭並立，開有日矣，己亥春因築室，故移置他所，予懼其難榮也，數日後，繁英雖萎，枝條無恙，不禁狂喜，為浮一大白，詩以賀之。」收於方寶川編：《太谷學派遺書》第二輯第四冊（揚州：廣陵古籍刻印社，1998年），頁77～78。成案：海島巷乃周太谷晚年所居之處，繼濂堂則其講學之所。

根據，故人性是善的，人人皆有成聖的可能。由此立足點之肯定，至於可與
不可，則端賴個人後天的修養了。周太谷的學脈源自其中，其為儒家學派，
便不言而喻。太谷學派創建草堂，教育大眾，初焉辨明人性中固有與本無，
繼焉提供修德的徑程與方法，當人明乎此後，即發揮人的主體性，彰顯上天
的美意，故終焉博施濟眾，潤澤萬物眾生，由此構建一套太谷學派「盡心、
知性以知天」的本體論。本節就此一次第，論述於次：

一、人性中的固有與本無

　　太谷學派對於人性的看法，承繼自傳統儒家的觀念，認為人性本善，不
假外求，不待後天學習，善根自存。《觀海山房追隨錄》載：「孟子道性善，
蓋言順也。杞柳，物也，曲直者，杞柳之性也，湍水亦物也，潤下者，湍水
之性也。漢、晉、唐、宋諸儒不明善字之義，而以善惡之善解之，故終不達
性善之旨。」〔註12〕李光炘以為善是人的本性，向善則是自然而然順著人的
本性去實踐，就如同杞柳與湍水皆是物，它們或曲或直或潤下，皆是其本性，
不待外力勉強；然而自漢、晉、唐、宋以來，諸儒以善惡的二分法來解釋人
性，這是不妥的，因為善是人性中所固有，惡則是受外在環境的影響所致。
　　循此理路思之，向善是彰顯上天所賦予的內在德性，只是順著這本性而
仁心發用而已，《觀海山房追隨錄》便載李光炘對此舉了一個實例，其云：「處
事無一定之法，只有合著良心做去，便是由仁義行。問名譽，不問良心，便
是行仁義。由仁義行，譬如齊在東，秦在西，欲往秦當西走，欲往齊當東走，
只是順理而行，不必問其路之大小寬窄也。」〔註13〕可知「由仁義行」即是
「合著良心做去」、「順理而行」，而「行仁義」則是刻意，攀求世人對個人的
榮耀，唐君毅〈俗情世間中之毀譽及形上世間〉云：「毀人譽人之心理動機，
有各色各種，動機不同而為毀為譽，亦因而不同。此即使俗情世間之毀譽，
總是在那兒流蕩不定，此蓋即流俗一名所以立之一故。」〔註14〕明乎此而知，
唯有掌握「仁」，方能體證天道的無限性以知天，若是執著於沽名釣譽，則仁
的無限性勢必受限於外而無法充分開展，此乃由於伴隨名譽而來的是毀滅，
名譽的有限性即由此呈顯。

〔註12〕李光炘：《觀海山房追隨錄》，收於方寶川編：《太谷學派遺書》第一輯第三冊
　　　　（揚州：廣陵古籍刻印社，1997年），頁19。
〔註13〕李光炘：《觀海山房追隨錄》，頁46～47。
〔註14〕唐君毅：《人生之體驗續編》（台北：台灣學生書局，1993年9月），頁24。

是以《歸群草堂語錄》即云：「有者，有其所固有，無者，無其所本無。『仁義禮智非由外鑠我也，我固有之也』，能有其所固有也。『生於其心，害於其政，發於其政，害於其事』，不能無其所本無也。有所固有，無所本無，方是性善；不能有所固有，無所本無，則性雖善而我仍不善，於是乎有性惡之說。果能將固有、本無二者認得清、識得透，然後可以知言，奈之何辨之不早辨也。」〔註15〕黃葆年對孟子人性本善持肯定的態度，其亦以爲仁義禮智乃人所固有，不假向外索求，惡卻是由外在的習染所致，故當盡力於保所固有，無所本無，心在清明的狀態下，方能對言論的是非、善惡、誠僞、毀譽得失精察明辨，詮表正道。

黃葆年更進一步闡發「固有」與「固無」的具體內容爲何？《歸群草堂語錄》曰：「憤志孝弟，憤志聖賢，我所固有也；憤志功名，憤志爵祿，我所本無也。世人於所固有者忘之，而曰『我不能』，於所本無者，反趨之，而自以爲得意也。」〔註16〕其以爲對父母盡孝，對兄弟友愛，這是人性中的固有，至於追逐功名爵祿，以提升個人社會地位，則是人性中的本無；不過，令人憂心慨嘆的是：世人卻逐所本無，略所固有。故人的道德創造性即被外境所遮蔽，無法透顯出來。

循此而言之，朱淵〈仁訓〉云：「孟子以仁教人而先動其不忍之心焉，乍見孺子將入於井而皆怵惕惻隱者，不忍之心之始發也，羞惡也、恭敬也、是非也，皆惻隱之心，皆不忍之心之同出而異名者也。失其惻隱之心，則羞惡爲忿懥，恭敬爲虛僞，是非爲爭辯，而心遠乎性。」〔註17〕可知朱淵從四端之心的發用來指證性體之善。不過，一旦具有能動作用的心爲外境所污染，四端之心遂變質，進而發動出來的情是惡的，此乃遠離性體之實所致。

〈苟日新日日新又日新義〉云：「人之始生也，純乎性也，性之乎心，即有垢有淨矣。心之內擾於識，外錮於習者，日漸日深，心之乎身，幾有垢無淨矣。欲去其所本無而完其所固有，非反身以復性不可。自其明善復初而言，則謂之故，自其革故鼎新而言，則謂之新。」〔註18〕由此可知，人先天本具

〔註15〕　劉鶚：《歸群草堂語錄》卷三，收於方寶川編：《太谷學派遺書》第一輯第五冊（揚州：廣陵古籍刻印社，1997年），頁23～24。

〔註16〕　劉鶚：《歸群草堂語錄》卷三，頁24。

〔註17〕　朱淵：《養蒙堂遺集》，收於方寶川編：《太谷學派遺書》第一輯第五冊（揚州：廣陵古籍刻印社，1997年），頁7。

〔註18〕　歸群弟子：《歸群文課》，收於方寶川編：《太谷學派遺書》第二輯第六冊（揚州：廣陵古籍刻印社，1998年），頁661。

的性是純且眞的，它是不變的理體、本體，是潛隱自存的。但由性所發出的心，因爲受到外境的誘引，以致心被私欲所蒙蔽，進而當心發動爲情時則會變；是以必須透過工夫修養，保所固有，無所本無，方可回復至純且眞的本性。

二、修德的原則與途徑

牟宗三以爲中國哲學乃以「當下自我超拔的實踐方式，『存在的』方式，活動於『生命』，是眞切於人生的」〔註19〕。可知儒家的修養工夫是不受時空的拘束，是從日常生活、人我交接入徑的。而曾師昭旭在〈德性修養的原則與途徑〉則云：「我們要即一切現實生活的細節而點化之，讓這些生活之事，一一從非價值的有限事情轉化爲有無限意義的道德事物。於是無限的形上眞理就頓時在生活中實現了。」〔註20〕故《論語‧述而》載孔子說：「德之不修，學之不講，聞義不能徙，不善不能改，是吾憂也。」〔註21〕修養德行、研究學問、循義而行、從善如流皆是現實生活中的種種細節，孔子一生致力於此，惟恐怠惰而天人懸隔，必得從道德實踐上切入，以期能達天人合一的圓滿境界，此即儒家道德哲學的基本原則。

周太谷〈戒玩〉云：「心可玩乎？玩則喪矣。《書》曰：『玩人喪德，玩物喪志。』斯語也，女可書諸紳。」〔註22〕周太谷以爲貪好玩樂，將有礙德業的精進與開展，足見太谷學派教門人從有限提昇到無限時，也是從尋常日用處指點，以廣大其志。《黃氏遺書》載黃葆年作〈酒戒〉云：「昔者，禹惡旨酒，周公作〈酒誥〉，孔子言不爲酒困，與出事、入事同稱。噫！吾見困於酒而犯上作亂者矣，未見困於酒而能入孝出弟者也。」〔註23〕以此警惕門人飲酒要有節度，不爲酒困，以免誤事；又作〈戲謔戒〉云：「夫敬業樂群，所以遠勝於離群索居者，爲其能相敬、相愛、相觀而善也。今之人以虛拘爲敬，不知其失愛也，以暱溺爲愛，不知其失敬也。……禮樂不可斯須去身，豈有

〔註19〕 牟宗三：《中國哲學的特質》（台北：台灣學生書局，1963年），頁8。
〔註20〕 曾昭旭：《孔子和他的追隨者》（台北：漢光文化事業股份有限公司，1993年），頁41。
〔註21〕 見《四書章句集注》，頁37。
〔註22〕 周太谷：《周氏遺書》卷十，頁601。
〔註23〕 黃葆年：《黃氏遺書》卷七，收於方寶川編：《太谷學派遺書》第一輯第四冊（揚州：廣陵古籍刻印社，1997年），頁489。

知和而和而能相觀而善者哉！」〔註 24〕以此警惕門人交友要謹乎禮守乎分，彼此方能相敬、相愛、相觀而習善。又作〈服飾戒〉云：「服之不衷，服妖也；冶容誨淫，人妖也。爲絺爲綌，服之無斁，其端甚微也。……男正位乎外，女正位乎內，不以禮節之，亦不可行也。」〔註 25〕以此警惕門人衣著、裝扮要得體，誠如男女應以禮節之，方能正乎其位。《歸群草堂語錄》云：「改毛病就從最小的地方改起，力最大。」〔註 26〕由此足見，黃葆年教導門人若要讓這些生活瑣事，能逐件從單純的有限事物轉化爲無限的道德事物，則要從現實生活中的細節點化之。

　　循此，這工夫修養要從何處入手？首先從反省做起，這是將生命從自然躍升至道德層次，進而方能開出外王的事業，牟宗三說：「政治的成功，取決於主體對外界人、事、天三方面關係的合理與調和；而要達到合理與調和，必須從自己的內省修德作起，即是先要培養德性的主體，故此必說『正德』然後才可說『利用』與『厚生』。」〔註 27〕從牟氏的觀點中，可知由內省而修德是實踐道德生命的基本工夫。周太谷〈思不孝篇〉即誠心反省自己過往的無知，不懂體諒父母的用心良苦，還一味的撒潑耍賴，其云：「予鄉逢令節，必美衣服，予少降於人，必咆哮跳哭於父母之前。」〔註 28〕如今思來，雖然父母已不在世，但他能勇於面對自己的缺點，仍是值得嘉許的，故黃葆年《禮記讀本》云：「人雖至愚不肖，未有甘自伍於禽獸者，然觀經文『禽獸之心』四字，深嚴切直，不敢不退而自反也。自反而爲禽獸，不爲禽獸與。時或爲人，時或爲禽獸，息息可以自驗也已。」〔註 29〕人之性體本爲善，心稍一放失，即無法與天道接通而淪爲禽獸（自然人），此時就稱爲「過」，故必得息息自反、自驗，進而改過，方能使自己的言行再度與天道接通，因爲天道總在現實生活中呈現，誠如周太谷所說：「仁之顯，見於孝弟；仁之微，見於萬事者也。」〔註 30〕

〔註 24〕　黃葆年：《黃氏遺書》卷七，頁 491～492。

〔註 25〕　黃葆年：《黃氏遺書》卷七，頁 493～494。

〔註 26〕　徐煦：《歸群草堂語錄》卷四，收於方寶川編：《太谷學派遺書》第一輯第五冊（揚州：廣陵古籍刻印社，1997 年），頁 54。

〔註 27〕　牟宗三：《中國哲學的特質》，頁 15。

〔註 28〕　周太谷：《周氏遺書》卷四，頁 193。

〔註 29〕　黃葆年：《禮記讀本》，收於方寶川編：《太谷學派遺書》第二輯第三冊（揚州：廣陵古籍刻印社，1998 年），頁 11。

〔註 30〕　周太谷：《周氏遺書》卷六，收於方寶川編：《太谷學派遺書》第一輯第一冊（揚州：廣陵古籍刻印社，1997 年），頁 342。

〈過則勿憚改義〉云：「發憤改過則下以新吾身，而即上以新吾命。天不喜無過之人而喜改過之人。」〔註 31〕只要是人，便會在無意間犯過，但儒家的學問性格以為過的本身並不具價值，而改過方能彰顯人之所以為人的尊嚴與價值，故而黃葆年《詩經讀本》云：「能悔過則復於無過矣，是故天壤之大，古今之遠，莫善於能悔其過者。」〔註 32〕因為反省斯有悔，悔即改過的動力。由於太谷學派的門人有來自於社會的低階層，故為促使其改過，便會將天賦予宗教的色彩，塑造天人相應的模型，朱淵〈闕題三十一首之二十九〉云：

> 人非神聖，孰能無過？蓋言過不易無也，過而不改是謂過矣。蓋言
> 改之為貴也。夫有過而不能即知而忽焉，知之是天告我也，天告我
> 而我不改，所謂天與不取也。己有過而不能自知，而人或知而告之，
> 是天又借人以告也，天借人以告而我仍不改，亦所謂天與不取也。
> 天與不取，反受其咎而天罰至矣。天罰猶可贖也，天討無可贖也。
> 故君子懷刑而恐天奪之鑒也。〔註 33〕

當人犯過而不自知時，天會以「自告」、「借人以告」的方式，來讓其知有過，若一再閃避而無正視過錯的勇氣，則天將或罰或討，這是一種「超越的遙契」，屬於上古初民的階段，天的宗教意味極為濃厚，如此將有利於向民眾傳播儒學，此乃教學上的權宜之計，也是因材施教的表現，目的是希冀門人有過必改，只要過勿憚改，則人人皆可成為聖人，故太谷學派有「聖人非有異於人也，亦非有甚高難行之事也，聖人者，千古改過之人而已矣」〔註 34〕的宣言。如此，把自己與聖人的距離拉近，聖人就變得更加親切了。

太谷學派以為只要一次次的改過遷善，即能一次次的體證天道自由活發的境界，並將道德經驗內化於我心，警惕自己不貳過，於是修德就有了永恆的價值。《黃氏遺書》即曰：「死生，命也；改過，學也。人不能改過，生，徒生也；人果能改過，生，不徒生也；死，亦不徒死也。」〔註 35〕人活著若不能改過，則僅是生存，生命對於這種人而言，是沒什麼意義的；但如果能在改過中學習、成長，除了在個人的生命歷史中留下珍貴的紀念外，納入全

〔註 31〕歸群弟子：《歸群文課》，頁 615。
〔註 32〕黃葆年：《詩經讀本》，收於方寶川編：《太谷學派遺書》第二輯第四冊（揚州：廣陵古籍刻印社，1998 年），頁 67。
〔註 33〕朱淵：《養蒙堂遺集》，頁 61。
〔註 34〕歸群弟子：《歸群文課》，頁 611。
〔註 35〕黃葆年：《黃氏遺書》卷七，頁 519。

人類的歷史長河裏，則塑立出輝映古今的典範，雖死猶存，而人向上性的艱難與莊嚴，亦在其中透顯。

三、博施濟眾的汎愛說

朱維煥說：「蓋孔子所言之仁，為一道德精神境界，道德精神境界必須建基於具體生活與人間德業。」〔註36〕可知儒家的修養工夫必得由內聖進一步落實在人我交接時，在生命存在的體驗中見「道」。「道」透過日常生活事而彰顯，進而肯定人的價值。牟宗三也說：「道須要人的踐仁工夫去充顯與恢弘，否則它只停滯於『潛存』。」〔註37〕「充顯與恢弘」即是所謂的「擴充」，讓性體通過心的覺用而呈現，太谷學派博施濟眾的汎愛思想，從關懷同胞，一步步推向關懷動物，在《周氏遺書》即載子因問行善對象以何者為先，周太谷答曰：「皆生民之急務也，與食、與衣，周民之生也；與棺，周民之死也；與藥，周民之疾病也；掩骼，恤同類也；拾遺編，重道也；釋飛鳥魚鱉，愛及百物也。奚別先後乎？」〔註38〕可知，周太谷以平等視眾生，這亦是禮敬天地的展現，以下就此論述之：

《周氏遺書》曰：「女安毋忘人危，女逸毋忘人勞，女無饑寒毋忘人之饑寒，女無疾病毋忘人之疾病，女無縲絏毋忘人之縲絏，女無鞭戍之苦毋忘人之鞭戍之苦。」〔註39〕周太谷叮嚀門人要有推己及人之心，自己安逸而無饑寒、疾病、縲絏之災、鞭戍之苦，千萬別忘了那些正在受此等災苦的人，吾人當思索如何為他們盡點綿薄之力，此即是惻隱之心的開展。

周太谷最重視農民，他曾說：「農為，為我食也；蠶為，為我衣也。我食、我衣，我何功於農也？」〔註40〕可知周太谷以為世人多取之於農民，卻無功於農民，其愧對之心表露無遺，故他將此心化為具體行動，對其子少谷說：「君子以仁為富，不以田為富。斯歲也，數諸往，未聞斯水之甚也，浸者六七，饑者八九。女歸，將郭外之田，析其一以存祭，推其九以周鄉黨之急，女毋吝。」〔註41〕周太谷以為真正的富在仁心的發用，不在田產的積厚，眼見凶

〔註36〕 朱維煥：《歷代聖哲所講論之心學述要》（台北：台灣學生書局，2001年），頁16。
〔註37〕 牟宗三：《中國哲學的特質》，頁58。
〔註38〕 周太谷：《周氏遺書》卷六，頁339。
〔註39〕 周太谷：《周氏遺書》卷六，頁338。
〔註40〕 周太谷：《周氏遺書》卷六，頁343。
〔註41〕 周太谷：《周氏遺書》卷七，頁388。

歲時，百姓受浸饑之苦，他要其子將田產僅留十分之一畝做爲祭祀用，其餘十分之九畝賑濟鄉黨，可見其博施濟眾的行動力十足。蔣文田〈與人書〉云：「吾聞君子以仁爲富，不以田爲富，果能毀家紓難，汝既能活人命，天其不活汝之命乎？」〔註42〕由天視之，若能賑濟同胞，行善積德者，天必以善回應之。

不僅對生民如此，周太谷亦爲已故的眾生辦法會以超渡之，《龍川夫子年譜》載太谷在揚州時：「秋七月，朔望晦，冥賑，行文冥司，延請僧眾，陳設法食冥鏹地燈，普濟十方無祀諸魂，歲以爲常。」〔註43〕中元時節，他悲憫那十方無人祭祀的諸魂，遂延請僧眾爲其誦經，這也是一種善心的回向。而李光炘延續其師太谷的思想，《龍川夫子年譜》載其命建安、逢源等弟子「備冥鏹五百藏，荷花燈五千盞，於中元節罄其所有，設水陸道場，醮薦南北洋戰歿諸將士」〔註44〕。由此可知，對自己的祖先行祭祀之禮是孝的表現，但若推而廣之，對素昧平生的亡故者行祭祀之禮，則是將善推到極致。

太谷學派對於人性所持的是「據德依仁」，藉著仁心發用的工夫修養，潤及他人，方能還原那整全且光明通透的仁，仁的理想義亦在此而彰顯，《黃氏遺書》云：「由父母觀之，兄弟吾同胞也；由天地觀之，凡有血氣者，皆吾同胞也。」〔註45〕故無論由父母或由天地觀之，指的皆是仁的理想義，唯有擴充本心，方能實現仁的理想。葉海煙在〈儒家倫理與當代倫理教育〉云：「道德實踐即道德工夫的養成過程；唯有身體力行，並經由習慣或工夫的形塑與涵養，道德思維及道德良知才可能成爲實際的生活善行，而整個倫理教育也才有可能獲致圓滿與成全之目的。」〔註46〕太谷學派的教學相當重視實踐，因爲倫理教育如果僅停留在坐而言的階段，將猶如失根之浮萍，予人飄忽不實之感，必得於現實生活中貞定，教導門人兼善天下，方能彰顯知識分子的眞精神。

〔註42〕蔣文田：《龍溪先生文鈔》，收於方寶川編：《太谷學派遺書》第二輯第四冊（揚州：廣陵古籍刻印社，1998年），頁138。
〔註43〕謝逢源：《龍川夫子年譜》，收於方寶川編：《太谷學派遺書》第一輯第三冊（揚州：廣陵古籍刻印社，1997年），頁60。
〔註44〕謝逢源：《龍川夫子年譜》，頁90～91。
〔註45〕黃葆年：《黃氏遺書》卷二，頁145。
〔註46〕葉海煙：《中國哲學的倫理觀》，頁179。

第二節　天理即人欲的調合論

　　自宋代理學昌盛以來，諸子莫不尚理遏欲，《歸群草堂語錄》即曰：「後儒一聽談情欲便大驚，不知說的不是那凡民之情欲，蓋先天之眞耳。」〔註47〕足見太谷學派肯定天理在人欲中彰顯，若能使「欲」符合中庸之道，即是回應了天道之眞。《觀海山房追隨錄》曰：「人身如木石，運動周旋者皆無始以來祖性，無始以來祖氣爲之。原其始，父母以妄想結胎，我以妄想而投胎，可見人生假合，全賴一點眞靈，周流周體。眞靈既去，依舊蠢如木石。」〔註48〕人之所以爲人，靠的即是這「一點眞靈」，「眞靈」爲體而「情欲」則爲用，由體達用，調合得當，必能彰顯宇宙的生生不息之道。

　　回溯思想史的長河，漢民族對於理欲之間的關係，從彼此衝突逐漸走向調合，並非自太谷學派才開始，而是明中葉以來即爲學界所重視，並逐漸形成一種共識，這個時期是整個中國思想與社會發生劇烈變化的時代，尤其隨著王陽明心學的興起，主體意識昂揚，個性解放的思潮亦愈演愈烈，因此，無可避免的與社會既成的體制必然產生緊張的關係，這樣的思想新動向，並沒有因爲明朝的滅亡而停止，而是延續至有清一代，繼承與發展。

　　至於太谷學派是如何看待「情欲」？《白石山房語錄》即曰：「欲不可強爲遏抑，此爲枯寂者說，非謂人之欲可縱也。欲無窮盡，愈縱愈多，鮮有不敗者，養心莫善於寡欲，寡之而至於無欲，斯善矣。知和而和，不以禮節之，亦不可行也。人之欲發，己必知之，明其明德，不爲物所蔽，則欲不可強遏而不至於縱。」〔註49〕由此足見，關於情欲，張積中主張：欲是不可抑、不可縱的，抑之或縱之若非以其道，則將會帶來毀滅性的破壞，天理倫常必會失序。是以理、欲如何調合得當，方能不隨情欲而沉淪，則是太谷學派在肯定「眞靈」爲前提的基礎上，必得進一步思考的課題。本節茲就此，論述於次：

一、肯定情與欲的價值

　　太谷學派在據德依仁的本體論下，可確知「人性之體」即「天性之體」，

〔註47〕　徐昫：《歸群草堂語錄》卷四，頁59。
〔註48〕　李光炘：《觀海山房追隨錄》，頁94。
〔註49〕　張積中：《白石山房語錄》，收於方寶川編：《太谷學派遺書》第一輯第二冊（揚州：廣陵古籍刻印社，1997年），頁95。

由此觀點出發，進一步肯定情欲的價值。對於情欲，其非但不漠視或遏抑，甚至在學派的思想體系上，佔有舉足輕重的地位。李詳《藥裹慵談‧李龍川先生》云：

> 李晴峰先生自張積中黃崖山被禍後，先生遁居泰州。泰州講學談藝弟子著錄者數百人。先生之學無所不包，有來問者，大叩大鳴，小叩小鳴，人人得其意以去。每日至泰州北門儲文懿公坊左右茶肆小集，以兩桌接坐。先生居上，弟子分別兩旁，氣象肅穆，有東漢師弟之風。一日使弟子言志，戒勿矯飾。有某言：「弟子不好色。」先生呵之曰：「非人情，曾狗彘之不若耶！」〔註50〕

由此可知，李光炘認為「不好色」即「非人情」，也就是說，人為天所生，是以人的「好色」乃「天性之體」的展現，「色」與「情」是相融通的。又《歸群草堂語錄》云：「性善即是性情，故《四書》、〈虞書〉有欲字無理字，《四書》曰：『我欲仁，斯仁至矣。』故宋儒談理字，吾談欲；宋儒談性，吾談情。不知情欲為命寶，格天、格地、格萬物，莫不靠情欲也。宋儒但見情欲之壞雖不錯，而不知此非情非欲也，不知上達亦靠情欲也，所以宋儒祇到得半趨耳。」〔註51〕這段話說明了宋儒對宇宙的看法，著重於談「理」談「性」，而忽略了天性之體，本自活潑的一面。是以黃葆年特別將「欲」、「情」點出，它維繫著宇宙的生生不息之道，人性中的饑思食、渴思飲、男女之愛，皆為活潑潑的人性之體，而「情」、「欲」便為人與天地萬物間的感通與交流，搭起一座橋梁。

而《龍川夫子年譜》載陳伯嚴謁李光炘，李光炘問其所好，答曰：「好文、好友、好女色。」李光炘以為文、友、女色皆當肯定，進而與他講論經義數十日〔註52〕，由此可知，僅談「理」談「性」，則天性之體是呈現出不變且靜的狀態，唯有正視「情」、「欲」的價值，則天性之體的動力，才被帶出來。

黃葆年〈記卜雙玉事──代謝平原作〉云：「天下事無巨細，入於性情則有，不入於性情則無，苟非身親閱歷，惻然有感於其心，孰能知其故哉！」〔註53〕可知事的本身並不具意義，其意義必在注入性情，牽動人心而後呈現。該

〔註50〕 李詳：《藥裹慵談》卷一（南京：江蘇古籍出版社，2000年），頁6。
〔註51〕 徐煦：《歸群草堂語錄》卷四，頁69。
〔註52〕 謝逢源：《龍川夫子年譜》，頁89～90。
〔註53〕 黃葆年：《歸群草堂文集》，頁135。

文乃黃葆年記述揚州歡場中名喚卞雙玉的歌妓，她曾有十萬纏頭，千金買笑的風光，卻將謝平原所贈的牙柄紈扇一把，視爲珍寶，並終身佩之的故事。文末云：「人生莫重于情誼，而相知最難于久。」〔註54〕卞雙玉由於受到謝平原贈扇時的情眞意切所感動，白雲蒼狗，世事變遷，卻仍佩之不離身，因爲這份的情誼與相知，讓卞雙玉事隔五十載，依然常藉此憶念過往的那份深情。

誠如《龍川弟子記》所載：「生死不忘者，情也；歷劫不壞者，情也。天人一氣，呼吸相通，惟此一脈情絲維繫而已矣。」〔註55〕李光炘以爲天人乃藉由「情」而達感通，就近而言，人之所以對亡故的親友，或者不再相見的朋友，念念不忘，每逢佳節倍思親。推遠而言，對於歷史上的風流人物，興起思慕，此乃情之所至也。由於人皆有情，回顧是情的展現，故那些已然過往的人事物，並不會因爲時間久了而淡化，反而會在記憶的深處，穩穩生根。

除了重「情」，太谷學派站在對「欲」肯定的立場，以爲聖賢所留下的經典，其中闡發的即是情欲，只要情欲之間以禮節之，使其抒展表現得當，無過或不及，則不會流於壞了；然而，《歸群草堂語錄》云：「七情六欲，七六十三，所以謂十三經。」〔註56〕這樣的比附便有牽強之疑，世俗化的意味濃厚。《詩經讀本》亦云：「蓋好色，天性也。好德如好色，亦天性也，而聖功在其中矣。」〔註57〕故而張莉紅、羅波〈天理人欲序〉提到：「『五經』在春秋時期基本形成定本，並走向民間。『五經』的基本精神是一種『實踐理性』，先民們開始對外在世界進行系統的、辨證的思考，並以典籍的形式將民族的基本精神加以定型。……它在相當大的程度上規定了春秋戰國人學乃至後代人學的基本走向。」〔註58〕而所謂的「人學」即日用常道，從人的角度出發，以實踐爲尚，因此對於經典應當跳出傳統經學拘泥於注疏的範疇。

二、理在欲中彰顯

《李氏遺書》曰：「性也者，合德爲仁者也；情也者，配義與道者也。失

〔註54〕黃葆年：《歸群草堂文集》，頁 139。

〔註55〕李光炘著、謝逢源編：《龍川弟子記》，收於方寶川編：《太谷學派遺書》第一輯第三冊（揚州：廣陵古籍刻印社，1997 年），頁 253。

〔註56〕徐煦：《歸群草堂語錄》卷四，頁 42。

〔註57〕黃葆年：《詩經讀本》，頁 115。

〔註58〕張莉紅、羅波：《天理人欲》（新竹：花神出版社，2004 年），頁 2。

性而天地莫位，失情而萬物莫育也。孟子道性善，道以此也。」〔註59〕李光炘以爲性乃合德爲仁的寂然不動之理體，它足以撑起整個天地，使天地各司其位；情則必在合於義的正軌下發用，即能化育萬物。而情的發用必得來自性之理體，二者相互配合即是孟子性善說的闡發。

循此，可發現天理即人情，人情即天理，人在尋常日用中的一言一行，若符合仁義禮智之道則是天理的展現，反之則天理消滅；是以，《龍川弟子記》載：「天理不遠乎人情，人情乖即天理滅也；凡夫溺情欲，紊三綱，二氏斷情欲絕三綱，聖人不斷情欲而不爲情欲所牽，不絕三綱而不爲三綱所累，此其以異於凡夫二氏也。」〔註60〕由此可知，情欲向來爲宋儒視爲邪道，此乃過或不及所致，凡夫縱情欲，置三綱倫常於不顧，而佛、道二氏則斬斷情欲，認爲情欲是吾人修道上的障礙，它阻絕了人與天道接通的機會，前者於欲中不見理，後者則於理中不見欲。

到了黃葆年時，爲了向低階層群眾宣揚「理在欲中彰顯」，因此，其藉助宗教做爲方便門，《歸群草堂語錄》載：「世法通了，佛法沒有不通，所以云世法、世間法，若一切舍了來談佛法，那曉得佛法亦不中用，所以眞通佛法者，一切儒道沒有不通，故佛爲千古周知人情的一位聖人，說起法來末了皆云：『皆大歡喜，信受奉行。』不通人情那得如此。」〔註61〕黃葆年以爲世間萬事萬物莫非天理，佛法亦是，若一切捨之了之，則佛法何以有立足之位？因此，佛若要吸引信徒前來學習佛法，必得先通達人情，再將人情在理中呈現。黃葆年如此立論，乃爲鞏固儒家學說，以振綱常倫理而發，故他又說：「佛是開眼的眾生；眾生是不開眼的佛。迷則眾生，悟則佛，佛與眾生只爭迷悟之間。」〔註62〕只要一悟則於理中見欲，若一迷所見唯欲無理。

朱淵在〈闕題三十一首之七〉云：「情也者，一滴之動也，天德也。所謂繼之者，善也，王道本乎此，聖功亦本乎此也。視聽言動者，人之大用也。」〔註63〕由此可以更加肯定情欲乃渾然於性體、理體之中，當心的知覺啓動，即表現於日常中的視聽言動，人情是王道的基礎，王道與聖功皆在天理中彰

〔註59〕李光炘：《李氏遺書》，收於方寶川編：《太谷學派遺書》第一輯第三冊（揚州：廣陵古籍刻印社，1997年），頁8。

〔註60〕李光炘著、謝逢源編：《龍川弟子記》，頁253。

〔註61〕徐煦：《歸群草堂語錄》卷四，頁79。

〔註62〕徐煦：《歸群草堂語錄》卷四，頁79。

〔註63〕朱淵：《養蒙堂遺集》，頁38。

顯，而彰顯的過程則回應了天道下貫於人德之善意，這與其師張積中「王道本乎人情，聖功亦本乎人情」〔註64〕的思想是一脈相承的。

三、如何攝欲歸理

朱淵〈闕題三十一首之八〉云：「良心者，良知也，良能也，一滴之由靜而動也。動於心而不昧其知則良知開矣，動於氣而無害其氣則良能充矣。良知、良能者，天之所以與我一化爲二也。知帥能，能從知，人之所以合天，二仍歸一也，良心，體也，知、能，用也，從體達用，攝用歸體，無往非良心之措施，即無往非天理之流行矣。」〔註65〕朱淵以良心爲體，良知及良能爲用；然而當良知及良能發用，若受外境習染的影響，而心有所昧，氣有所害時，則所爲言行必不合於良心之體，此時天人隔斷，天理滯存。

張積中云：「聲色貨利飲食嗜欲，足以亂識。」〔註66〕故而當如何不受外境所干擾，讓欲的彰顯能符合天理，而不會產生過或不及，使天人再次接通，天理流行呢？聖賢給出的方法是：以禮濟之。《觀海山房追隨錄》云：「男女之際，欲之所存也。聖人作婚禮而必有問名、納采、親迎諸儀，乃欲極濟之以禮也。燕享祭祀，理之所存也，聖人作燕禮祭祀而必有酒醴、牲牢、鼓鐘、琴瑟者，乃禮極而濟之以欲也。」〔註67〕聖人明乎天理本於人情之理，故藉由外在的禮來調濟內在的理欲之間的衝突，男女之欲以婚禮濟之，燕享祭祀則以酒牲、鼓鐘琴瑟之欲濟之，俾使理欲能達到和諧的狀態。

李光炘以爲若欲無禮濟之節之，則很容易耽溺於其中，爲其所困，《觀海山房語錄》即云：「酒者，沉溺之意也。好色、好貨、好勇皆人情也，一沉溺便不可救藥。子曰：『出則事公卿，入則事父兄，喪事不敢不勉，不爲酒困。』即此意也。」〔註68〕凡事適中便好，一旦耽溺，敗壞立刻排山倒海而來，縱色而毀身，好財貨而昧本性，好勇而流於匹夫，故必須以禮攝之，欲方能歸於理，誠如朱淵〈復喬茂軒書〉所言：「好色，人情也，愛之慕之，天一生水，至寶也，但情不停則情流爲欲而其德彫零矣，惟性以成立則上達，而其德乃可渾成，欲轉此關，其惟移情乎？移好色之心以好德，則好德如好色矣，色

〔註64〕　張積中：《白石山房語錄》，頁98。
〔註65〕　朱淵：《養蒙堂遺集》，頁39。
〔註66〕　張積中：《白石山房語錄》，頁101。
〔註67〕　李光炘：《觀海山房追隨錄》，頁43。
〔註68〕　李光炘：《觀海山房追隨錄》，頁97～98。

焉能使我墮落哉！」〔註69〕好色乃天性中的一部分，適度的抒發則可以上達於天，天道與人德渾然整全，但若縱情為欲，則人德被遮蔽，天道將為此而裂；故聖人在本乎人道的前提下制禮，藉由外緣的禮達到移情的工夫，而使好德如好色矣。

第三節　推孝而忠的實踐論

在《論語・述而》載孔子有「天生德於予」〔註70〕之語，而王師邦雄說：「『天生德於予』的德，是德性，就根源講，……『天生德於予』，是天命在吾人性命之中。」〔註71〕太谷學派承此而立論，在肯定天道下貫於人的基礎上，構建了據德依仁的本體論，此乃儒家思想將人的主體性復加「內在道德性」，道德之性一旦挺立，便能在天理與人欲之間有一得當的調合，此為內聖的修養。「內在道德性」必得落實於具體的人我關係中，由親而疏，步步向外，層層感通，如此方為踐仁之道，進而能上達天德。

《歸群草堂語錄》曰：「不識字，可認父母。」〔註72〕人具有「認父母」的孺慕之情，此乃我固有的「內在道德性」之感發，非關教育程度。太谷學派的草堂講學，向來很重視「孝悌」觀念的闡揚，在《周氏遺書》裏即載周太谷曰：「虎狼，獸也。出穴尚三返顧其子，而況于他獸乎？人思虎之慈子，而不思父母之慈，其心下于虎也。不思己之不孝，其心又下于虎也。」〔註73〕周太谷認為禽獸尚有慈子之心，而人心焉能不如禽？職是之故，更應該突顯個人的「內在道德性」，並向外逐步擴充。方寶川〈周太谷及其《周氏遺書》〉說：「周太谷雖然並不怎麼熱衷政治，但他十分關心民心疾苦。」〔註74〕足見太谷學派草堂的主講者多與政治刻意保持距離，但關懷民生則是不遺餘力，本節茲就太谷學派如何教育來學者由切身的孝道走向潤澤蒼生，進而將天道一步步的實踐，論述於次：

〔註69〕　朱淵：《養蒙堂遺集》，頁133～134。
〔註70〕　見《四書章句集注》，頁40。
〔註71〕　王邦雄、曾昭旭、楊祖漢等著：《論語義理疏解》（台北：鵝湖出版社，1994年），頁18。
〔註72〕　徐煦：《歸群草堂語錄》卷四，頁43。
〔註73〕　周太谷：《周氏遺書》卷四，頁192。
〔註74〕　周太谷：《周氏遺書》卷一，頁11。

一、從知身到保身的體悟

漢民族自古以來首重孝道，認為此乃一切倫理之基礎。在《孝經・開宗明義章》即載孔子云：「身體髮膚受之父母，不敢毀傷，孝之始也。」〔註75〕人的身體髮膚乃父母所生，故善加保身，即為孝道的第一步。太谷學派延續此思想，並加以闡發，《黃氏遺書》載周太谷云：「人之身體髮膚，亦受之父母，又何敢毀傷人之身體髮膚？嗚乎！不敢毀傷人之身體髮膚，而後己之身體髮膚可得而保。」〔註76〕周太谷以為若明乎身乃父母所生之理，推己及人，也就不敢毀傷人身，人我之間，相互尊重，傾軋、爭奪之事消弭，己身亦得以保全，如此人人皆可完成孝道的第一步。

曾師昭旭在〈論孝道之宗教性質及其陷落〉說：「中國初民的注意力由於一開始就被自我生命的存在所吸引住；因此對天的敬畏也就不可能遠離存在面而孤懸，而必與現實連繫。」〔註77〕天與現實的連繫則是親子關係的互動，職是之故，太谷學派對孝道的闡發首重「知身」，唯有明乎「知身」之理，方有「保身」的體悟。〈保身說〉云：「天下寶貴之物而吾典守之，則必無忘此物之所由來，而深有念於授受之心，然後歷險持危，庶可全璧而歸其主。夫天下寶貴之物，有過於吾身者乎？吾身存而萬物備，吾身亡而萬物消，天下之寶貴有過於吾身者乎？」〔註78〕太谷學人以為「身體」乃天下最寶貴之物，因為有「身體」的存在，人即可充分發揮主體的能動性，不會一味的仰天、敬天，而是立身行道，以顯揚受「天地祖宗付託之重」〔註79〕而孕育吾身的父母，此乃天人連繫，孝道的完成。

太谷學派以為父母要孕育一個生命，在生命誕生後，要護持一個生命的成長是艱辛的，〈保身說〉云：「父母之保吾身也，方其孕也，維持調護，保吾身於未生之先者多端也，及其生也，鞠育顧復，保吾身於初生之後者多端也，至其知識乍開，則時虞我之即於邪也，為我擇良師友，薰陶涵育，以保其生生不已之天者益多端也；父母之保身者，何所不至哉！」〔註80〕由此可

〔註75〕 見《孝經》，收於《景印文淵閣四庫全書》第 151 冊（台北：台灣商務印書館，1983 年），頁 7。
〔註76〕 黃葆年：《黃氏遺書》卷二，頁 139。
〔註77〕 曾昭旭：《良心教與人文教——論儒學的宗教面相》（台北：台灣商務印書館，2003 年），頁 47。
〔註78〕 歸群弟子：《歸群文課》，頁 755。
〔註79〕 歸群弟子：《歸群文課》，頁 756。
〔註80〕 歸群弟子：《歸群文課》，頁 756～757。

知，父母對於生命每一階段的護持，都是用心良苦的，蘄願得以順遂成長。

循此，太谷學派以為珍惜生命是重要的，《龍川夫子年譜》即載李光炘對門人文譽說：「人生不幸遭患難，雖為人害死，亦天命也，若自輕生，便與逆天滅親同罪。」〔註81〕儒家認為有德之人卻仍無可遁逃惡運於天地間，此即是「命」，唯有安於命，人生之路方能走得下去，誠如《論語・雍也》載孔子探視身染惡疾的冉伯牛，其悲慟的說：「亡之！命矣夫？斯人也，而有斯疾也！」〔註82〕李光炘認為雙親生養吾人，即為上承列祖列宗而天道，下啟萬代子孫，這是一種民族生命的傳承，過程間必會經歷許多艱難，吾人當心存珍惜與護持，故遭挫時應勇於承擔，絕不可輕生，一旦輕生，則如斬斷源遠流長的民族生命之河，即等同逆天滅親之罪。

父母愛子之心無盡，不忍孩子受現實的磨難，保護過度，有失中庸之道，導致「保身說」遂逐漸變質，〈保身說〉即云：「保之心日殷，保之境日難，保之術遂日出而不能自已，此天地父母之德也。乃其甚者，護持太過，或縱之以非其道，縱之以非其道，則名曰『保之』，實以害之，故始於護持，終於痛惜者，比比然矣。」〔註83〕太谷學派以為父母在愛子的同時，也應適當的讓孩子與現實接軌，切忌過度溺愛而終致害之，故〈保身說〉又云：「保吾心之通，則莫若疢疾；保吾氣之順，則莫若橫逆；保吾命之立，則莫若飢寒；保吾性之達，則莫若躬稼穡而習艱難。屢攖跋蹇，而吾之踐履始加兢矣，久任重遠而吾之筋固始益固矣。」〔註84〕讓孩子有機會接受現實的磨練，並從中培養獨立的人格，進而能擔起這民族生命的傳承，方為「保身說」的真諦。

太谷學派的「保身」可區分為兩階段：父母保吾身免於災難，平安成長是第一階段，而東漢許慎《說文解字》對「孝」所下的定義為：「善事父母。」〔註85〕以敬侍奉父母，即是對天道的回應與實踐，是第二階段。《歸群草堂語錄》云：「各人第一須念：身從何來？記得父母，無論父母尚存、父母已故者，均須發心侍奉，方謂學人。人謂佛氏出家，不顧父母，何以目連大士奉佛旨救母？蓋修行本意只是不忘父母。所以自天子以至於庶人，壹是皆以修身為

〔註81〕謝逢源：《龍川夫子年譜》，頁75。
〔註82〕見《四書章句集注》，頁34。
〔註83〕歸群弟子：《歸群文課》，頁769～770。
〔註84〕歸群弟子：《歸群文課》，頁771～772。
〔註85〕許慎著、段玉裁注：《說文解字注》（台北：萬卷樓圖書公司，1999年），頁402。

本。」〔註86〕由此可知，明乎「身從何來」即「記得父母」，就歷史意識面而言，父母生我乃創造宇宙繼起之生命，就現實面而言，父母乃吾人生命的本根，這縱向與橫向的交織，呈顯出大生命的長河能源源不絕，父母所具的重要性，此乃佛家亦肯定與認同的，故即使出家的目連，仍不忘救母脫離地獄苦海。黃葆年教育弟子：父母尚存時要善事，父母已故要祭祀，此即孝道落實的具體儀式，也是太谷學派講學的宗旨。

關於「善事父母」，曾師昭旭〈論孝道之宗教性質及其陷落〉說：「事親的意思，即在具體銜接這無窮的宇宙生命、歷史文化生命與有限的現實人生。」〔註87〕人的心力有限，並非人人皆能如墨家所言的「兼愛」，以為愛無差等，故必得有先後的取捨，即以事親為愛的始點。《黃氏遺書》載黃葆年對於弟子所問的「侍親之疾」，回答：「女不思父母之慈乎？父母之慈其子也，百年無厭倦也，而況憂子疾之心乎？而況憂子疾，見子疾，欲代子疾，百結千結萬結不解之心乎？嗚乎！久而厭倦生，子道之不終也。」〔註88〕父母眼見孩子生病，心急如焚，只要孩子能減輕痛苦，則恨不能以身代之，周太谷〈痛心〉即云：「痛親！予不乳，親不食也。痛親！予不眠，親不寢也。痛親！見予疾病，親不疾病而疾病也。痛親！疑予饑寒，親不饑寒而若饑寒也。痛親！見予出門而親心亦出門也。」〔註89〕足見孩子的一舉一動或稍有不適，總能牽引雙親為之牽腸掛肚；然而父母老矣病矣，孩子對父母的侍奉卻未必如此，總是等到父母離世後，才有「子欲養而親不待」的自責與慨嘆。《周氏遺書》即載周太谷云：「予少也，不知事親。知事親而親已逝，嗚呼！傷何如之，憾何如之！」〔註90〕由此可知，與其日後徒增悔憾，不如及時行孝。

自周太谷以來，即強調事親時的恭敬之心，其云：「以養為孝。君子有所不忍言也。別父母之養，非敬君之禮，奚足別乎？」〔註91〕周太谷以為並非僅口體上的奉養即是孝，而應當心存敬意，否則與豢養牲畜有何異？《黃氏遺書》即載黃葆年舉蔣文田為例，教育其弟子：「蔣子之事親也，惻隱恭敬生

〔註86〕劉鶚：《歸群草堂語錄》卷三，頁22。
〔註87〕曾昭旭：《良心教與人文教——論儒學的宗教面相》，頁55。
〔註88〕黃葆年：《黃氏遺書》卷七，頁485～486。
〔註89〕周太谷：《周氏遺書》卷四，頁189～190。
〔註90〕周太谷：《周氏遺書》卷四，頁194。
〔註91〕周太谷：《周氏遺書》卷四，頁208。

於其心，是故愛敬不貳，羞惡是非反於其身，是故愛敬貳而不貳。」〔註 92〕
如果侍親沒有心存敬意，則必無法長久，而徒留「子道之不終」的慨嘆。

其次再說祭祀。太谷學派向來看重祭祀的活動，而祭祀的目的即爲《張
氏遺書》所言：「祭也者，大報本反始也。」〔註 93〕張積中以爲祭祀是件重要
的儀式，其中寓有報本反始之意，而此意由對父母的追思上溯至千古，即如
〈壹舉足而不敢忘父母，壹出言而不敢忘父母義〉云：「拜跪之儀，合於冥漠
祝冊之文，交於神明也，傳者引之，以明祭義，其本根之義。」〔註 94〕由於
父母較歷代祖宗與吾人的關係而言，乃最親近的，故可視父母爲一切祖先的
代表，祭祀父母同時也祭祀那茫然無可究詰的天。〈大孝終身慕父母義〉即云：
「人子之慕父母也，人子之天也，以尙德之故，不謂之慕而謂之孝，而孝子
之心戚之矣。父母之慕不與身俱終也，父母之性情無盡也。」〔註 95〕祭祀最
主要的心願，乃是奉祭列祖列宗與父母之名，實現「大孝終身慕父母」之義，
裨益民族生命與文化能永垂不朽。

二、體父母心達天地心

中國哲學是一門從生命開展的學問，其所關注的，非客觀知識的思辨，
而是落入人際關係的互動。從縱向角度而言，天道下貫於人，並肯定敬的功
能，是以能懷著至誠懇切之心，對父母及歷代祖先行孝、祭祀；從橫向角度
而言，吾人能發揮悲天憫人之心，進而去關懷同時代的黎民，以彰顯天有好
生之德的美意。曾師昭旭在〈論孝道之宗教性質及其陷落〉說：「吾人一切所
作所爲，都願對全體生存在這世上的人類負責，以護持這人類共生共存所依
的大生命的心情，就叫做忠。」〔註 96〕此推孝而忠的實踐，乃太谷學派倫理
教育的終極目標。

推孝而忠的「而」是一種動力，人的存在感將於「而」的過程，更進一
步的推展，李震《由存在到永恆》說：「存在沒有意義時是空虛的，是貧乏的，
是苦悶的，是令人厭煩的，最後必將走向絕望之途；存在充滿意義時，心靈

〔註 92〕黃葆年：《黃氏遺書》卷四，頁 277。
〔註 93〕張積中：《張氏遺書》，收於方寶川編：《太谷學派遺書》第一輯第二冊（揚州：
　　　　廣陵古籍刻印社，1997 年），頁 56。
〔註 94〕歸群弟子：《歸群文課》，頁 789。
〔註 95〕歸群弟子：《歸群文課》，頁 683。
〔註 96〕曾昭旭：《良心教與人文教──論儒學的宗教面相》，頁 50。

也充滿了希望，充滿了活力，因爲它要發揮存在的意義，實現存在的意義。」〔註 97〕太谷學派的學問導向是實踐的，他們所蘄願的，是與他們生活在同時代的黎民，能在戰亂的荒涼裏，感受到人間的善意與暖意。

　　太谷學派對廣大的黎民何以有如此的深情大願？《周氏遺書》載周太谷云：「天地之德，豈負我哉？父母食天地之粟，飲天地之水，以乳乳我，及其長也，作后以臨我，作〈虞書〉、《周易》以誘我，志賢則賢，志聖則聖，天地豈負我乎？」〔註 98〕周太谷以爲人乃天地所生所養所教，天地恩待人至此，人當以此心推己及人，潤澤蒼生，則不負天地之德也，《黃氏遺書》對此觀點加以發揮：「由父母而達諸天地。父母之於人子也，無一息不得其所而心始安矣；天地之於萬物也，無一物不得其所而心始安矣。是故深知父母之心，天地之心可一默而見也。」〔註 99〕父母對於人子猶如天地對於萬物，二者之心相通，體父母心可達天地心，見微而知著矣。

　　太谷學派以爲親愛手足乃推孝而忠的第一步，《黃氏遺書》曰：「同胞，兄弟也。兄弟相爭，父母之痛深矣。相爭不已，至於相奪，相奪不已，至於相殺，父母之痛愈深矣。嗚乎！由父母而達諸天地，天地之心猶父母之心也。爭地以戰，殺人盈野；爭城以戰，殺人盈城。上帝臨女，其痛當何如哉！是故昭事上帝，則必以民吾同胞爲本。」〔註 100〕兄弟乃同出一父母，若彼此爲私利而相爭，進而相奪，終致相殺，如此不顧手足之情的粗暴橫行，宛如割裂父母的心，父母之痛不言而喻。推孝而忠的第二步，即循此擴而思之，與所有生活在這塊土地上的黎民皆爲天地所生，亦屬手足，若彼此爲逐鹿中原而戰，以致殺人盈野、盈城，天地之痛亦如父母之痛；由此可知，太谷學派崇敬天地、善待同胞即是善事父母、友愛兄弟的擴充。

　　太谷學派認爲人如果無法體父母之心上達天地之心，則天地的反撲將隨之而來，《周氏遺書》載：「帝武乙不孝于天，爲偶人，囊血而射之，曰射天，弗三旬，震死；帝受辛不弟民，焚銅柱而刑人，弗再期，自焚死。于戲！堯舜之道，孝弟而已矣！」〔註 101〕武乙、受辛爲政，並未循堯、舜之道行孝弟，終致己身不得善終，故爲政者當有「民吾同胞」的觀念，《黃氏遺書》云：

〔註 97〕 李震：《由存在到永恆》（台北：台灣商務印書館，1986 年），頁 54。
〔註 98〕 周太谷：《周氏遺書》卷四，頁 213。
〔註 99〕 黃葆年：《黃氏遺書》卷三，頁 185。
〔註 100〕 黃葆年：《黃氏遺書》卷七，頁 473。
〔註 101〕 周太谷：《周氏遺書》卷五，頁 258。

體天地之心，則以大事小，以小事大，我無爾詐，爾無我虞，無強
無弱，無中無外，無黃白赤黑諸種也，吾同胞而已矣。一國同胞是
謂小康，萬國同胞是謂大同。大同者，久安長治之道而天地之心也，
反是而相戕相賊，相傾相覆，亦自戕自賊，自傾自覆而已矣。〔註102〕

在太谷學派看來，爲政者乃上天命其爲黎民之父母，一旦爲政者無愛民如子，
不與民同悲喜，即有負天命，上天便會降厄以懲之；故爲政者應體父母之心，
達天地之心，立身以行德政，潤澤蒼生，方爲孝之圓成矣。

三、教育是民本思想的實現

车宗三在〈政道與治道新版序〉說：「現代化之所以爲現代化的關鍵不在
科學，而是民主政治；民主政治所涵攝的自由、平等、人權運動，才是現代
化的本質意義之所在。」〔註103〕要眞正踏上民主政治之路，尙自由、重平等、
講人權是重要的前提，唯有實踐此前提，方能推動現代化的可能。而太谷學
派對於重平等、講人權向來是重視的，《周氏遺書》即云：「予，天民也，君
子亦天民也，予敢慢之？君子，天民也，小民亦天民也，予敢賤之？」〔註104〕
周太谷以爲從天的角度視之，所有的人類無論貧富貴賤皆爲天之子，當以平
等觀待之，豈可慢之、賤之？

《周氏遺書》又云：「德之服人也，德則服，不德則不服，故仲尼服七十
子易，服一夫難。」〔註105〕爲政者若講人權，其必以德爲政，以德化民，民
於是心悅而誠服，若自利而尙霸，則必引來民怨四起，一股反動的力量即隱
隱然伺機而發，孔子所以能感化門人，便是因爲秉持德化之道，陶雪玉〈儒
家傳播方式探析〉即提到：「『德』既是管理的手段，又是領導的方式，貫穿
傳播的全過程。由之，『爲仁』的道德哲學化爲『爲政』的組織傳播之道、治
國之道。」〔註106〕而太谷學派長期以來便是與人民站同一線的，進而與統治
者的自利而尙霸相抗衡。朱淵〈孟子曰今之事君者全章義〉云：

今之爲君者，只知貴己而輕民，而不知安民即所以安其國；今之爲
臣者，只知剝民以奉上，而不知賊民即所以賊其君。約與國，戰必

〔註102〕黃葆年：《黃氏遺書》卷二，頁145～146。
〔註103〕车宗三：《政道與治道》（台北：台灣學生書局，1987年），頁16。
〔註104〕周太谷：《周氏遺書》卷六，頁334。
〔註105〕周太谷：《周氏遺書》卷八，頁483。
〔註106〕陶雪玉：〈儒家傳播方式探析〉，《廣西民族大學學報》（2009年6月），頁60。

克，彼自以爲功也，而不知爭地以戰，殺人盈野；爭城以戰，殺人

盈城，其禍有甚於洪水猛獸者，況又有辟土地，充府庫，以富桀者，

助其殘民以逞也；率土地而食人肉，其罪皆不容於死。〔註107〕

朱淵以爲民爲邦本，安民即安國；然而當今爲君爲臣者皆存一己之私，或貴己，或剝民，故而殺人盈野、殺城，生靈塗炭，百姓生於如此水深火熱中，簡直生不如死，於是貧者愈貧，富者愈富，貧富的差距日益增大，終致天怒人怨，《周氏遺書》云：「民傷則天怒，天怒則歲凶，歲凶則民饑，民饑則盜起，盜起則國憂。」〔註108〕由此可知，爲君爲臣者若貪一時之利而虧損百姓，天必會降厄以懲，最終的受害者仍是國君；是以朱淵以爲：「蓋民爲邦本，古人之事君也，引君以道亦仁民而已矣。」〔註109〕太谷學派對來學者中的從政者，即是喻之以仁民之理。

　　至於仁民之道爲何？秉著「民惟邦本，本固邦寧」的思想，太谷學派提出親民、知民、順民的主張，這次序是不容紊亂的，唯有民安國方能泰；是以，其所寄予深刻同情的，乃處於下層的農民，農民之於一國而言，又是相當重要的，《黃氏遺書》即載：「夫國以民爲天者也，謀於國而知謀於土，斯親民之官也。民以君爲天者也，謀於土而知后之德、知天之德，斯孝弟力田之農也。」〔註110〕農民致力於耕種，國君亦能照顧其生活，此乃親民之官，而農民受到國君的恩待，必會力於田以報君恩，這環環相扣之理是爲政者當知的。

　　唯有親近於民，方能知道人民所須爲何，進而能順應民情，故《黃氏遺書》載：「好惡同民，太和上達，是故德崇而樂作焉，眾度皆豫而后上帝祖考無不豫也。匪義建侯是謂作福，匪義行師是謂作威，作福作威而愁苦怨歎之聲作矣。」〔註111〕與民同好惡，民所好者而爲之，民所惡者而不爲，太和之氣便會上達於天，天感應到爲政者彰顯其好生之德，則舉世祥和矣；反之，爲政者若行匪義之事，虧損百姓，致使百姓痛苦萬分，則天降災厄隨即而來。

　　太谷學派雖然教育爲政者應當本著替民著想的心，但亦不一味的寵縱百姓，《周氏遺書》云：「人倫失教，民能久乎？牧民者忽民，人倫乎？忽民，

〔註107〕朱淵：《養蒙堂遺集》，頁15～16。
〔註108〕周太谷：《周氏遺書》卷五，頁284。
〔註109〕朱淵：《養蒙堂遺集》，頁15。
〔註110〕黃葆年：《黃氏遺書》卷三，頁165。
〔註111〕黃葆年：《黃氏遺書》卷四，頁308。

稼穡乎？」〔註112〕爲政者若不明人倫乃社會穩定之本，本立而道生之理，則豐衣足食的日子又能有多久？故《觀海山房追隨錄》即云：「治安日久，風俗日媮，聖人之教不行，天欲挽回，造化不得不以諸般苦劫，轉化人心，人心悔過，天心自然悔禍。伊古聖人，多生亂世，爲生民立命，爲繼世開太平，假使生民不經一番煅煉，人心何日得轉？此又天之至教也。」〔註113〕李光炘以爲「生於憂患，死於安樂」乃至理，是以教育百姓明人倫，則民本思想方能眞正實現。

〈商鞅論〉云：「嗚乎！人不可以忘本也。衛人商鞅，不見用於衛而自棄父母之邦，求富貴以出仕於秦，過矣！乃復爲秦攻衛，衛弱而秦強矣！商鞅自以爲大丈夫，得志之時也，不知枝葉雖盛而本根已失矣，本根失而枝葉盛，其不遭車裂之慘也者，幾希！」〔註114〕商鞅不明飲水思源之理，心中無國家，所求乃富貴利己，終致下場悲慘，而求得的富貴亦如雲煙般迅逝。故爲政者唯有致力於教育百姓「不忘本根何來」的觀念，則百姓的向心力即會湧現，國家自然富強。

而這種觀念亦可印證於太谷學派的婦女觀，他們向來重視婦女，主張婦女應有受教育的機會，他們認爲婦女一旦略識之無而明理，對於齊家治國之道必有助益。張積中〈代汪蘭甫題嶧陽王節婦傳後〉云：「嗚乎！明哲所以保身，明哲正所以殺身，以明哲而殺其身，以明哲而全其孝，以明哲而成其仁。嗚乎！賢乎哉婦人。」〔註115〕由此可知，婦女唯有受教育，方能建立正確的價值觀，當處於危厄之時，爲全其孝，故而寧殺身以成仁，不求身以害仁。試想無法全其孝者，何以能忠於國，成其仁？這位王節婦無疑爲婦女樹立良好的學習典範。

第四節　經志合一的治學論

經典的講授與閱讀，對於人「內在道德性」的喚醒與誘發是具有輔助作用的；是以講授者對經典所持的態度，則會間接影響來學者對「讀聖賢書，

〔註112〕周太谷：《周氏遺書》卷五，頁300。
〔註113〕李光炘：《觀海山房追隨錄》，頁59～60。
〔註114〕歸群弟子：《歸群文課》，頁31。
〔註115〕張積中：《白石山房遺集續編》，收於方寶川編：《太谷學派遺書》第一輯第二冊（揚州：廣陵古籍刻印社，1997年），頁20。

所學何事」的觀念確立，〈離經辨志解〉云：「執經以言經，則訓詁云爾，詞章云爾，於是終日治經而去聖人也愈遠，爲其表自爲表而裏自爲裏也，所謂貌合而神離者也。」〔註116〕可知如果講授者期許的是來學者他日能獨佔鰲頭，則其必會引導來學者鑽研於訓詁及詞章二途，僅在字句上用功，無法與聖人之志相契，如此便失去治經的意義，終究成爲「貌合而神離」的有腳書櫥而已矣！

　　然而太谷學派的講授者，其講授的態度則是導向於啓迪民智，裨益來學者的靈魂因親近聖人而得以提升，免於沉淪，對於經典則應當在辨明章句的訓詁後，能「化章句於義理，化義理於身心，遣其迹而取其精也」〔註117〕，與聖人之志接軌，方能彰顯治經的眞諦，由此亦足見草堂的創建爲經典深植於人心，搭起了傳播的橋樑。本節茲就太谷學派對於治經的終始關係、從「辨志」、「立志」到「尚志」、「持志」的徑程、矯經志殊途之弊，論述於次：

一、學之終始關係辨

　　《大學》首章有言：「物有本末，事有終始，知所先後，則近道矣。」〔註118〕吾人對於各類事物必先掌握其本末與終始的關係，再付諸於實踐，則接近《大學》的宗旨，而治經亦然。〈離經辨志解〉云：「經者，徑也。聖人之所經也，聖人一一身履之而後著之爲經，以傳後世。蓋聖人之經未傳而聖人之志先立，其必然而無疑矣。是故，經也者，學之終事也；志也者，學之始事也。」〔註119〕太谷學派以爲聖人將體道後的心得，化爲文字而成經典，留傳於後世，故經典的智慧可謂聖人指示後學的路徑，而讀書人治經首要乃在立志，志立方能與聖人之志接軌，進而仁心自然朗現，並遍澤於萬物，至於讀經，則只是明道的橋梁。

　　循此，即可理解太谷學派看待經典的態度，〈離經辨志〉云：「經者，古人寓志之書也。見經不見志，則六經皆糟粕也；窮經者，學者求志之方也，舍志以研經，則讀書皆玩物喪志也。然則讀聖賢書，所學何事？亦法古人之尚志而已矣。」〔註120〕經典乃古聖先賢寓志之所在，讀書人讀經當明所學何

〔註116〕歸群弟子：《歸群文課》，頁880。
〔註117〕歸群弟子：《歸群文課》，頁845。
〔註118〕見《四書章句集注》，頁4。
〔註119〕歸群弟子：《歸群文課》，頁857。
〔註120〕歸群弟子：《歸群文課》，頁850。

事？若僅於字句上鑽研而忽略求志之要，則經典不過皆文字糟粕，無法發揮其喚醒仁心的價值，故〈離經辨志解〉云：「非聖人之志，雖日從事於聖人之經，經自經而我自我也，所謂雖多亦奚以為也；志聖人之志，則不必日從事於聖人之經，而經不外我，我不外經也。」〔註121〕太谷學派以為經典非僅用來讀誦，而是要將聖人的智慧落實於生活中，若能如此，則經與我合一，讀誦與否便不是很重要，誠如《論語・學而》載子夏曰：「賢賢易色；事父母能竭其力；事君能致其身；與朋友交，言而有信：雖曰未學，吾必謂之學矣！」〔註122〕反之，若僅死守章句訓詁，沒有與聖人之志相契印，則經與我分離，讀誦再多，亦是枉然。

太谷學派以讀經當很重視先後的次序，教學者必得先為來學者示以正確的讀經觀念，〈離經辨志解〉云：「其讀古人之書，非徒就其一篇一章一句一字，矻矻然條分而縷析也，會心不遠，我之性情油然而中於古人之規矩，則教以離經而志始明也。」〔註123〕足見其對於著重在章句訓詁的讀經態度，雖然是持反對的態度；卻也明白唯有先教以離經，方能與古人性情相契印。

職是之故，〈離經辨志解〉即云：「蓋離經者，反經之始事也，明諸心而後反諸身也；辨志者，持志之始事也，辨之明而後持之固也。」〔註124〕由此足見太谷學派認為治學的終始關係，乃必須先辨明章句意旨，進而方能反經，即辨明聖人之志，並將之融入生活，持之以恆的實踐，反經愈真切，則持志愈能堅固。

不過，可惜的是：「夫以百世以下之人，取百世以上之經而讀之，苟非有卓然不惑之志，其不至穿鑿附會，取以為功名富貴，邪說暴行之資者，幾何哉？穿鑿附會，取以為功名富貴，邪說暴行之資，彼亦自命為有志之士也，而不知其離經而畔道也」〔註125〕。這些俗儒，或有一捧書本便想要中舉人，獵取名利，或有藉經書以逞個人邪說暴行，置聖人之志於不顧者，對此，太谷學派是慨嘆的，進而從這種不辨學之終始關係，本末倒置的治經態度裏，歸結出其中的癥結，乃這群治經的學者：「未嘗明辨其志於初而

〔註121〕歸群弟子：《歸群文課》，頁842～843。
〔註122〕見《四書章句集注》，頁15。
〔註123〕歸群弟子：《歸群文課》，頁867。
〔註124〕歸群弟子：《歸群文課》，頁821。
〔註125〕歸群弟子：《歸群文課》，頁846。

徒言經，學之害也。」〔註126〕故太谷學派教導來學者治經的首要課題，即在於此。

二、從「辨志」、「立志」到「尚志」、「持志」的徑程

〈離經辨志解〉云：「在心為志，吐辭為經，聖人之事也。聖人而下，則反經而已矣。反經，君子之事也。君子而下，則持志而已矣。」〔註127〕太谷學派認為經典乃聖人體道後的心得，君子反經在於辨其志，進而將聖人的智慧透過講學以宣揚。至於一般人則在辨志後，持之以恆，實踐聖人之志於生活中，唯有如此，方能彰顯經典的意義與價值，故〈離經辨志解〉云：「天下絕無其志不立而能讀《六經》之書之人。」〔註128〕足見立志的重要，而太谷學派亦以立志與否來做為確立知識分子的標準，〈尚志說〉云：「人無智愚，視其所志，志無古今，視其所尚志也者，達乎性情而立乎仁義者也。昔者，孟子之言尚志也，曰：『居惡在？仁是也；路惡在？義是也。』斯言也，千古尚志之士之標準也。」〔註129〕然而如何激發人興起立仁義之志的意願？立志後又如何持志之恆？此乃太谷學派啓示來學者治經的要點。

治經的第一步，乃是對來學者申以「志先於經」的至理，〈離經辨志解〉云：「千古未有經先有志，千古之志不必盡出於經，千古之經則未有不出於志者。」〔註130〕此言說明天生人於先，人承繼天道而被賦予內在的德性，芸芸眾生那德性自覺者被譽為聖人，其創造文字以表意，但文字在表意上，卻有侷限，有時無法將豐富的天道全然傳達，由此可知經典乃聖人之志的體現，然而聖人之志又不全然於經典中彰顯，聖人之志是含納宇宙的無盡藏。明乎此理，即可藉由治經做為喚醒內在德性的外緣，〈離經辨志解〉云：「我讀聖人之經，將以求聖人之志，不知聖人之志於我有異同？否也；我讀聖人之經，將以求我之志，不知我之志於聖人有異同？否也。」〔註131〕此言即道出吾人與聖人並無二致，進而肯定「有為者亦若是」，並由此激發人興起立仁義之志的意願。

〔註126〕歸群弟子：《歸群文課》，頁838。
〔註127〕歸群弟子：《歸群文課》，頁821。
〔註128〕歸群弟子：《歸群文課》，頁848。
〔註129〕歸群弟子：《歸群文課》，頁655。
〔註130〕歸群弟子：《歸群文課》，頁829。
〔註131〕歸群弟子：《歸群文課》，頁823～824。

　　自周太谷以來，即強調立志的重要，志立便有實踐的動力，《周氏遺書》云：「憤志聖賢，本也；憤志孝弟，本之本也；憤志功名，末也；憤志爵祿，末之末也。憤志有本無末者，幸也；憤志有本有末者，亦幸也；憤志有末無本者，幸而不幸也。」〔註132〕周太谷以爲當立志於效法聖賢精神，立志於孝弟，朝此志向實踐，便能彰顯天道之良善；反之，若一心立志於功名爵祿，汲汲營營於浮雲般的富貴，本末若辨之不明，則天道之良善盡失，而人之可悲，莫甚於此。《歸群草堂語錄》即云：「無論何人，果能一心向道，則皆能有成，不能一心向道，則皆不能有成。」〔註133〕這「一心」即是全力以赴，心無旁騖，「向道」則是要彰顯天道之良善。

　　然而「志」在吾人看來，是極爲抽象的，它常爲人與氣並稱，究竟「志」爲何物？〈持其志無暴其氣義〉予以勾勒，其云：「志之爲物也，能潛能見，能躍能飛，不得不謂之怪也，而其由潛而見，由見而躍，由躍而飛也，皆必得氣以輔之，……吾而自奮其志氣也，所謂鼓之以雷霆，潤之以風雨，見善則遷，有過則改者也。」〔註134〕可知「志」的本身是充滿動力的，但必得由氣輔之，其方能潛能見，能躍能飛，是以當善養天地之正氣，輔以遷善改過之志。《歸群草堂語錄》即云：「學人以發憤爲最要。果能發憤，則無不可改之過，無不可遷之善，當下換一口氣，當下換一個人；故聖人首言：『其爲人也，發憤忘食。』」〔註135〕黃葆年以爲能憤志於遷善改過，則端賴養氣的工夫，涵養正氣則尙聖賢之志彌堅，不爲勢利邪說所撼動矣。

　　至於尙志後如何持志以恆？〈信而好古義〉云：「信而不好，天下之通病也，好者必成，信者未可知也，一技一藝不好尙不可成，而況學問文章之事耶！」〔註136〕在太谷學派看來，普天下多數的治經者對於聖賢之志，雖持肯定的認同，但認同以後，若無投入心力於其中，則認同終將無法有恆，誠如學習某種技藝，與其徒信其佳，不如化爲具體行動去學習，方能眞切了解箇中三昧；由此可知，太谷學派主張「信而好」，乃持志以恆的關鍵，「好」即是眞切的鑽研其中，才能信而不疑。〈離經辨志解〉即云：「其辨志也愈切，

〔註132〕周太谷：《周氏遺書》卷四，頁191。
〔註133〕韓國僑：《歸群草堂語錄》卷二，收於方寶川編：《太谷學派遺書》第一輯第五冊（揚州：廣陵古籍刻印社，1997年），頁11。
〔註134〕歸群弟子：《歸群文課》，頁620～621。
〔註135〕劉鶚：《歸群草堂語錄》卷三，頁33。
〔註136〕歸群弟子：《歸群文課》，頁419。

則其見聖人之志也愈眞，其見聖人之志也愈眞，則其見聖人之經也愈切，切之云者，切於身也。」〔註137〕可知太谷學派以爲治經必得好之愈深，則辨聖人之志愈切，愈切則見聖人之志愈眞，眞就能與人之志相通，〈信而好古義〉云：「信，志也；好，性情也。信古然後見志，好古然後見性情。」〔註138〕因爲信而好，乃覺得經典親切有味。

三、矯經志殊途之弊

綜觀太谷學派教學者治經的徑程，可知其相當重視治經的初衷，初衷爲何，即所尚爲何，〈離經辨志解〉即云：「嗟乎！上古以經希聖賢，後世以經取榮顯，熱中者謂之有志，襲取者謂之知經，其所謂經術之士者，既遂其志，則曰：『今日所蒙，皆稽古之力也。』未遂其志，則曰：『吾不能求諸《六經》中耶？』苟非其人，道不虛行，其究也，欺世盜名，亦自欺而已矣，惑世誣民，亦自惑而已矣。」〔註139〕上古藉治經以效法聖賢，後世則藉治經以入仕宦，而用力的深淺，乃遂志與否的關鍵，這在太谷學派看來，實乃自欺、自惑且有違聖人立經之本意也。

然而決定學者治經的初衷，進而導向其所尚的原因爲何？在〈離經辨志解〉即云：「秦、楚之際，世變之亟也，天下知有志而不知有經。漢、唐而下，世風之頹也，天下知有經而不知有志。知有志者，富強而已矣；知有經者，榮顯而已矣。夫上以經取士，下以經入官，猶古法也，自榮顯入於其心，不待既得人爵而其必棄天爵也。」〔註140〕大凡政治變化愈大的時代，爲政者思索與致力的是如何稱霸天下，逐鹿中原，遂祭出名利雙收爲誘詞，趨之若鶩者，志在富強，干戈烽火，殺人盈城盈野，血流成河，經典不再具有安定人心的力量；時至漢、唐盛世，爲政者以經取士，是以學者治經爲的是入官授祿，以得人爵，經典成爲晉身致仕的臺階，聖賢的仁義之志蕩然無存。由此可知，學者治經的初衷，乃牽繫於時代的風尚，進而形成「上有所好，下必甚焉」的現象，吾人發現：經典做爲倫理教育的意義，隨著學者辨之不愼，遂逐漸的變質。

〔註137〕歸群弟子：《歸群文課》，頁861～862。
〔註138〕歸群弟子：《歸群文課》，頁425。
〔註139〕歸群弟子：《歸群文課》，頁890。
〔註140〕歸群弟子：《歸群文課》，頁885。

　　職是之故，太谷學派以爲學者經志殊途，乃辨志不明所致，教者對此應虛心檢討，並有矯此弊，捨我其誰的抱負。〈離經辨志解〉即云：「其授之以經也，非徒授之以經已也，……教者尤必謹之於始也。謹之惟何？曰：『辨其志而已矣。』有聖人之志，然後成聖人之經，讀聖人之經，必先有聖人之志，聖人不可及也，聖人之志不可不立也，有聖人之志而觀聖人之經，則入乎其中，而悠然如逢其故焉，謂聖人之經皆吾志所欲言也；離聖人之經而觀聖人之志，則出乎其外，而恍然如遇其真焉，謂聖人之志有聖人之經所未盡言也。」〔註141〕可知教者不應徒就章句訓詁爲能事，而是應引導學者辨明聖賢之志以立焉，進而方能與先天的性情接軌，屆時讀經則宛如逢其故、遇其真，經與志遂由殊途而同歸，如此無論時代風尚爲何，都不足以撼動學者堅定之心。

　　〈離經辨志解〉又云：「如其經與志一，而精神性情果固結與。經言孝弟，我何以不孝不弟也？經言忠恕，我何以不忠不恕也？經言仁義，我何以不仁不義也？」〔註142〕當經與志合一，學者治經時，便會將經典做爲反觀心志純乎與否的依據，進而有「經與志一，則終日言經，所謂開卷有益者也；經與志二，則終日言經，所謂雖多奚爲也」〔註143〕的體悟。

　　行文至此，更加肯定「經志互辨」對於太谷學派治經的態度，影響深遠。〈離經辨志解〉云：「志之合於古人者，辨其心之所同然，聖人不過先我而得之，我亦可反躬而求之，而后可以《六經》註我，我註《六經》矣。」〔註144〕學者一旦明瞭我之志與聖人相同，則經典乃我仁義之志的體現，而我之行住坐臥，無一不彰顯經典的精神，循此即可得出「離經而言性情，則志尚而經通；離性情而言經，則志喪而經不能解」〔註145〕的結論。

第五節　小結

　　太谷學派創建草堂以講學，其講學的宗旨不在明經典的章句訓詁以爲科舉用，而在於建構一套倫理教育哲學，以彰顯人在歷史上的無限意義，並將人在天地間的道德感挺立起來，藉此呈現人的莊嚴與價值。

〔註141〕歸群弟子：《歸群文課》，頁 886～869。
〔註142〕歸群弟子：《歸群文課》，頁 823。
〔註143〕歸群弟子：《歸群文課》，頁 822～823。
〔註144〕歸群弟子：《歸群文課》，頁 852。
〔註145〕歸群弟子：《歸群文課》，頁 898。

　　本文凡四節，旨在闡明太谷學派倫理教育的進路與內容。第一節據德依仁的本體論：太谷學派承繼儒家對人性的看法，主張性本善，善根乃天道下貫於人時所賦予的性體，此乃人性中所固有；然而由於受外境習染的影響，人會興起追求功名利祿之心，此乃人性中本無。既明乎仁義禮智的性體乃潛存不變的，故當致力於保其固有，並從改過遷善的途徑去無其本無，進而上達於天，體證天人合一的生命和諧之境。循此理路，當將善心存養而擴充之，由關懷同胞而動物而亡故的眾生，此乃據德依仁的工夫實踐。

　　第二節天理即人欲的調合論：太谷學派以為情欲的價值必在天理中彰顯，故其對於情欲是肯定的，由於情欲乃依於性體（天理）而發用，故情欲必須調合得當，過或不及皆會導致情欲及天理的衝突。若能致力於理欲相融，即可達天理流行的境界。循此理路，可知天性之體與人性之體是渾然整全的，至於理欲如何調合？聖人主張以禮濟欲，方可達攝欲歸理的理想境界。

　　第三節推孝而忠的實踐論：漢民族自古以來即相當重視倫理綱常，尤其對「孝悌」的闡發至為精闢。從縱的角度言之，必須「知身」，了解身體乃父母所生，接著從父母而層層的往上追溯至天，再藉由祭祀來展現內心對其所表的敬意。從橫的角度言之，由於歷代祖先乃至於天，對人而言，乃遙遠有隔閡的，故一方面藉由「保身」來孝順父母，以展現對這源源不絕之大生命的敬意，另一方面則旁及親生的手足，進而共同生活在這塊土地上的同胞，此即體父母心以達天地心。循此理路，為政者應當從親民、知民而順民切入，明乎「民惟邦本，本固邦寧」的至理。其次，則是要教育百姓，民智一開，人民對國家不忘本，故向心力凝聚，民本思想方能真正實現。

　　第四節經志合一的治學論：太谷學派對於經典的講授，並不囿限於注疏的範疇，而是主張通曉章句意旨後，應去辨明聖人寄寓於其中的仁義之志，進而立下效法聖賢精神的志向。如此，我之志與聖人之志合而為一，經典只是幫助辨志的外緣。由此可知，太谷學派以為志乃治學之始，而經則是治學之終。循此理路，立志而尚志後，必須藉由對於聖人之志「信而好」來持志，使志不致退轉。其次，太谷學派以為教育者當肩負起矯經志殊途之弊的責任，教學生確切明乎「志」的內容與意義，進而了解經典的價值，以避免其隨著時代風尚而變質。

第五章　太谷學派的認知教育觀

　　追溯整條學術史的長河，可以發現明、清以前，儒學的發展著重於理性的思辨、智識理論的建構，對於形而上的心性之學闡發甚多，足見此時的儒學有過度精英化的傾向，儒學掌握在上層士大夫的手裏，與下層的庶民生活形成嚴重的隔閡，於是理、道是愈辨愈精；然而離人倫日用卻也愈來愈遠，台上台下各彈各調，永無交集，由此看來，影響漢民族思想深遠的儒學，似乎再也無法肩負起傳承與教育的使命。

　　時值明、清山河變色之際，國勢動盪不安，一群有識之士開始思索：無論是明末的「束書不觀」、「空談性命」抑或康、雍時期大興文字獄，箝制漢人排滿的思想，在在說明當時的儒學無益於於民生日用，故而他們開始轉向注重形而下的經驗領域的開拓，就這樣儒學由宋明的心性之學一路逐步落實到有清一代的氣化之學。張麗珠在〈關於乾嘉學術的一個新看法〉裏說：

> 其實即從學術本身的內在發展理路來說，任何一種學術發展都不可
> 避免地必然歷經「由少、而壯、而老」的內在規律自然演化，則儒
> 學在形上領域已經獲得開發盡致，又遭逢「不能保證事功」之「經
> 世」質疑挑戰的明清之際，其轉向「經驗領域」要求開發的時機，
> 已經水到渠成地成熟了。唯有如此，儒學才是圓滿完成兼具形上與
> 形下──「形上謂道，形下謂器」的「道、器」全幅開發。是故清
> 儒之建構經驗領域，在儒學兩千年來明顯偏就形上一端發揚形上價

值的義理發展之後，本來就是儒學演進的一種「必然」與應該「被期待」的結果。〔註1〕

從這段敘述，可知儒學從重視形而上逐漸地將觸角延伸到形而下的開發，乃是一種「不得不」的學術發展自然規律，儒學唯有落實到人倫日用中，融入庶民的生活，這套經由歷代聖賢所建構與闡發的理論，方能因為實踐而不絕。做為一個致力於儒學民間化頗深的學派，太谷學派對於這樣的議題可謂相當關注的，學派的傳人張積中在《白石山房語錄》即云：「道者，日用事物、當行之理，此是說的道原。」〔註2〕他認為道與日用事物的關係乃密不可分，道一旦離開日用事物便無現實的著力處，即猶如失根的花朵，東飄西流，無從攝取養分，終致枯萎而死。由此可知，道必得落實於具體的人我交接中，方能真正彰顯道的精神。

學派的另一傳人蔣文田在〈與姐書〉說：「空談性命，說食不飽，終歸無益，惟氣質各有所偏，須要實實見得真、改得快，便能出得迷津、渡得苦海。」〔註3〕蔣文田於此做了一個巧妙的譬喻，他認為關於性命的課題，若僅限於道的闡發，將淪於空談，猶如「雖有嘉肴，弗食，不知其旨也」，如此一來，多談無益；是以他便從具體的人我交接切入，於生活中時時省思己過，藉由一次次的改過與那因不慎犯過而暫且隔斷的天命再次接軌。

綜觀太谷學派傳道活動的徑程，自道光年間以降，面對西風東漸，學派代代的傳人，逐漸意識到往聖先哲對生命本體的觀念，已不足以因應當代社會的需要，江峰在〈太谷學派的生命本體觀〉即說：「太谷學派正是一個站在它所處時代生命哲學的原野上，承繼先聖先賢的生命絕學，對生命本體存在進行全面的認知與探察，從而形成了自己一系列關於生命的本體觀念的學派。」〔註4〕故而學派代代皆有草堂的創建，一方面肩負傳承師說的使命，俾使學脈源遠流長，另一方面則致力於儒學民間化，使上層精英式的儒學從對生命的客觀認知探討，下移至與日用常道的行為相契合，曾師昭旭在〈論知

〔註1〕 張麗珠：《清代新義理學——傳統與現代的交會》（台北：里仁書局，2003年），頁25。

〔註2〕 張積中：《白石山房語錄》，收於方寶川編：《太谷學派遺書》第一輯第二冊（揚州：廣陵古籍刻印社，1997年），頁98。

〔註3〕 蔣文田：《龍溪先生文鈔》，收於方寶川編：《太谷學派遺書》第二輯第四冊（揚州：廣陵古籍刻印社，1998年），頁144。

〔註4〕 江峰：《太谷學派生命哲學研究》（北京：東方出版社，2007年），頁157。

與行的相契之道〉便提到：「知識創造是在素樸的知覺上而增益了系統、結構而成爲知識。道德創造則是在素樸的行爲上增益了意義、價值而成爲德行。」〔註5〕由是而言之，由太谷學派從知識創造過渡到道德創造的徑程，便可架構出其往民間化的認知教育觀。

再者，由於整個社會性質大幅度的丕變，學者對於宇宙本體的問題已逐漸失去興趣，轉而將注意力放在現實問題上面，故持此觀點而論，本章擬就氣本與氣質的天道論、身命合德的修養論、格物致知的工夫論等三節，來探討太谷學派如何啓迪學生對生命進行認知與體證，進而將人之所以爲人的意義予以深刻化。

第一節　氣本與氣質的天道論

太谷學派的學脈淵源於宋初的周敦頤，周氏認爲宇宙的本原是無極，由無極而生太極，由太極而生萬物；但無極在形態上無從言說，功能上亦無從掌握，故周氏存而不論，唯從太極即從「有」來論宇宙的本原。而張麗珠在〈從「宋明理學」到「明清氣學」的儒學嬗變〉中云：「畢竟一種學說之提出，目的都是爲了回應當時的時代課題挑戰；時代課題才是決定學說走向與學術關懷重心的關鍵因素，這一點在判讀不同時代背景的學說理論時，始終不應被忽略。」〔註6〕是以周太谷所傳承的周敦頤形而上的思辨，將不足以回應學風脫離現實的時代挑戰。

由是而言，「崇實黜虛」的務實治學態度與價值觀於焉而成。太谷學派自張積中以降，對於「氣」的概念即相當重視，無論就宇宙萬物及世界本原的角度來言「氣」，抑或就人化生所稟受的「氣」言之，代代的傳人對此可謂皆有所繼承與發揮。學術史往經驗論的走向發展，張麗珠觀察有清一代的學風，總結云：「清儒一方面立足在氣化論基礎上，對氣化宇宙觀繼續有所發揮與深化；另方面亦『以氣論性』地從氣論出發，進論人性。」〔註7〕本節茲就太谷學派對宇宙萬物與生命精神的本原、氣的存養與變化，進行分析與探討，並論述於次：

〔註 5〕　曾昭旭：《在說與不說之間——中國義理學之思維與實踐》（台北：漢光文化事業股份有限公司，1992 年），頁 18。
〔註 6〕　張麗珠：《清代的義理學轉型》（台北：里仁書局，2006 年），頁 372。
〔註 7〕　張麗珠：《清代的義理學轉型》，頁 375。

一、宇宙萬物與生命精神的本原

在太谷學派的宇宙思想中，「氣」乃無處不在。張積中在《白石山房語錄》云：「天地之間，無非一氣，流通人心，纔動達於氣。」〔註8〕氣是構成宇宙萬物與生命精神的本原，氣流通於天地之間，即如「人在氣中，不知有氣，魚在水中，不知有水，鬼在地中，不知有地」〔註9〕般的自自然然。其次，他又說：「天之形雖包乎地之外，而其氣實透乎地之中，地雖在天之中，然至實至靈，故容得許多積氣。」〔註10〕而此語則說明了仰觀的天象、俯察的地勢及品物萬類，亦皆藉著氣的運動與變化所衍生的。

李光炘亦持同樣的觀點，他在《觀海山房追隨錄》云：「天下即是地，地上即是天，地在天中只一氣同旋而已。人身小天地，自頂及踵皆地也，不知身外之氣乃天。天有日月星辰，人有身心性命，合身心性命即天之日月星辰，聖人見之，眾生不得而見之也。」〔註11〕他認為天地間是一氣的同旋，而天上的日月星辰乃氣的具體顯現，氣呈現出物質的形態，他又說：「深黑之氣結而為星辰，本乎地者親下，故當秋而明；大赤之氣散而為草木，本乎天者親上，故當春而艷。」〔註12〕是以人可藉由感官的知覺，覺知其有限的存在。其次，吾人的身心性命亦是氣聚而形焉，氣不僅為吾人提供物質的聯繫，同時也提供精神的聯繫。由此可知，構成萬物的材質與人的材質是相同的，李光炘把人與萬物結合在一起，循此理路而發展出太谷學派的汎愛思想。

北宗朱淵的宇宙觀仍與其師張積中是一致的，他在〈上毛葆卿書〉云：「鴻濛未闢，純乎一氣而已。」〔註13〕說明氣是先於天地間一切萬物的存在，他也認為氣的存在與流通，都是自自然然的，他說：「一氣流行，純任自然，如天之不言而四時行，地之不言而百物生也。」〔註14〕四季的輪替與萬物的生長皆是因為氣之流行的結果，這都是就氣的形質而言；然而氣不僅「有」，亦兼「無」，張積中在《白石山房語錄》云：「氣之聚散於太虛，猶冰之凝釋於

〔註8〕 張積中：《白石山房語錄》，頁33。
〔註9〕 張積中：《白石山房語錄》，頁106。
〔註10〕 張積中：《白石山房語錄》，頁33～34。
〔註11〕 李光炘：《觀海山房追隨錄》，收於方寶川編：《太谷學派遺書》第一輯第三冊（揚州：廣陵古籍刻印社，1997年），頁42。
〔註12〕 李光炘：《觀海山房追隨錄》，頁57。
〔註13〕 朱淵：《養蒙堂遺集》，收於方寶川編：《太谷學派遺書》第一輯第五冊（揚州：廣陵古籍刻印社，1997年），頁107。
〔註14〕 朱淵：《養蒙堂遺集》，頁152。

水。」﹝註 15﹞氣之聚散皆原於太虛，如同冰乃水的凝固，故可知氣與太極乃同實異名。朱淵〈與陳亦峰〉云：「天之所以爲天也，是純氣之守也，聚則成形，散復爲氣，氣即命也，命即天也，何貳之有？」﹝註 16﹞他認爲氣聚而爲萬物，散而爲氣，但即使氣散仍是宇宙萬物的本原。其次，他亦認爲人乃稟天地之氣所生，在〈與喬茂萱書〉云：「蓋我與萬物皆秉元氣而生，遇事而隨風逐浪，則萬物盜我之氣矣，臨時而返觀內省，則我盜萬物之氣矣。」﹝註 17﹞由此可知，人與宇宙建立全面的聯繫，而氣之流行則爲人的存在提供了活力不絕的泉源。

　　氣，既爲宇宙萬物的本原，也是萬物化生所稟受的氣質，張積中在《白石山房語錄》云：「混沌初分以後，先生草木百物，後生人。自人生而天地精靈之氣亦盡於此矣。然人之初生，蠢然一物，自象呼天氣而教人以言，象吸地氣而教人以動，而人始靈。」﹝註 18﹞他認爲人是稟受天地至精至靈之氣所生，故而人被定義爲萬物之靈。《白石山房語錄》即針對此有一生動的敘述：

> 人當父母未生身以前，男女二氣交感之時，杳冥之中有一點生機自靈無中來者，所謂先天眞一祖氣也。始而凝胎，既而養胎，終而成胎，皆此祖氣成就之也。迨胎圓之時，瓜熟蒂落，哇的一聲，天命始至，方接後天之氣，自口鼻而下入氣海，與先天之氣合，先天爲體，後天爲用，後天借先天而呼吸往來，先天借後天而畜養血脈，先天爲元神，後天爲識神，元神借識神而存，識神借元神而靈，人道成矣。﹝註 19﹞

人性得自上天最優異的特質，即先天眞一祖氣，此眞一祖氣又是宇宙萬物的本原，無窮的運化，是故氣亦可就神而言，此即上述所謂的元神。張積中又云：「人之生能接父母之氣。」﹝註 20﹞人受父母之氣即後天之氣，然所受有厚薄、偏全、剛柔、清濁等之別，此即上述所謂的識神﹝註 21﹞。元神與識神二

﹝註 15﹞　張積中：《白石山房語錄》，頁 33。
﹝註 16﹞　朱淵：《養蒙堂遺集》，頁 168。
﹝註 17﹞　朱淵：《養蒙堂遺集》，頁 130。
﹝註 18﹞　張積中：《白石山房語錄》，頁 43～44。
﹝註 19﹞　張積中：《白石山房語錄》，頁 37。
﹝註 20﹞　張積中：《白石山房語錄》，頁 22。
﹝註 21﹞　關於「識」，張積中在《白石山房語錄》云：「當人始生之時，受母惡血之氣，由七竅而入，即潛伏於三關，久之則含欲而化爲虫，猶無知覺也。因阿賴耶識之嗜欲發動，虫遂因之有嗜欲矣。」，頁 44。

者相輔相成，人的本身即成爲人文宇宙的創造中心。關於「氣」伴隨著人的生命過程，李光炘亦持相同的觀點，《龍川弟子記》載其云：

> 人在母胎中，受氣溫養，母呼亦呼，母吸亦吸，得以成人。吻的一聲，天人相接，一氣化育而不自知。自少而壯而衰而老，莫不喜溫厚而惡涼薄，性使然也。人老陽氣浸衰，人情疏遠，苟得一語之溫，感受愉快，有不可言喻者。〔註22〕

他認爲人在母胎裏即爲溫氣所孕育著，故而出生後，從少壯到衰老，人喜歡感受溫厚之氣，喜歡他人以溫和的語氣相待，厭惡涼薄之氣，這都是本性使然。由此可知，「氣」在人的生命過程中，確實佔有舉足輕重的地位。而黃葆年乃太谷學派裏致力於儒學民間化最深的傳人，他在《詩經讀本》評〈鄭風〉的〈溱洧〉即云：

> 天地間皆太和之氣之流行也，而太和所止，有二人焉，其士與女乎？方秉蕑兮，得其用矣，天地古今皆太和之氣之範圍而曲成也。而太和之所胚胎而孕育，有一候焉，其脩禊事乎？女曰：「觀乎？」士曰：「旣且，且往觀乎？洧之外，洵訏且樂！」維士與女，伊其相謔，贈之以勺藥，而脩禊之事畢矣。修禊者，二氣之契合也。〔註23〕

黃葆年認爲天地間有太和之氣流行，男與女便是太和之氣所化而生，二氣交感，孕育出新生命，宇宙而能生生不息。由於黃葆年在太谷學派傳人中，是用力於民間的儒學教育頗深的，他在闡發氣稟概念時，爲避免「言者諄諄，聽者渺渺」的窘況發生，因此，不重在說理，改以具體的人事角度切入，他認爲詩裏的男女「贈之以勺藥」猶如「修禊之事畢矣」，就理解而言，修禊乃古人於農曆三月初三在水邊清除污穢的活動，而黃葆年以之爲喻，乃欲表達男女兩情相悅，二氣交感，締結連理，彼此改正昔日的缺點，即成爲一對新人，共譜新的生命樂章。

其次，值得注意的是，當歷史進入中國近代社會以後，爲因應整個時代變遷，有些學者對於形而上的宇宙本體問題，興趣已逐漸降低，故而太谷學派傳道的活動至黃葆年時，對於氣的認知，也與具體的技藝結合，故他曾說：

〔註22〕 李光炘著、謝逢源編：《龍川弟子記》，收於方寶川編：《太谷學派遺書》第一輯第三冊（揚州：廣陵古籍刻印社，1997 年），頁 69。

〔註23〕 黃葆年：《詩經讀本》，收於方寶川編：《太谷學派遺書》第二輯第四冊（揚州：廣陵古籍刻印社，1998 年），頁 200～201。

「天下一技一藝，其精微皆與神聖同功。」〔註24〕他在〈槐蔭堂鈔存奕譜序〉又云：「樂之終身不厭者與世之言儒術者，輒輕談藝家，言經濟者，亦輕談藝家，噫！彼所謂經濟儒術，其於堯、舜、孔、孟何如哉？亦多見其好為名高，而不知稼穡之艱難而已矣！」〔註25〕他認為歷代以來的知識分子，由於受傳統「萬般皆下品，唯有讀書高」的影響，以致對技藝是輕視的，殊不知氣亦藉由稼穡之藝彰顯出來。

　　循此理路而言，張麗珠認為強調現實世界的技藝，乃明、清以來普遍的社會現象，他在〈清代考據學興盛的原因〉說：「一方面除了以現實精神，針砭了理學末流的蹈空玄虛流弊以外，另方面也同時展現了氣化、多元開展的時代新精神及新趨向。」〔註26〕故而黃葆年說：「夫道之精進乎藝，藝之精亦近乎道，道藝之精也，皆吾之精氣為之也。精氣消散而神去焉，精氣完固而神存焉。奕也者，精氣完固而神存之一端也。積四十年之用志不紛，其精氣之完固為何如？積四十年精氣之完固，其所存者為何如？是雖非堯、舜、孔、孟之事業而不異堯、舜、孔、孟之用心也。」〔註27〕在他看來，形而上的道若無形而下的藝，則無以彰顯，道與藝是並存的，道之所以因藝而顯，藝之所以因道而精，皆是由於秉氣凝神所致，而棋藝就是一例。雖然它並非經國之大業，但下棋時的全神貫注，卻不亞於往古聖賢濟世之用心。

二、氣的存養與變化

　　回溯先秦的告子「食、色，性也」〔註28〕及荀子「凡性者，天之就也，不可學，不可事」〔註29〕，皆偏就生理欲求的層面來論氣性，人之所以為人的道德價值無法透顯出來；是故黃葆年在《歸群草堂語錄》便云：「告子當日：『生生之謂性。』倘曰：『生之謂性。』便錯了。」〔註30〕時至有宋一代，程

〔註24〕　黃葆年：《歸群草堂文集》，收於方寶川編：《太谷學派遺書》第二輯第二冊（揚州：廣陵古籍刻印社，1998年），頁70。

〔註25〕　黃葆年：《歸群草堂文集》，頁72。

〔註26〕　張麗珠：《清代義理學新貌》（台北：里仁書局，1999年），頁72。

〔註27〕　黃葆年：《歸群草堂文集》，頁72～73。

〔註28〕　見《四書章句集注》，頁167。

〔註29〕　見《荀子‧性論》，收於《景印文淵閣四庫全書》第695冊（台北：台灣商務印書館，1983年），頁265。

〔註30〕　徐煦：《歸群草堂語錄》卷四，收於方寶川編：《太谷學派遺書》第一輯第五冊（揚州：廣陵古籍刻印社，1997年），頁42。

朱理學勃興，他們則認爲唯有循復性、盡性以知天的道德進路方爲善。對於氣質之性，認爲其游移紛擾，駁雜不純，是造成遮蔽「天地之性」的原因，故而反對，太谷學派即氣論性的角度，亦是承繼此而來，他們認爲天地間無非氣之流通，氣是宇宙萬物的本源，而人亦是氣稟所化生，故張積中在《白石山房語錄》云：「喜怒哀樂，全是仁義禮智之氣的，觀人一喜遂無義氣，一怒遂無仁氣，一哀氣遂昏亂而無禮，一懼氣遂搖惑而無智。」〔註31〕他主張唯有喜怒哀樂寂然未發的天命性理才是純善的，一旦已發則氣必有所損，故張積中又云：「喜則氣緩，怒則氣上，暴喜傷陽，暴怒傷陰。」〔註32〕可知情緒的起伏勢必會傷身的。

張積中與理學家的觀點一致，認爲氣稟有害，將妨礙道德進路的開展，故而對於氣質之性並未持肯定的態度。基於此立場，他重視氣的存養，《白石山房語錄》即云：「人之始生只有祖氣，至於浩然之氣是養出來的，發出來，固至大至剛，其實柔不可言，文不可言。」〔註33〕他認爲當生命之氣由自己發動，鼓盪起來是可以直通天地的，也因爲與天地之正理相通，方能至大至剛，故而有「浩然之氣人之所本無者也，因養而有故」〔註34〕的注腳。

至於如何養其浩然之氣？張積中給出「養氣全在舌根上」〔註35〕的答案，何以將養氣與舌根聯結在一起？他說：「凡言之生皆根於舌，舌一動而後有一言，不動而無欲矣。」〔註36〕他認爲言語來自於舌頭之動，說話是最耗損氣的，故他提出「言最破氣，知言方能謹言，謹言方能養氣」〔註37〕的方法，所謂「知言」即是對言論思想的是非、善惡、誠僞、得失加以明辨，使邪說被遮撥，裨益正道的表達，既明乎知言的道理，要預防因觀念表達不當，致使誤會層出不窮，是故話出口前必得謹慎三思，由此導出正心的重要，張積中便云：「人之心爲氣所使，往來雜亂，從無正事，故曾子言正心。」〔註38〕言由心發，唯有正心，方能謹言，終不致陷入多言無益反耗氣的窘境，是故

〔註31〕 張積中：《白石山房語錄》，頁9。
〔註32〕 張積中：《白石山房語錄》，頁31。
〔註33〕 張積中：《白石山房語錄》，頁7。
〔註34〕 張積中：《白石山房語錄》，頁112。
〔註35〕 張積中：《白石山房語錄》，頁7。
〔註36〕 張積中：《白石山房語錄》，頁7。
〔註37〕 張積中：《白石山房語錄》，頁100。
〔註38〕 張積中：《白石山房語錄》，頁30。

他得出「養氣在於知言，將言之消息明透，而由此進去，乃養成浩然之氣」〔註39〕的結論。

　　以教育爲宗旨的太谷學派，對於學生能否在其循循善誘下而收潛移默化之效，是很重視的，他們認爲教育乃在「變化氣質」，這樣的理念在太谷學人講學時，一再被闡發，張積中在《白石山房語錄》即云：「變化氣質亦修身之說也。氣，言、動、視、聽也；質，耳、目、手、口也。」〔註40〕由此可知，視、聽、言、動皆是氣的作用，它充塞於人的形軀，舉凡耳、目、手、口的每一處，形軀的本身是盲動的，必得藉由養氣、變化氣質，使充塞於形軀的氣能與天地正氣融通，生命力方不致橫肆泛濫，是故他又云：「吾身之病皆由心病，吾心之病皆由氣質之病，故學道無他，最要在變化氣質而已。凡遇有大艱難之事，萬不可輕躁，須神凝於氣。」〔註41〕神凝於氣即是養氣，養氣即是涵養生命力，生命力一旦蓄養足夠，便能順利解決艱難之事。

　　李光炘則以爲養氣的要訣無它，就是不能躁進，步步踏實走去，他在《觀海山房追隨錄》云：「養氣功夫只是集義所生，火候只是勿助、勿忘。」〔註42〕他提醒學生必得時時刻刻莫忘道德實踐之事，切忌揠苗助長，這便是集義的工夫，日久自然功深，當自己的生命之氣如天地之理，也就是與天地正氣相融通的時候了。李光炘教導學生從讀書入手，他說：「《易》曰：『以動者尙其變。』孔子曰：『齊一變至於魯，魯一變至於道。』讀書變化氣質，即佛說伐毛洗髓，道家脫胎換骨之意也。」〔註43〕他認爲要讓自己成爲一個新人，揮別舊日的習染之惡，其間必要以「學」爲條件，透過讀書汲取聖賢的智慧與思想，氣質也因之由惡轉善。

　　朱淵承繼其師張積中的思想，認爲養氣在於知言、謹言，他在〈闕題三十一首之十〉云：「言也者，心與氣之合也，氣結而爲言，言散而爲氣，故君子之學莫要於知言，知言方能謹言，謹言始能養氣。」〔註44〕法國的聖·修伯里在其《小王子》裏有句名言曰：「語言是誤會的源頭。」〔註45〕認爲言者

〔註39〕　張積中：《白石山房語錄》，頁113。
〔註40〕　張積中：《白石山房語錄》，頁105。
〔註41〕　張積中：《白石山房語錄》，頁121。
〔註42〕　李光炘：《觀海山房追隨錄》，頁19。
〔註43〕　李光炘：《觀海山房追隨錄》，頁44～45。
〔註44〕　朱淵：《養蒙堂遺集》，頁42。
〔註45〕　聖·修伯里：《小王子》（台北：希代書版股份有限公司，1999年），頁246。

與聞者都有可能因為心的判斷有誤，而導致對語言的表達與解讀有誤。話一旦自口中說出，即如氣散於空中，不正確的觀念或思想就此在人我之間蔓延開來，負面的影響所及，更是無法預估，是故朱淵認為君子首要在藉由知言、謹言以養氣。

朱淵主張養氣的途徑從改過入手，他說：「過之不改，心之不平也。心之不平，氣之不和也。心平而氣猶未和者，或有之；未有氣和而心不平者也。故君子之學，莫大乎養氣。」〔註46〕由此可知，當人一犯過時，於理一定說不過去，理不得心怎能平？心不平氣又豈能和？他在〈復毛實君書〉便說：「心不平，氣昏之也，無庸遽求諸心，求諸氣可矣，氣順心斯平氣矣，氣不和，心亂之也，無庸遽求諸氣，求諸心可矣，心平氣斯和矣。」〔註47〕心與氣必須交相存養的，所以他從道德面切入，勉勵學生不憚改過，過一改，理得心平，心平氣也就和了。

由太谷學派教學生養氣的途徑，可知學派自朱淵開始，親民的傾向愈來愈明顯，都主張從切身的道德修養入手，蔣文田在〈與楊蔚霞書〉云：「蓋有不變之心，尤必有善變之氣，學者無他，變化氣質而已。《易》曰：『遷善。』《論語》曰：『徙義。』變化之道，莫大乎此。」〔註48〕他認為心是不變的，而「先天真一祖氣」也是不變的，只是一經後天惡習所染，也就變了；是以藉由向經典學習，體悟到《易經》的「遷善」與《論語》的「徙義」皆是要變化學者染惡習的氣質，他在〈與羅達衡書〉裏云：「能自反則氣未有不和，心未有不廣者，而其變化氣質也不難矣。」〔註49〕由此可知，一旦能將經典內化，進而反省個人日常行為舉措，惡氣也就回復為善。

黃葆年所活動的時期正是大清帝國的國勢傾危之際，面臨西方列強的環伺，戰爭與不平等的條約接二連三的爆發與簽訂，國人之心終日惶惶不安，於是藉鴉片以麻痺自己，生活宛如行屍走肉者不可勝數，其生命力的橫肆與耗損，令黃葆年頗有感慨，故而他在《歸群草堂語錄》云：「神不存則放，氣不斂則逸，放逸之極，遂至於吃鴉片煙，懼哉！」〔註50〕當國事如麻，社稷

〔註46〕朱淵：《養蒙堂遺集》，頁45。
〔註47〕朱淵：《養蒙堂遺集》，頁123。
〔註48〕蔣文田：《龍溪先生文鈔》，收於方寶川編：《太谷學派遺書》第二輯第四冊（揚州：廣陵古籍刻印社，1998年），頁76。
〔註49〕蔣文田：《龍溪先生文鈔》，頁119。
〔註50〕劉蘇：《歸群草堂語錄》，卷三，收於方寶川編：《太谷學派遺書》第一輯第五冊（揚州：廣陵古籍刻印社，1997年），頁19。

處於危急存亡之秋，他叮囑學人致力於養氣的工夫，若放任生命力奔馳，終至淪爲鴉片煙的囚徒。

黃葆年所提出的養氣要訣，亦是走道德的進路，在《歸群草堂語錄》裏，便載其云：「內省不疚，無惡於志，是養氣之根。」〔註51〕他認爲當內省不疚時，磅礡的熱力（志）便會充塞於形體，它決定氣的方向，此時的氣至大至剛，非萎靡不振，進而與天地正氣相通，此即是養氣的根本。其次，他又進一步的說：「聖何以學？尚志而已矣。志何以尚？養氣而已矣。氣何以養？無爲其所不爲，無欲其所不欲，行無慊於心而已矣。」〔註52〕由此可知，黃葆年認爲「心」是可以決定生命的道德方向，同時也是生命價值意義的賦予者與主宰者，而這「心」是所謂的「道德心」，養氣的具體方法乃爲與不爲、欲與不欲，皆以道德心爲判斷的依歸。以道德心爲本即是以志爲本，以生命之氣爲末，本末交相存養。心因氣的落實，故不是虛的存在，氣因心而彰顯出生命的意義與價值。

太谷學人深諳好逸惡勞乃人性使然，進德修業的路艱難，故而多數人心生畏而裹足不前，殊不知求道的莊嚴性即在艱難中透顯。〈信而好古義〉云：「千古智愚無定論也，惟其氣質之變化。……天下豈有願爲鯤而不願爲鵬，願爲魚而不願爲龍者哉？而何以鯤與魚所在有之，鵬與龍卒未之見也，彼其於鯤之可以爲鵬，魚之可以爲龍，夫固狂而不信也。」〔註53〕這段話裏，太谷學人以鯤化鵬，魚化龍爲例，點出了鵬、龍少見而鯤、魚多有的癥結，乃在於固狂與不信。在進德修業之路，若願「信」古，尚古人之志爲己志，則是跨出氣質轉變的第一步。

太谷學人接著又說：「魚之大者，既以自大而失其變化之性情；魚之小者，又以自小而失其變化之性情。且自大者不能怒而飛，則又未嘗不自小；自小者，不能慎出入，則未嘗不自大，又相循而失其變化之性情，至是而智愚之論定。」〔註54〕由此可知，吾人時常犯了自大或自小的毛病，於是執著在這二者之間，導致愚者恆愚的結果，故而變化氣質的決心是否堅定，是操之在己的。黃葆年在《歸群草堂語錄》云：「習氣出於無心，無心者須以有心振之。」

〔註51〕徐煦：《歸群草堂語錄》，卷四，頁42。

〔註52〕徐煦：《歸群草堂語錄》，卷四，頁54。

〔註53〕歸群弟子：《歸群文課》，收於方寶川編：《太谷學派遺書》第二輯第六冊（揚州：廣陵古籍刻印社，1998年），頁383～384。

〔註54〕歸群弟子：《歸群文課》，頁386。

〔註 55〕他提醒學生必須下定決心，方能轉變氣質，讓自己在進德修業之路更上層樓。

第二節　身命合德的心性論

由太谷學派的整個發展趨勢看來，可知其從承繼理學，著重形而上的思辨，逐漸的往形而下的現實移動。張麗珠曾說：「一個思想家的心性論與工夫論，才是決定他思想歸趨的關鍵因素。」〔註 56〕爲因應時代的變遷，太谷學派的開山祖師周太谷及北宗開創者張積中及其弟子朱淵，其思想的歸趨偏向於「義理之性」，而南宗的開創者李光炘及其弟子蔣文田、黃葆年則偏向於「氣質之性」，透過讀書、改過遷善、徙義等去變化氣質。循此言之，太谷學派創建草堂，致力於民間講學，其心性論與工夫論勢必也側重於「轉換」的進程。

關於「身命合德」的命題，最早是由周太谷所提出的，在《周氏遺書》即載其云：「天之賦我曰命，父母賦我曰身，合德曰性。性也者，誠身之大本也。」〔註 57〕他認爲吾人之命乃天所賦予，吾人之身乃父母所賦予，此二者相合則爲人性。對於性，周太谷則說：「身之有形之本曰心，無形之本曰性，性之本曰命，命之自然者曰天。」〔註 58〕由此可知，周太谷承繼了《中庸》「天命之謂性，率性之謂道」的思想，站在此觀點上闡發，他從人的身心性命與天之間的關係，確立生命組成的部分，而這人性乃是誠身的大本，致力於心性的修養，所誠者即是人性。

再者，太谷學派各代的學人對於「心息相依」皆有所闡發與運用，江峰在〈太谷學派的生命修養觀〉裏便說：「他們希望能夠通過『心息相依』的生命修養，達到與天交合通靈，祈天永命的理想狀態。」〔註 59〕「心息相依」是一種生命修養的體驗，太谷學人如何以平易近人的方式，啓迪學生學習這種功法，或者回答這方面的問題，以臻於身命合德的聖境，則是本節所要分析與探討的，以下茲就此論述於次：

〔註 55〕韓國僑：《歸群草堂語錄》，卷二，收於方寶川編：《太谷學派遺書》第一輯第五冊（揚州：廣陵古籍刻印社，1997 年），頁 14。

〔註 56〕張麗珠：《清代的義理學轉型》，頁 378。

〔註 57〕周太谷：《周氏遺書》卷三，收於方寶川編：《太谷學派遺書》第一輯第三冊（揚州：廣陵古籍刻印社，1997 年），頁 143。

〔註 58〕周太谷：《周氏遺書》卷三，頁 146。

〔註 59〕江峰：《太谷學派生命哲學研究》，頁 321。

一、借假修眞的進程

朱淵〈闕題三十一首之二十〉云：「命何寄于身也？身不合，失所寄矣。身何主乎？命也。命不合，失其主矣。然則如之何而合也？太谷曰：『合德曰性。』」〔註60〕他認爲身與命在生命修養的體驗過程中，彼此是相互依存的，沒有身體，命將失其寄附的所在，故他說：「命不與身合，則命無所居，無所居，其能立乎？」〔註61〕沒有命，身體將如無主的行屍走肉，故他說：「身不與命合，則身無所主，無所主，何以安乎？」〔註62〕由此可知，立命要藉身，安身要藉命，身與命要相合，則天所賦之性方能彰顯。

依此理路而言，太谷學派認爲人乃集聚宇宙中的靈氣所化生，故唯有人方能致力於心性的修養，朱淵在〈與柴翊凌書〉說：「四肢百體，肉身也，假物也，而修眞非借假無所施其力法。」〔註63〕可知修養的進程必得有個依據，這個依據便是身體，對此，朱淵在〈與李祖峰書〉下了一個結論曰：「身之所在皆道之所在。」〔註64〕是以當善用此身體，以顯道之妙用。

然而頗令人慨嘆的是世人多捨本逐末，藉養身爲手段，以逞私欲，李光炘《觀海山房追隨錄》即云：「若口之于味，目之于色，耳之于聲，四肢之于安逸，小人之所以養身也。」〔註65〕在此他點出了世人認爲只要感官獲得滿足，便達到養身的目的，這種只重視形而下忽略形而上，將導致人之所以爲人的價值意義失落，故而被稱之爲小人。

楊儒賓在《儒家身體觀・導論：四體一體的身體觀》云：「人如果處在前乎社會的階段，『人』此一生物自然也有生物性的身體。但嚴格說來，這樣的身體只是軀體，它不能算是人身，因爲它沒有內在地彰顯構成人的本質的社會性。」〔註66〕所言甚是，當人還未能致力於身命修養之事前，其實只在豢養其軀罷了，尚不足以稱爲身，可見儒家賦予身體是有價值義，非僅生理義。是以周太谷〈學守身不知曾子其孰知身〉提到：

〔註60〕　朱淵：《養蒙堂遺集》，頁 52。
〔註61〕　朱淵：《養蒙堂遺集》，頁 53。
〔註62〕　朱淵：《養蒙堂遺集》，頁 53。
〔註63〕　朱淵：《養蒙堂遺集》，頁 145。
〔註64〕　朱淵：《養蒙堂遺集》，頁 148。
〔註65〕　李光炘：《觀海山房追隨錄》，頁 3。
〔註66〕　楊儒賓：《儒家身體觀》（台北：中央研究院中國文哲所籌備處，1996 年），頁 17～18。

曾子以「身體髮膚受之父母，不敢毀傷」，及其終也，召門弟子曰：
「啓予足，啓予手，《詩》云：『戰戰兢兢，如臨深淵，如履薄冰。』
而今而後，吾知免夫。」故曰：「不知曾子，其孰知身。」〔註67〕

曾子一生恪遵著「身體髮膚受之父母，不敢毀傷」的聖訓，故而守身謹慎，臨終前，他讓門弟子看自己的手與足，完好無缺。而今一死，除了不必再為守身而「戰戰兢兢，如臨深淵，如履薄冰」外，同時也是進德修業的使命完成，以此報雙親的授身之德；是故曾子臨終前能胸懷坦蕩，俯仰無愧。

不過，由於小人不明乎養身應該兼及身命修養之理，因此面對生死之變，會有惶惶不安之心與驚懼、憂戚之情，李光炘便說：「小人惡死樂生，既得患失，故常戚戚。」〔註68〕若致力於身命修養之事，對於生死則能以豁達的心看待。他在《觀海山房追隨錄》云：「陰陽寒暑，天之道也；東西高下，地之道也；往來生死，人之道也。」〔註69〕他認為生死是很自然的事，猶如陰陽寒暑的更迭與東西高下的方位，此乃天地之道也，故而江峰在〈太谷學派的生命本體觀〉說：「總的來說，太谷學派對生命過程所持的是一種樂生而不憂死的態度，追求的是一種了生了死的通達。」〔註70〕既如是，在《黃氏遺書》裏便載黃葆年教誨門人孝寬說：

哀死，人情也；哀死者，不念生者，非人情也。吾夫婦老且病，汝能無念乎？汝父母送遠而憂，倚門而望，汝能無念乎？子曰：「父母惟其疾之憂。」千里而遙，聞喪而赴，不可不慎也。哀死，人情也，以死者傷生者，死者之所不安也。汝念之，汝重念之，勿忽。〔註71〕

他認為如果對生命的過程能有了生了死的體悟，那麼除了將不畏懼死亡外，對於生命亦有不同的認知，人將更愛惜生命，明乎哀死不能傷生之理，故而不會為情所困。

黃葆年語重心長的叮嚀學生性命雙修的重要，《黃氏遺書》云：「衣食終日之事也，性命終身之事也。不知衣食之事，飢寒而已矣，知衣食之事而不知性命之事，不飢不寒終於凍餓而死而已矣，終日凍餓而不知，終日凍餓而

〔註67〕周太谷：《周氏遺書》卷四，頁 246。

〔註68〕李光炘：《觀海山房追隨錄》，頁 52～53。

〔註69〕李光炘：《觀海山房追隨錄》，頁 62。

〔註70〕江峰：《太谷學派生命哲學研究》，頁 221。

〔註71〕黃葆年：《黃氏遺書》卷七，收於方寶川編：《太谷學派遺書》第一輯第四冊（揚州：廣陵古籍刻印社，1997 年），頁 521。

死而終不知飽暖害之也，噫，果飽暖乎哉！」〔註72〕由此可知，人生若最終淪於「算到天明走到黑，赤緊的是衣食」的下場，甚是可悲，縱使衣暖食飽也不過是滿足形軀罷了，至於精神的層面，則任其萎死，這在黃葆年看來，與死何異！

由前述一路分析下來，吾人更可肯定身體於太谷學派而言，乃假以行道之所，他們重視的是學人能否將「命」的概念，內化爲對生命的認知，《周氏遺書》載周太谷云：「不當則不知命，不知命無以爲君子也。舍之則藏，藏則樂道而已矣。一簞食，一瓢飲，在陋巷，人不堪其憂，顏子不改其樂。不知命則自棄而已矣，故曰：『不知顏子其孰知命』。」〔註73〕在這裏「命」指的是客觀的限定，意指命限，他認爲吾人當明乎此理，人生在世諸如君對臣用舍之間的抉擇，抑或貧困的環境等，皆非人可以掌握，故而唯有「知命」，方能轉換心境去接受此事實。在《周氏遺書》裏又載一則周太谷回答弟子關於「知命」的問題，他說：

> 「不憂不怨而已矣。」曰：「何謂也？」曰：「耕田而食，樹桑而衣，
> 樂王之土，食我之力，王若堯，奚其憂？王若桀，奚其怨？若爲士，
> 鄉黨稱弟，宗族稱孝；若爲政，先之勞之，其終也，無倦而已矣。」
> 〔註74〕

面對命限，周太谷不僅教導學生去接受外，更勉勵學生要盡己之力，無論王若堯的賢明，抑或如桀的暴虐，吾人都應該完成該有的使命與責任，這才是眞知命。人能負責的唯有是非的問題，而非成敗的問題。由此可知，太谷學派自周太谷以來，對於命限，從來不解消人的能動性，否認人的作用，反而積極的去應對。

張積中在《白石山房語錄》即云：「聖功之所以大者，爲從人事上修也，明知爲火坑而出入其中，卻不燒一根毫毛，如此方是乾乾淨淨，二氏之學則畏火坑而避之矣。」〔註75〕他認爲人世險惡似火坑，聖人不似佛、道二氏畏而避之，「佛氏末流專在空處求，易恍忽；道家末流專在實處求，易執著」〔註76〕，二氏若非求無就是求有，以儒爲本的太谷學派則講求盡人事，至於結果

〔註72〕黃葆年：《黃氏遺書》卷六，頁409。
〔註73〕周太谷：《周氏遺書》卷四，頁245。
〔註74〕周太谷：《周氏遺書》卷九，頁507～508。
〔註75〕張積中：《白石山房語錄》，頁110。
〔註76〕張積中：《白石山房語錄》，頁10。

如何則交給命了。葛榮晉在《中國哲學範疇導論‧力和命》說：「只有盡人事才可以言命，無人事亦無命可言。因為『命』是人力發揮到極點而無可奈何的東西。」〔註77〕可知未盡人事，凡事言順命者，則人的能動性與價值義亦隨之失落。

而要挺立人之所以為人的價值義，李光炘就「忘身」與「養身」切入，來區別君子與小人對於生命修養上的認知差異，他在《觀海山房追隨錄》云：「小人饕餮貪婪，胃通食管，雖斷何傷，肺通氣管，斷則必死，故君子忘身立命，立命所以全身，小人舍命養身，養身終至殞命。」〔註78〕他認為小人貪於口腹之欲以養身，君子則忘身為生民立命，這一養一忘的結果，導致君子形軀我雖亡，但精神我長留而輝映古今，小人形軀我即使未亡，但精神我卻因未修養而蕩然無存。

循此而言，朱淵在〈復吳敬軒書〉便說：「至疑非長生不死之道，更無足論聖人無死、無生，豈尚有貪生怕死之心哉？可生也，不為匹夫之諒，可死也，不為威武所屈，我命由我，不由天，長生固其本然也，又何必矜奇立異，顯示人以不死也？」〔註79〕站在歷史長河的角度觀之，他認為長生是必然的，唯此長生非指形軀我，而是指精神我，由此可知，命雖由天賦予我，但我可以藉修身以立命，俾使天命在我亡後仍長存。

至於修養的徑程，朱淵在〈上毛葆卿書〉云：「身歸依心，心歸依性，性歸依命，命歸依天，維天之命，於穆不已。」〔註80〕他認為心乃一身之主宰，它為吾人的行為做出道德的判斷，心必得依於性，方能避免身體妄動，因為此性乃天命下貫於其中，在《周氏遺書》裏載周太谷云：「百體之主莫大乎心，心之主莫大乎性，性之主莫大乎天命。」〔註81〕故要而言之，吾人修身其實就是致力心性的修養，進而回應上天賦命的美意。

《龍川弟子記》載李光炘說：「天命寄於我身，身修則命存，身不修則命亡，人能常自在茲則身修而命定矣，曾子曰：『惟命不于常，道善則得之，不善則失之矣。』」〔註82〕在此，他點出了「命」非固定的，天命是否在吾身，

〔註77〕葛榮晉：《中國哲學範疇導論》（台北：萬卷樓圖書公司，1993年），頁616。
〔註78〕李光炘：《觀海山房追隨錄》，頁41～42。
〔註79〕朱淵：《養蒙堂遺集》，頁188～189。
〔註80〕朱淵：《養蒙堂遺集》，頁107。
〔註81〕周太谷：《周氏遺書》卷三，頁141。
〔註82〕李光炘著、謝逢源編：《龍川弟子記》，頁118。

決定權在己不在他，《觀海山房追隨錄》即載李光炘針對身與命的關係，做一巧妙比喻，他說：

> 命不必求合身，而身必須求合命。蓋命靡常，不過是寄寓於身，合則留，不合則去，子思曰：「道善則得之，不善則失之矣。」此之謂也。嵩問：「身何以定依於命？」曰：「命猶君父也，身猶臣子也。」子思曰：「自天子以至於庶人，壹是皆以修身爲本。」修身者，所以盡臣子之責也，身不知命則與叛臣賊子何異？〔註83〕

在這段李光炘答弟子關於身與命關係的對話，他把命比喻爲君爲父，把身比喻爲臣爲子，命非固定，只是暫寄於身，欲將命留住，則必須修身，是故「身必須求合命」，猶如臣子必得聽命於君父，而吾人修身以求合命，即善盡臣子之責，反之則是叛臣賊子。由此再次強調修身的重要。

身與命相合即能展現人性之誠，然而身與命相離時則身將失其所主，對此朱淵提出了「反觀」之道，他在〈與柴翊凌書〉云：「我輩爲學固以不失本心，不昧本性爲要。而返躬自問，一日之間，不失不昧者，能有幾時乎？故物與物交趨外則命與身離而上死道，反觀則身與命合而就活路，生死樞機，甚爲吃緊，惜人到臨時多昧耳。」〔註84〕由此可知，他認爲身與命相離時即本心、本性隨外物牽引以致被蒙蔽，此時即要「反觀」，所謂「反觀」乃覺性的發用，他曾說：「命，先覺也；身，後覺也。性則上達乎命，而下達乎身者也。」〔註85〕足見一覺乃徹上徹下的工夫，一覺則從外物的牽引中掙脫出來，故而身與命矣。

基於「報本返始」的觀念，人之所以能有更好的生活，從事更多有益於他人的事，都是因爲自己先被愛過，故太谷學派有部分的學說是從感恩的角度架構而來，諸如在《黃氏遺書》裏黃葆年提到的報天恩、報親恩、報師恩等，他說：

> 幸也，予知受命之德，知受命之德而周以報天恩，嗚乎！死莫贖其罪也；幸也，予知受身之德，知受身之德而周以報親恩，嗚乎！百死莫贖其罪也；幸也，予知身命合德之所以爲德，知身命合德之所以爲德而周以報師恩。嗚乎！雖千死、萬死，莫能贖其罪也。〔註86〕

〔註83〕 李光炘：《觀海山房追隨錄》，頁2。
〔註84〕 朱淵：《養蒙堂遺集》，頁139。
〔註85〕 朱淵：《養蒙堂遺集》，頁51。
〔註86〕 黃葆年：《黃氏遺書》卷一，頁41。

因爲受命之德而報天恩，由此架構出盡心、知性以知天的天人關係思想；因爲受身之德而報親恩，由此架構出知身、保身的孝親思想；因爲身命合德而報師恩，由此架構出親師取友，相互砥礪的思想。由此可知，太谷學派認爲吾人若無法盡力發揮身爲人的能動性，以報諸恩，則必失去爲人的價值與意義。

二、心息相依臻於聖境

心爲一身之主，如何將充塞於宇宙間變動不居的氣息與內在的心調和，是太谷學派另一個重要的修養課題。關於「心息相依」的命題，在太谷學人的著作裏用了相當大的篇幅討論。王學鈞在〈太谷學派「聖功秘訣」：「心息相依」〉考究出：「佛教之『心』與道教之『息』相合而成心息相依，這就是太谷學派之『聖功之秘訣』的來源，和簡明扼要的基本含義。」〔註87〕由此可知，儒、釋、道三教都很注重心與息的調養，尋求生命能達於靜與誠的境界。

《龍川夫子年譜》載光緒十年（1884）六月：「法人敗，約攻越南，破臺灣、奪雞籠，偪鎮海，窺吳淞，滬人皇皇，遷徙若不及。師在西中和里，與二三弟子絃誦不輟，危如累卵，安若泰山，默化潛移，未足爲外人道也。」〔註88〕在這兵荒馬亂中，李光炘仍然能與弟子在室中講學論道，無視於外面的風風雨雨，自有一個安靜的世界。其次，弟子謝逢源亦回憶當年龍川草堂初開講，「正值戎馬倉皇之際，一堂師弟絃誦其中，師之爲人，既無患得患失之心，亦無計較利害之心」〔註89〕，連年的征戰，李光炘仍領著弟子專注於道的追求，不被外界所擾，這都是得力於平日「心息相依」的修養，方能臻於如此境界。

楊儒賓《儒家身體觀：導論：四體一體的身體觀》說：「人如果不能常在超越的證體境界，他的『當下』也很難保可以由性天直貫下來。或者反過來說，他的當下如果很難心息相依、念念歸根的話，那麼，生理形體、社會形

〔註87〕 王學鈞：〈太谷學派「聖功秘訣」：「心息相依」〉，《南京理工大學學報》2002年第1期，頁86。

〔註88〕 謝逢源：《龍川夫子年譜》，收於方寶川編：《太谷學派遺書》第一輯第三冊（揚州：廣陵古籍刻印社，1997年），頁82。

〔註89〕 謝逢源：《龍川夫子年譜》，頁86。

體的濁滯面恐怕不能不更張眼正視。」〔註90〕在紛擾的五濁惡世，人的心念很容易隨之而迷失，太谷學派的草堂講學，為方便學生能掌握此聖功之學的妙旨，進而能時時存心養息，以達天人和諧的聖境，因此從各種不同的角度來詮釋「心息相依」，茲就此論述於次，以明其旨：

（一）從身命的角度

延續著太谷學派認為氣乃宇宙本原的觀點，明乎氣充塞於天地間，亦流行於人的呼吸吐納間，張積中《白石山房語錄》即云：「一吸則氣升，一呼則氣降，凡息，是自然的升降。」〔註91〕息與氣乃相通，其升降看似自然，實則操控在人的一呼一吸間，而人的感官及四肢亦有氣流動著，他說：「息不止從口而出也，目視之則從目出，耳聽之則從耳出，鼻嗅則從鼻出，口嚐則從口出，四肢動則從四肢出。」〔註92〕他將抽象的息化為具體的情狀，加以描述，認為氣息在人身是無所不在的，它充塞於形體的每一個地方，且不斷的流動著，而磅礡的生命熱力由此展現。

朱淵承繼此觀點進一步闡發，他在〈闕題三十一首之十八〉云：「一呼一吸有一息，人心之休息也，凡息也。真息不息，呼從息而呼，吸亦從息而吸也，天命之流行也。」〔註93〕他認為息可區分為「凡息」與「真息」。「凡息」指的是人在休養生息，呼吸停止息亦止，息在生死之間流轉著；「真息」指的是上天所賦予的天命，人的一呼一吸即追隨著天命，也就是說人應時時不忘致力於生命的修養，以保天命寄於吾身。《歸群草堂語錄》載黃葆年云：「心息本來相依，自然相依，本來自然，即天命之性也。」〔註94〕其實天命本來寄於吾身，至於常存與否，則端賴人的修養了。

李光炘向弟子闡發「心息相依」的至理時，則將大自然與身命連繫在一起，《觀海山房追隨錄》云：「蓋天地日月山澤皆有恆，其無恆者莫如風雷，猶人之身命魂魄視聽皆有常，其無常者莫如言動，人能以無恆者恆之，是為擇善而固執之者也。夫雷雨得風則散，風雨得雷則平，何也？心息相依而已矣！」〔註95〕他將自然界區分為有恆與無恆，猶如將人區分為有常與無常，

〔註90〕 楊儒賓：《儒家身體觀》，頁 26。
〔註91〕 張積中：《白石山房語錄》，頁 26。
〔註92〕 張積中：《白石山房語錄》，頁 69。
〔註93〕 朱淵：《養蒙堂遺集》，頁 50。
〔註94〕 徐煦：《歸群草堂語錄》卷四，頁 86。
〔註95〕 李光炘：《觀海山房追隨錄》，頁 23。

在「心息相依」的修養中，心與息始終是相互依存的，故可以致力於「無恆者恆之」的生命修養，使心與息維持在一種和諧的狀態。

（二）從視聽言動的角度

太谷學派主張「心息相依」的修養要融入生活中，時時存心，時時養息，存心便可與天接通，養息則可避免被外境所習染，黃葆年云：「學道焉知得息難，此雖不是凡息，只須息息相依，久而久之，真息就出來了。」〔註96〕故太谷學派的傳人不憚其煩的告誡弟子，「心息相依」的生命修養非一蹴可幾，必得要長久躬踐，方能使個人的視聽言動合於日用常道，張積中《白石山房語錄》云：

> 慎動則息依于於心，沉思則心依于息，人能「心息相依」，則言自謹而行自慎。息依于心，則息化于性，放大光明（為圓也，目誠）；心依于息，則心化而情結真種子（為方也，耳誠）。性情合一，成一口雪白的浩然之氣。以心省察其息，以息涵養其心。〔註97〕

他認為人的言與行必須依於心而發（以心省察其息），方能與天接通，故言行在人前是放大光明的；當深沉思慮時，則心必須依於息（以息涵養其心），《歸群草堂語錄》載黃葆年云：「好息不容易得，壞息一得就得到了。」〔註98〕心依於息，心會渾化息而凝結為真情。心息交相存養，性情就會合一，時間一久，便化為「一口雪白的浩然之氣」。朱淵承繼其師張積中的觀點發揮，他在〈君子坦蕩蕩〉裏說：「君子知天命之在躬而時存之，坦蕩蕩之天也，君子心心相印，則與天為徒矣。知太和之氣之在性而時養之，坦蕩蕩之性也，君子息息相依，則率性而行矣。無時不然也，無事不然也，靜如是也，動亦如是也。」〔註99〕他亦認為唯有時時存性，此心便能朗現坦蕩蕩的天；唯有時時養氣，此息便能依循坦蕩蕩的性，最後他特別叮嚀學生，「心息相依」的生命修養，必須時時刻刻，事事如此，無論靜時或動時，皆不可有絲毫懈怠，方能坦蕩蕩頂立於天地間。

朱淵乃從養氣的角度切入，他肯定吾心乃具有生命道德方向的心，吾氣由於依著道德心而透顯出意義，它不只是清通的自然，更具有磅礴熱力，他

〔註96〕徐煦：《歸群草堂語錄》卷四，頁53。

〔註97〕張積中：《白石山房語錄》，頁26。

〔註98〕徐煦：《歸群草堂語錄》卷四，頁44。

〔註99〕朱淵：《養蒙堂遺集》，頁17。

曾說：「心息本相依也。心不依息，神外馳也，依於息則庶乎弗放其心焉；息不依心，氣下陷也，依於心則庶乎弗昏其德焉。」〔註100〕他認為心之所以會放失，關鍵在於沒有讓氣落實，致使心只是一個虛的存在；氣之所以會萎靡，關鍵在於沒有依著心而發，致使氣的道德義失落。李光炘亦持有相同的觀點，《觀海山房追隨錄》即載他說：「心常患其孤露，惟息乃能輔翼之，息常患其昏沉，惟心乃能覺照之。」〔註101〕唯有心與息相依，心被賦予道德的意義不再孤露而能覺照是非，息因為有道德心的涵養，故不再昏沉而熱力磅礴。黃葆年對於心息不相依，做了一個很生動的比喻，他說：「心不依息是孤魂野鬼，息不依心是走肉行屍。」〔註102〕心如果沒有息的落實，將只是虛懸著，無異於孤魂野鬼；息如果沒有心則道德意義湮沒不彰，猶如走肉行屍，有體無靈。

人我之間的來往總會因視聽言動而伴隨著各種不同的情緒，李光炘說：「恐懼、忿懥、好樂、憂患是心不從息。視而不見，聽而不聞，食而不知其味，是息不從心。」〔註103〕他認為當人的心不從息時，就會產生恐懼、忿懥、好樂、憂患等情緒，此乃由於心沒有磅礴的熱力支持所導致的；當人的息不從心時，視、聽、食就會有心不在焉的狀況發生，此乃由於息沒有心的覺照之故。由此可知，「心息相依」的生命修養與個人的情緒及心理狀況是有密切關係的。

太谷學派自張積中以降，對於「心息相依」的重視程度是不減的，在《歸群草堂語錄》即載黃葆年說：「心息兩樣是真東西，其餘是假的。」〔註104〕又說：「自初學以至於精義入神，總不出心息相依四字。」〔註105〕由此足見，「心息相依」的生命修養的進程是長期且艱難的，故而太谷學派叮嚀學人必得將之落實於日常的視聽言動裏，時間一久，將會有所心得。

（三）從宗教的角度

太谷學派為了將其思想普及於民間，故而向民間的信仰靠攏，亦是必然的發展趨勢，太谷學派的創始人周太谷，少時曾從陳仰瑜、陸一泉等人學佛、

〔註100〕朱淵：《養蒙堂遺集》，頁47。
〔註101〕張積中：《白石山房語錄》，頁6。
〔註102〕徐煦：《歸群草堂語錄》卷四，頁87。
〔註103〕張積中：《白石山房語錄》，頁11。
〔註104〕徐煦：《歸群草堂語錄》卷四，頁41。
〔註105〕解琅：《歸群草堂語錄》卷一，收於方寶川編：《太谷學派遺書》第一輯第五冊（揚州：廣陵古籍刻印社，1997年），頁2。

老之學，在《周氏遺書》裏便載周太谷云：「凡祈天永命者，須志曾子之志，戒達摩之戒，心莊子之心。」〔註106〕接著他又說：「六祖曰：『一不殺生，二不偷盜，三不邪淫，四不妄語，五不飲酒食肉。』」〔註107〕由此可知，佛、道的思想對周太谷的影響，尤其是他對佛教的戒律有一定的尊重，後來他「熟觀沉思，豁有所達」，於是棄其所學而歸根儒學，足見太谷學派仍是一個以儒為宗的學派。

綜觀《周氏遺書》，可以發現周太谷對佛、道思想的闡發不多；然而學派的傳人李光炘則對佛教思想用功甚多，他的〈題佛經〉詩曰：「大海茫茫不繫舟，何時撐得到灘頭；靈山有個長眉佛，勸我隨波向下流。」〔註108〕這首詩表露出他在傳道的過程中，常有力不從心之感，於是他為傳道的方便，使中下階層的聽眾易於聽講，故援引佛教的思想來對「心息相依」的命題，進行詮釋。

又《觀海山房追隨錄》載李光炘云：「心是妄想，息是無明，諸佛皆以破除妄想、無明而得至道，誰能破得？噫！合者破得。」〔註109〕妄想與無明是一切罪孽的根源，一旦產生，心將失去覺照的能力而產生妄想，息失去道德的涵養而熱力萎靡，無明煩惱即起，諸佛以為要得至道，就要破除此，至於如何破？他認為要從「心息相依」入手方能破除，故《龍川弟子記》又載他說：「息是受想，心是行識，心息相依是無受想行識。」〔註110〕這些負面的念頭一旦破除，就能臻得「無受想行識」的自在境界。

循此言之，《心經》云：「色即是空，空即是色。」然而此「空」並非虛空，而是指世間一切存在都是依因緣生，若不攀緣即不生。李光炘就曾說：「於一無中見諸有相，是於真空中見妙有。若見諸相非相，即見如來，是於妙有中見真空，蓋心本真空實妙有，息本妙有而實真空。世間有相俱有盡，無相乃無盡。」〔註111〕他認為「無」與「有」是相依的，其中的「於」是接近、

〔註106〕周太谷：《周氏遺書》卷十，頁607～608。

〔註107〕周太谷：《周氏遺書》卷十，頁608。

〔註108〕李光炘：《群玉山房詩鈔續集》，收於方寶川編：《太谷學派遺書》第二輯第二冊（揚州：廣陵古籍刻印社，1998年），頁140。

〔註109〕李光炘：《觀海山房追隨錄》，頁26。

〔註110〕李光炘著、謝逢源編：《龍川弟子記》，收於方寶川編：《太谷學派遺書》第一輯第三冊（揚州：廣陵古籍刻印社，1997年），頁187。

〔註111〕李光炘：《觀海山房追隨錄》，頁6。

不離之意，不離相，又離相，李光炘要學生勉力於「心息相依」的修養，於有中見空，進而達到既保住「相」，又超越「相」的如來境界。

李光炘在《觀海山房追隨錄》又說：「學者用功，須守著無念而念，念中無念，無念而念，是於一無中見諸有相，念中無念是能見諸相非相，蓋無念時，要記得個心，有念時，要記得個息。」〔註112〕他認為人一於境上有念則起邪見，故唯有致力於「心息相依」的修養，方能不被念頭絆住，也才能回復真如的本性。

黃葆年對佛家的思想亦很推崇，他曾說：「佛家南無即是聖功。」〔註113〕他將佛家做為聖功的一部分，他又說：「莊子仙心，心息相依便是逍遙遊；達摩佛性，心息相依便是自心歸於自性；聖功心息相依，只在仁以為己任。」〔註114〕由於一般民眾的文化知識淺薄，他為了讓聽講者明乎艱深的「心息相依」之道，故以不同角度來詮釋，他認為道家講的逍遙遊，佛家講的自心歸自性，儒家講的仁為己任，要而言之，乃殊途同歸，都是表達只要掌握其本家的思想要旨，便算是落實「心息相依」的生命修養了。

（四）從社會的角度

以儒為本的太谷學派在詮釋「心息相依」的命題時，亦以仁去詮釋，賦予深刻的物我一體思想，《觀海山房追隨錄》載李光炘云：

> 息也者，我與天地萬物共之者也。心息相依，即是萬物一體，即是人己合德。學者當思舍己無以盡人之性，舍人無以滿己之量。夫仁者己欲立而立人，己欲達而達人，非人己合一，不可謂仁也。〔註115〕

他認為人與天地萬物皆是秉「息」而生，但人較天地萬物高一等之處，在於人有「心」，此「心」可以將天地萬物皆收歸於自心，達到萬物一體的融通，故而學者應當認知要盡人之性不可舍己，要提升、充實自己的生命品質不可舍棄學習他人的機會，唯有如此，「仁」的境界方得以展現。

循此而言，在《觀海山房追隨錄》又載李光炘云：「孝也者，從也；弟也者，容也。從也者，息從心也，容也者，心從息也。心從息是下學，息從心是上達。」〔註116〕他認為孝順父母即是從，而推及他人，友愛他人，這是包

〔註112〕 李光炘：《觀海山房追隨錄》，頁18。
〔註113〕 解琅：《歸群草堂語錄》卷一，頁10。
〔註114〕 解琅：《歸群草堂語錄》卷一，頁1～2。
〔註115〕 李光炘：《觀海山房追隨錄》，頁7～8。
〔註116〕 李光炘：《觀海山房追隨錄》，頁57。

容的展現。太谷學派認爲父母待子女猶如天地愛眾生〔註117〕，是故對父母行孝即是報上天的恩德，此即上達，是天道的展現，而在人我的關係來往上，有雅量去包容他人則是下學，是人道的完成。黃葆年對此即表達出「無不依息之心，人道也；無不依心之息，天道也」〔註118〕的看法。

《歸群草堂語錄》載黃葆年說：「天地之初，父母之德，非心息相依則不能。」〔註119〕他認爲人必得致力於心息相依的生命修養，方能將父母於我的德，潤澤於人際的網絡中，以還諸天地。他又說：「天賦我以命而後有心，父母賦我以身而後有息，心息相依即是合德曰性。」〔註120〕由此可知，心之所以有覺照的能力，乃來自於天所賦予命，因爲父母賦我身而息生焉，故當致力於「心息相依」的生命修養，就是達到天人合一的和諧境界。

爲了裨益聽眾，以教學爲職志的黃葆年也會就「心息相依」的命題，從切身的人倫關係，做淺顯的比喻，《歸群草堂語錄》便載他說：「心不依息，如夫無婦；息不依心，如婦無夫。」〔註121〕這樣的比喻不僅易懂，同時也寄寓夫婦間相互扶持的思想。其次，他又說：「成人以前，息當家；成人以後，心當家。」〔註122〕成人以前尚年幼，不免血氣方剛，逞凶鬥狠，故曰息當家；成人以後則應收拾不良息氣，由心做主宰，使爲人處事都能合於規矩。

行文至此，可知太谷學派由於是民間性質很濃的學派，是以他們有「坐而言不如起而行」的觀念，尤其仁、義更是要確實實踐於生活中，絕非僅流於言說或經書的誦讀，對此，《歸群草堂語錄》即載李光炘的一段話：

> 龍川夫子有曰：「心依息便是居仁；息從心便是由義，心不明，息昏之也，息不定，心亂之也。故心息相依可包羅千經萬卷，千經萬卷皆是心息相依註腳。識得心息相依，讀書可，不讀書亦可，否則多讀書愈加黑矣。」〔註123〕

李光炘認爲「心息相依」的生命修養即是居仁由義的落實，千經萬卷要表達的，無非就是「心息相依」之道，只要躬行實踐，則讀不讀書便不是很重要

〔註117〕此觀點可參見本論文的第四章〈太谷學派倫理教育觀〉的第三節移孝作忠的實踐論，在該節中的「體父母心達天地心」對此有詳盡的申論，頁100～102。
〔註118〕徐煦：《歸群草堂語錄》卷四，頁88。
〔註119〕徐煦：《歸群草堂語錄》卷四，頁58。
〔註120〕徐煦：《歸群草堂語錄》卷四，頁93。
〔註121〕徐煦：《歸群草堂語錄》卷四，頁87。
〔註122〕徐煦：《歸群草堂語錄》卷四，頁87。
〔註123〕解琅：《歸群草堂語錄》卷一，頁1。

了，如果讀了很多書，卻不會內化於生活中的言行，反而是污了讀書之名。
而黃葆年也提出「丹經萬卷，道不在書」〔註124〕的主張。由此可知，致力於
儒學民間化的太谷學派，是很強調將「心息相依」融於社會體制，融於群眾
關係中的。

第三節　格物致知的工夫論

　　自有宋一代以來，理學家莫不窮究心力的探索關於「格物致知」的命題，
程、朱的「即物以窮理」及陸、王的「致良知」，雖然對認識論的切入點迥異；
然而皆認為此乃掌握對事物認知的基礎，故江峰在〈太谷學派格物致知說的
生命本位特色〉說：「在中國哲學史上，格物致知大致當理解為認識過程和道
德修養目的、工夫兩個方面。它有時被賦予認識論或道德論的單一含義，有
時則被賦予認識論和道德論的雙重含義。」〔註125〕由此可知，注重「德性之
知」者認定人的心智具有認知真理的潛能，只要讓個人的良知充分發用，即
能判斷事物的是非及價值，進而使自己的言行都能合理；注重「聞見之知」
者，則強調唯有對外界的事物進行觀察，多累積經驗，才是獲得知識的方法。
這兩種對知識論認知的取向，對宋、明以來理學的發展有重要的影響。

　　持此觀點言之，鄭吉雄在〈乾嘉經典詮釋的典範性綜論──思想史考察〉
裏說：「在清代以前，理學家多將知識區分為『德性之知』與『聞見之知』，
以前者為主體而以後者為附庸。乾嘉學者則逕以為『知識』本身即可以發展
出與生命相契合的『道德』之境，而求知活動本身更是道德的必要保證。」〔註
126〕「繼往聖之絕學」，重點不應當只在承繼，更應該批判、修正，使其能呼
應個人所處的時代，而非照單全收，猶如有腳書櫥。乾嘉以來的學者，在學
術的研究路上，便具有承先啟後的精神，能將知識融合於道德，賦予知識深
刻的道德意義。

　　活躍於晚清的太谷學派，是一個民間色彩極濃的學派，他們在向學生宣

〔註124〕徐煦：《歸群草堂語錄》卷四，頁71。

〔註125〕江峰：〈太谷學派格物致知說的生命本位特色〉，《北京師範大學學報》2006
　　　　年第4期，頁134。

〔註126〕鄭吉雄：〈乾嘉經典詮釋的典範性綜論──思想史考察〉，該文收於《經學的
　　　　多元脈絡──文獻、動機、真理、社群》，勞悅強、梁秉賦編（台北：台灣學
　　　　生書局，2008年10月），頁110。

講「格物致知」的觀念時，便很重視將道德的實踐融入知識的概念中，這種合而爲一的詮釋方式，與程朱理學釋「格」爲至、窮之義，釋「物」爲萬事萬物，以及陸王心學釋「格」爲抵禦、排除之意是有很大不同的。王汎森在〈道咸年間民間性儒家學派──太谷學派的回顧〉即云：

> 這種想在經書不能動的字面背後尋找隱藏意義的作法，與時代變局太大，而傳統經學權威太重，舊容器裝不下新東西的困局有關。在考證學傳統的覆壓下，人們只能出之以尋找「內學」一途，好把聖人當初秘傳下來的道理「解放」出來。而聖人的道理也就是他們獨家的道理。〔註127〕

由此可知，太谷學派在解讀經典時，不僅勇於創新，而且更著重在將義理轉爲實踐之道，在《龍川夫子年譜》即載李光炘說：「諸子能行吾言，雖不言而自能進道，不能行吾行，譬之說食，終不得飽也。」〔註128〕因此，道德不是用說的而是要落實的，一旦落實則其中之理自明；否則就好比一味說食，於飽無益。故本節乃就太谷學派如何將知識與道德融合，來架構其「格物致知」工夫論：

一、外物合於內物的誠身說

周太谷認爲人的視聽言動無一不被念頭所牽動著，念頭的善與惡影響視聽言動是否合於規矩。故如何使念頭時時存善去惡？《周氏遺書》云：

> 格，格諸視聽言動之物也。夫視繫於目，目，外物也。目繫於肝，肝，內物也。肝繫於心，心繫於背。《易》曰：「艮其背，君子以思不出其位。」夫背，百物之本繫焉。故視思明，明足以致知，聽思聰，聰亦足以致知。致知而后格，弗格則易爲忿懥耳。言如也，動亦如也。〔註129〕

就周太谷的理解而言，他將視聽言動之物及耳目口手看作外物，肝與心看作內物。耳目口手這些感官是不會思想的，是故若任由耳目口手去逐視聽言動之物，則必會沉溺於其中，無法自拔，心隨之而放失。由此可知，耳目是關

〔註127〕王汎森：〈道咸年間民間性儒家學派──太谷學派研究的回顧〉，《新史學》第5卷第4期，1994年，頁155～156。

〔註128〕謝逢源：《龍川夫子年譜》，收於方寶川編：《太谷學派遺書》第一輯第三冊（揚州：廣陵古籍刻印社，1997年），頁105。

〔註129〕周太谷：《周氏遺書》卷三，頁154。

鍵，若要找回失去的本心，必得發揮心之思的功能，俾使目光收視於內，耳返聽於內，如此便能達到目誠、耳誠的境界。張積中在〈與汪蘭甫書〉便云：「夫聖人所謂物，非由外鑠也。肺腎肝脾，內物也；耳目手口，外物也。反諸身之學也。」〔註130〕他認為以「萬物皆備於我」的觀點來說，只要讓外物與內物相合，回歸自我的先天本性，也就是對外物有所體證、體悟了。

朱淵對於「格物致知」命題的觀點乃延續周太谷及張積中，他在〈上毛葆卿書〉云：「睹色聞聲者，心之所由以放，即耳目之所以不誠無物也，反焉則由睹以至於不睹而目誠，自聞以歸於不聞而耳誠矣。誠者，誠其身也，不明乎善，不誠乎身，故明善，誠身之始也，誠身，明善之終也。」〔註131〕他亦認為人心之所以放失，乃耳目之官不思的結果，反身則誠，誠則明乎善之終始。

朱淵在〈復喬茂軒書〉又云：「是墮落知其墮落者誰與？何不奉此光明，常為一身之主，而動靜語默皆聽命焉。克念作聖，罔念作狂，同一念也，克罔殊而聖狂分，是誠在我而已，豈他人所能與力哉！」〔註132〕心乃一身之主，心之思若發用則「克念作聖」，反之則「罔念作狂」，而聖或狂的關鍵則在個人心之思的用或不用；是以在〈與李祖峰書〉裏，他再次強調：「人各有耳目手口，道不離視聽言動，反身而誠，至足也。身之本曰心，心之本曰性，性之本曰命，命之自然者曰天。果能一路反到底，視則由睹以至於不睹，聽則由聞以至於不聞，言如是，動亦如是，而身尚有不誠者乎？」〔註133〕他認為只要將耳目手口加以管束，不任其隨視聽言動之物而奔逐，進而反身、誠身，便能達「不睹」、「不聞」的境界。

李光炘對於「格物致知」的闡發，基本上與其他學人是相同的。《觀海山房追隨錄》載：「耳目口手，先天也，我欲視聽言動而耳目口手隨之，是謂先天而天弗違；仁義禮智，後天也，隨所動而擴充之，是謂後天而奉天時。人能後天而奉天時，一如先天而天弗違，便是從心所欲，不踰矩。」〔註134〕他認為耳目手口會去逐視聽言動之物，此乃人欲，天理是不離人欲的，故人欲

〔註130〕張積中：《白石山房文鈔》，收於方寶川編：《太谷學派遺書》第二輯第一冊（揚州：廣陵古籍刻印社，1998年），頁99。
〔註131〕朱淵：《養蒙堂遺集》，頁130～131。
〔註132〕朱淵：《養蒙堂遺集》，頁133。
〔註133〕朱淵：《養蒙堂遺集》，頁147。
〔註134〕李光炘：《觀海山房追隨錄》，頁18～19。

應該被肯定。但是若縱欲過度則爲患，那麼心之思的功能發用，隨所動而將先天的仁義禮智擴充，俾使言行合於規矩，此乃內物合於外物，以期建構一個內在的和諧狀態。

換個角度言之，李光炘亦由外物而內物來闡發「格物致知」，《觀海山房追隨錄》云：「欺人者不能自欺，念頭一動，是非邪正自必知之。諺云：『暗中私語，天聞若雷；暗室欺心，神目如電。』即此意也，念頭動處即是命，人能奉命而行，順逆縱橫，自無差錯。」〔註135〕他認爲念頭若合於天命，則視聽言動便能奉天命而行，無所偏失。此乃外物合於內物，以期建構一個外在的和諧世界。

《歸群草堂語錄》載黃葆年說：「格物者，格諸視聽言動之物也。」〔註136〕這句話是周太谷提出的，黃葆年則將自然山川與人連繫，加以發揮，他說：「山本不崩，川本不竭，但眾生之山水必至崩竭，何也？山澤不能自爲山澤，其必有氤氳之氣焉。氤氳往來而息行其中曰『仁』。山仁則不崩，川仁則不竭。學人失落眞息去求本心，失落本心去求視聽言動，如搏沙作飯，永世不得。」〔註137〕他認爲氤氳之氣乃維繫眾生山水不崩竭的重要關鍵，這氤氳之氣猶如「仁」（即本心），人若放失其心，耳目之官不思而嗜欲於視聽言動，則必然破壞內在與外在世界的和諧。

二、感格與渾合的人事意義

太谷學派自周太谷始，即被外界蒙上一層神祕的色彩。此與周太谷對於「格物致知」的工夫，期勉學生往「不聞而後聰，斯聰也，善必先知之，不善必先知之，故耳誠曰知；……不睹而後明，斯明也，善必先知之，不善必先知之，故目誠曰仁。然後耳目互誠曰聖」〔註138〕的境界去努力，不無關係。其實就周太谷的理解而言，「知」、「仁」、「聖」皆只是境界上的詞彙，唯有達到此境界，方能有「至誠如神」的特殊功能。在《龍川夫子年譜》便載有周太谷預卜因果的事：

> 和卿爲師從兄，家素封，性吝嗇。一日太谷謂曰：「我於某日傳汝金
> 丹大道。」至期，僅曰：「錢財是人身中之黑血，宜捨去。」又一日，

〔註135〕李光炘：《觀海山房追隨錄》，頁41。
〔註136〕徐煦：《歸群草堂語錄》卷四，頁44。
〔註137〕徐煦：《歸群草堂語錄》卷四，頁72。
〔註138〕周太谷：《周氏遺書》卷三，頁151。

　　謂曰：「汝前身負某五百金，其人已生矣，速取金來交晴峰手，聽其
　　使用，為汝償結此事，汝不復問。」和卿漫應之，卒未果行，後二
　　十年，和卿客東省，為寇所脅，急索五百金即釋去，時家已他徙，
　　無可措辦，遂死於寇。〔註139〕

周太谷告知李和卿前世曾欠人五百金，要他趕緊償還宿債；然而和卿為人吝
嗇，視錢如命，以致果報在二十年後應驗，只是為時已晚，他終究死於賊寇。
這件事不僅展現出周太谷的神通，同時說明了太谷學派初期予人有怪力亂神
的感受。故學派傳至第二代後，除非為方便一般民眾聽講，否則學人開始有
意識的要淡化神祕色彩，《白石山房語錄》即載張積中云：「儒者為學不可不
通人事，識神不可不擴充也，於窮理亦大有益。」〔註140〕足見學派將人事與
窮理的關係聯繫，故而有「於理上格物，於物上窮理」〔註141〕的主張。

　　太谷學派學術走向的轉變，與時代有密不可分的關係，張麗珠在〈關於
乾嘉學術的一個新看法〉裏說：「在道德學之建構上，清儒更是強烈地以經驗
現實做為導向，要求一種能夠真正落實在百姓日用之上，指導社會人心的義
理學。所以從理學『先驗』的道德理性到清儒『經驗』的『即物求理』，經驗
主義之獲得發展，就是內在成為清學的核心價值，並且是清學最重要的學術
特色。」〔註142〕由此可知，以儒為本的太谷學派，將忠恕之道落實於具體的
人我交接，也是必然的。

　　張積中在〈與汪蘭甫書〉裏便慨嘆：「士生今日讀書者，志溫飽耳。若之
何格物？若之何致知？終其身不涉想焉。」〔註143〕士人讀書的目的只在為官
圖溫飽，並沒有將聖賢智慧透過具體生活加以實踐，故黃葆年在《禮記讀本》
便云：「洒掃之事，晚近世族子弟羞之，所以世祿之家鮮克由禮也。《禮經》
教人之入微，有如此者。」〔註144〕他認為權貴世襲的子弟，對於洒掃之事有
為之則羞的心態，是以從不聞問；殊不知此乃從具體的人事角度切入，以推
致其知，誠如朱淵所言：「致知在格物，言其始也，此格字是感格之義。」〔註

〔註139〕謝逢源：《龍川夫子年譜》，頁28～29。
〔註140〕張積中：《白石山房語錄》，頁107。
〔註141〕張積中：《白石山房語錄》，頁27。
〔註142〕張麗珠：《清代新義理學——傳統與現代的交會》，頁27。
〔註143〕張積中：《白石山房文鈔》，頁102～103。
〔註144〕黃葆年：《禮記讀本》，收於方寶川編：《太谷學派遺書》第二輯第三冊（揚州：
　　　　廣陵古籍刻印社，1998年），頁27。
〔註145〕朱淵：《養蒙堂遺集》，頁204。

145〕也就是說可從洒掃之事而悟得禮要從小地方做起，黃葆年在《禮記讀本》裏即云：「人之失足也，多在行止坐臥之間，則人之自修也，必在行止坐臥之間矣。」〔註146〕此言與朱淵之語，可謂相印證。

太谷學派主張在人事上做「格物致知」的工夫，待此工夫實踐得通透後，便可達合二爲一的渾合境界，即朱淵所言：「物格而后知至，言其終也，此格字乃渾合之義。」〔註147〕此乃體現了周太谷的格物觀，《龍川夫子年譜》載：「或問格物，太谷以手按石几，須臾見澤印，曰：『此謂物格。』」〔註148〕周太谷認爲手與石几兩物相格，便產生新的物，即澤印，可知他把格字釋爲合義。而李光炘循此而發揮，《觀海山房追隨錄》載其云：

> 格者，合也。格物者，合二物而一之也。木火格則通明，金水格則
> 相生，金木格則和同，水火格則既濟，君臣格則義，父子格則仁，
> 夫婦格則和，昆弟格則樂，朋友格則德業成。〔註149〕

李光炘從五行運行的原理與人倫關係的角度來詮釋「格」義，這由自然界落實到人事，乃太谷學派民間講學的趨勢，他認爲「格」字乃相合之義，一旦相合，則能將我心換你心，多站在對方立場著想，則人倫關係中的道德價值，因而挺立。李光炘又說：

> 侍長之側，見長者若有所思，即會意服勞，何其知也？推此心以事
> 親，孝也；慈下，弟也；自修，忠也；接物，恕也。長保此心即見
> 性，孔子曰：「己所不欲，勿施於人。」孟子曰：「言舉斯心，加諸
> 彼而已。」格物之謂也。〔註150〕

由此可見，「格」字即爲儒家孔、孟所言的恕道，李光炘便是秉持著人同此心，心同此理的觀點，故而能會意長者所思爲何，循此而言之，人若能秉此心，進而推此心，則孝、弟、忠、恕之道便能一一完成，因此，他特別叮嚀學生要長保此心，方能見性。對於一個曾經受到官方打壓，靠著親師取友的方式維繫的學派，學人之間更需要實踐恕道，多些寬容與體諒，也是維繫學派於不墜的重要因素。

〔註146〕黃葆年：《禮記讀本》，頁36。
〔註147〕朱淵：《養蒙堂遺集》，頁204。
〔註148〕謝逢源：《龍川夫子年譜》，頁17。
〔註149〕李光炘：《觀海山房追隨錄》，頁4。
〔註150〕李光炘：《觀海山房追隨錄》，頁12。

第四節　小結

　　從太谷學人的著作中，梳理其關於客觀知識的論述，發現太谷學派的認知教育觀乃在知識與道德相互依存上架構的。這與他們致力於民間講學，所招收的學生遍及於社會各階層有關的；若專講形而上的知識，可能會令村夫匹婦茫然不知所言，若專講形而下的道德實踐，沒有學理做論證，可能會令士人有飄忽不實之感。故而將二者融合以宣講，聽講者可以隨個人程度吸收與理解。本文就「氣本與氣質的天道論」、「身命合德的心性論」、「格物致知的工夫論」等三方面來探討，以勾勒出太谷學派認知教育的進行脈落。

　　其一，在天道論方面，太谷學派認為「氣」乃先於天地一切萬物的存在，人與萬物皆稟氣而生，故由此發展出博愛濟眾的思想，由此可知，「氣」乃宇宙萬物與生命精神的本原；致力於民間儒學化頗深的黃葆年，則又將「氣」與「器」結合起來，以呼應時代的挑戰。由於受宋儒氣稟有害的影響，因此太谷學人很重視存養與變化，張積中從知言、謹言的角度切入，叮囑學人養氣全在舌根上，李光炘、朱淵、蔣文田、黃葆年等則主張從讀書、內省、改過去變化氣質，由此可看出太谷學派的教育方式有往親民的趨勢進行。

　　其二，在心性論方面，太谷學派認為此身非我古今同，唯有致力於身命修養，方能不畏懼死亡，也就是要將「命」的概念，內化為對生命的認知，進而知命，了解客觀的命限，接受人生的缺憾、不完美，但也不忘積極發揮人的能動性，至於成敗問題則交予命，這才是真知命。為避免身與命相離，李光炘叮囑學人要時時「反觀」，使覺性發用，一旦發用，便可掙脫外物的牽引，身與命即相合。其次，「心息相依」也是太谷學派心性論上的一種修養，目的是俾使生命能達於靜與誠的境界，故他們又分別從身命、視聽言動、宗教、社會等角度來詮釋「心息相依」的命題，使學人能從不同的角度去掌握、體悟這箇中境界。

　　其三，在工夫論方面，關於「格物致知」的命題，太谷學派闡發的方式與宋明儒是迥異的。自周太谷以來，即釋「格」字為「合」之意，要將耳目手口、視聽言動等外物與屬於內物的心相合，發展出外物與內物的誠身說，以期能架構出一個內在與外在皆和諧的世界。對於一般的民眾，太谷學派則從人事的角度切入，主張「格」具有感格與渾合之義，故與儒家的恕道思想結合，將「格者，合也」的意思詮釋為人同此心，心同此理，如此的詮釋將更能貼近一般民眾的認知，以達知行合一的理想。

第六章　太谷學派的詩學教育觀

　　漢民族是個對「詩」情有獨鍾的民族。自先秦以降,「詩」就不曾在我國的文學史上缺席過,它的定義亦甚廣,甚至後來的詞、曲都被涵蓋於其中,足見漢民族廣納百川的包融性,故近人王國維《人間詞話》云:「四言敝而有楚辭,楚辭敝而有五言,五言敝而有七言,古詩敝而有律絕,律絕敝而有詞。蓋文體通行既久,染指遂多,自成陳套。豪傑之士,亦難於其中自出新意,故往往遁而作他體,以發表其思想感情。一切文體所以始盛終衰者,皆由於此。」〔註1〕可知漢民族所以成為「詩」的國度,這些「豪傑之士」的功不可沒,因為有他們對「詩」的用力鑽研,不因襲陳套,進而不斷的推陳出新,以各種不同的文體,或古詩,或近體詩,或詞、曲,來表達其豐富的思想及感情,而「詩」的長河方能源源不絕。

　　循此而言之,雖有創作者投注心力於此,但亦須有傳播者的循循善誘,二者必得雙管齊下,「詩」的生命力方能不被斷。就傳播者而論,早在孔子時就曾以《詩經》做為講學的教材之一,在《論語》中便記載了多條孔子以《詩經》教學的資料〔註2〕;不過,由於配合當時的社會環境,故孔子多從政治或倫理的實用角度出發,去解讀《詩經》,構成向外王的傾向。

　　時至有清一代的太谷學派,對於「詩」的創作與傳播均不遺餘力;然而

〔註1〕 王國維著、滕咸惠校注:《人間詞話新注》(台北:里仁書局,1994 年),頁122。

〔註2〕 可參見《論語‧為政》的「詩三百」章、《論語‧八佾》的「關雎樂而不淫」章、《論語‧泰伯》的「興於詩」章、《論語‧子罕》的「康棣之華」章、《論語‧子路》的「誦詩三百」章、《論語‧季氏》的「陳亢問於伯魚」章、《論語‧陽貨》的「小子何莫學夫詩」及「子謂伯魚」章。

他們不從外王的角度解《詩經》，而是從內聖的途徑切入。另外，他們更重視「詩」對人在氣質上的提升與改造，張積中在《白石山房語錄》云：「詩能移風易俗，去人舊染之污。」〔註3〕可知透過讀詩可以滌除靈魂深處的雜質，足以改頭換面成一新人，故其又云：「人之氣至濁，學夫詩則可變成一口清氣。」〔註4〕由此足見詩對性靈而言，深具潛移默化的力量。

而朱松齡在〈太谷學派的詩歌觀〉中亦提及：「太谷學派門人作詩填詞，不同於一般的文人寫作，而是把寫詩作爲陶冶性情、修煉品德的手段，並要從中體會修養的法門，以求天人合一，祈天永命。因此在詩歌創作實踐中既有所倡導，也有所禁忌。」〔註5〕由此可知，太谷學派門人作詩的目的，所以有別於一般的文人，其最主要的原因是：該學派乃以宣揚儒學的思想爲宗旨。由於其對於內聖的修養相當重視，進而將此寄寓於對詩的解讀及創作當中；是以從他們所架構的詩學理論，即可明乎其所倡導的即是所禁忌的，而所禁忌的則是所倡導的。

太谷學派在詩學的教育方面，大抵可分爲「傳播」與「創作」兩部分。太谷學派對於詩的傳播，首先著重在對《詩經》及詩篇的解讀，透過其解《詩經》的角度，即可明瞭其對詩的創作態度，而此態度即展現在其所作詩篇當中。由於太谷學人對於詩是喜愛的，再者當年他們爲南北合宗的事，曾舉辦過多次的聚會活動，故所留下來的詩篇亦相當可觀。另外，透過其對詩篇的眉批，則可明瞭其對詩的批評與鑑賞，太谷學派的詩學理論於焉成立。

其次，江峰在〈太谷學派的生命境界觀〉說：「太谷學派通過詩文的藝術形式，領略、體驗詩化的儒宗聖境，以生命言說詩文，以詩文彰顯生命，重視立性達情，提出了一些關於詩文的審美概念。」〔註6〕職是之故，本章擬分寓性情於詩的本源論、寓感通於詩的鑑賞論、寓內涵於詩的創作論等三節，來探討太谷學派如何透過對詩的解讀與創作，表現其在詩學教育方面的獨到見解。

〔註3〕 張積中：《白石山房語錄》，收於方寶川編：《太谷學派遺書》第一輯第二冊（揚州：廣陵古籍刻印社，1997年），頁15。

〔註4〕 張積中：《白石山房語錄》，頁73。

〔註5〕 朱松齡：〈太谷學派的詩歌觀〉，《南京理工大學學報》2004年第3期，頁90。

〔註6〕 江峰：《太谷學派生命哲學研究》（北京：東方出版社，2007年），頁407。

第一節　寓性情於詩的本源論

　　《左傳·襄公二十四年》載叔孫豹論所謂「三不朽」的問題，即立德、立言、立功〔註7〕。立德乃自身致力於德性的修養，冀能盡心、知性以知天，爲後人樹立學習的典範；立功乃從事造福天地萬物的事業，使其皆能蒙福得利。太谷學派對於此二者的專注與投入，可謂不遺餘力；至於立言，乃能將個人體道的心得訴諸於文字，以期後人能藉此與上天接通，獲得精神力量的感召。關於這方面，太谷學人亦極力的思索，究竟具備怎樣性質的詩歌，方能流傳千古而永垂不朽呢？是以本節就太谷學人的詩論進行分析與探討，藉此亦得以確知太谷學派取決眞詩標準的所在。

一、探究風人的旨趣

　　漢民族最早的一部詩歌總集──《詩經》，按體裁可分爲〈風〉、〈雅〉、〈頌〉三類。其中「風」指的是民間歌謠，這類的作品風格活發且寫實，是《詩經》中最爲人所津津樂讀的，故後世學者以「風」做爲《詩經》的代稱，也將詩人稱爲「風人」，而作品則爲風人眞性情的反映。是以太谷學人在解讀《詩經》，乃至漢、魏以來的詩篇，即欲探究風人寄寓其中的旨趣。其次，從講學的角度而言，則是在倫理與認知的教育外，給予門人美的涵養，陶冶其性靈，使之成爲剛柔並濟的人。

　　《觀海山房追隨錄》云：「聖門說詩，佛門作偈，道門詠歌，其義一也，多風人之旨。故長言嗟歎，則不知足之蹈之，手之舞之，一切蠢動含靈俱含佛性，有性即有情，識得情字，方能止於至善。秀問云：『何識得？』師曰：『學詩。』」〔註8〕李光炘以爲無論是詩、偈、歌等，皆寓有風人之旨，而這抽象的風人之旨表現於外，則是長言、嗟嘆、手舞、足蹈等具體的動作，由

〔註7〕　見《左傳》，收於《景印文淵閣四庫全書》第 144 冊（台北：台灣商務印書館，1983 年），載：傳二十四年春，穆叔如，晉范宣子逆之問焉，曰：「古人有言曰：『死而不朽何謂也？』」穆叔未對。宣子曰：「昔匄之祖自虞以上爲陶唐氏，在夏爲御龍氏，在商爲豕韋氏，在周爲唐杜氏，晉盟爲范氏，其是之謂乎？」穆叔曰：「以豹所聞，此之謂世祿非不朽也。魯有先大夫曰：『臧文仲既沒其立，其之謂乎？』豹聞之太上有德，其次有功，其次有立言，雖久不廢，此之謂不朽。」頁 140～141。
〔註8〕　李光炘：《觀海山房追隨錄》，收於方寶川編：《太谷學派遺書》第一輯第三冊（揚州：廣陵古籍刻印社，1997 年），頁 109。

外往內探究，即知其旨在「性情」，此乃由於人人皆秉承上天之性；是以藉由學詩，即風人之性以達情，進而與上天相應接通，此時所發之情皆為善，而德潤萬物眾生。

李光炘〈論詩文〉又云：「張籍詩『還君明珠雙淚垂，恨不相逢未嫁時』，玩此而語，何嘗不義正詞嚴，而以纏綿悱惻出之，是真識得風人之旨者。」〔註9〕姑不論張籍〈節婦吟〉背後的寫作動機〔註10〕，就此詩所表現的思想而言，一名有夫之婦，明乎不可任情而為，情必得依性而發用，情必得有禮節之，故將此意藉由纏綿悱惻語出之，表達其相見恨晚的遺憾，風人之旨由此呈現。

風人之旨展現在具體的生活中，必得細心體會，方能悟得風人的旨趣，《歸群草堂語錄》即載：「問學詩，曰：『到處留心，到處留情。』」〔註11〕黃葆年以為生活裏無處不充滿詩意；是以培養自己以心眼去觀察，靜體生活的點滴變化，此乃學詩的入門，一旦把握住此要領，並加以落實，則不但能有獨具的慧眼來解讀詩篇，而且對於詩歌的創作也能別出心裁，如此才不致專於字句上的訓詁，而略其蘊藏於作品當中的風人旨趣。

持此觀點，李光炘在〈論詩文〉即云：「《毛詩》〈風〉、〈雅〉諸篇，率多思婦勞人之作。所謂詩言志，歌永言，而性情寄焉。……輞川狀田家之景最真，襄陽得山水之趣亦足，性之所近，情亦寓焉。」〔註12〕足見在解讀詩篇時，極力欲探究的，便是寄寓於詩中的性情，而此性情乃風人真實的反映，故無所不在，王維所描寫的田家之景或孟浩然的山水之趣，皆有其淡泊名利，超脫凡俗之情寄寓其中，讀之，令人悠然神往。李光炘此言與黃葆年對學詩的主張，可謂相應而契合。

太谷學派對於人的「性情」是極為重視的，而詩篇即反映風人內在的真性情，此性情乃古今同然，亙古不移，故藉由讀詩可收潛移默化之效，〈詩說〉即曰：

> 詩者，性情之所為也。詩可亡，性情不可得而亡也，性情不可得而

〔註9〕 李光炘：《群玉山房詩鈔》，收於方寶川編：《太谷學派遺書》第二輯第二冊（揚州：廣陵古籍刻印社，1998年），頁80。

〔註10〕 洪邁：《容齋三筆》卷六（台北：台灣商務印書館，1956年）載：「張籍在他鎮幕府，鄆帥李師古又以書幣辟之，籍卻而不納，而作〈節婦吟〉一章寄之。」，頁50。

〔註11〕 徐煦：《歸群草堂語錄》，卷四，收於方寶川編：《太谷學派遺書》第一輯第五冊（揚州：廣陵古籍刻印社，1997年），頁67。

〔註12〕 李光炘：《群玉山房詩鈔》，頁77。

亡則詩不可得而亡也。……吾性情不能近人，是文王、周公、孔子
不復見於今也；吾性情果能近之，是文王、周公、孔子未嘗不復見
於今也。吾不能詩而聞文王、周公之詩，先得我心之所同然，是即
我之詩也；吾不能說詩而聞孔門之說詩，先得我心之所同然，是即
我之說詩也；吾師文王、周公、孔子因而思文王、周公、孔子，是
文王、周公、孔子之性情也，是我之性情也，是即我之詩也；吾思
文王、周公、孔子因而師文王、周公、孔子，是文王、周公、孔子
啟發我之性情也，是我之啟發其性情也，是即我之說詩也。〔註13〕

太谷學人以為「性情」是不可亡失的，它是維繫天地之間、人我之間和諧的
重要因素。而此「性情」自文王、周公、孔子迄於今人，皆同然；是以聞古
聖賢之詩或其說解詩篇，會有彷彿吾人所為、所說之親切感油然而生，其原
乃由於此。無論就時間或空間而言，雖然古聖賢距離現今已很遙遠；然而若
能當下即性以達情，德澤於人，便能與之接軌，此時古聖賢的形象即打破時
空所限，誠如老子「死而不亡者壽」的境界〔註14〕，形軀我雖喪，但精神我
卻不亡且輝映於今。

　　然而寄寓於詩裏的「性情」是極為抽象的，有時又隱晦難言的，故周勛
初在〈儒家在文學理論上的貢獻〉說：「如果光憑讀者個人的『意』而逆探作
者的『志』，還會出現莫衷一是的情況。」〔註15〕是以太谷學派對於詩到底可
說，抑或不可說，也有一番討論，〈詩說〉載：

詩也者，性情而已矣。可說乎？可說者，非詩也，性情非說所能盡
也，故曰：「詩無達詁也。」不可說乎？不可說者，亦非詩也，性情
惟說為可通也，故曰：「不學詩，無以言也。」……性情者，無深之
非淺，亦無淺之非深也。……詩人自言其性情也，非欲求人知而故
淺之，非欲求人不知而故深之也。……蓋以己之性情，通古人之性
情，說其可說者，而詩之顯者見，所謂「鳶飛戾天，魚躍於淵，言
其上下察也」，是也；說其不可說者，而詩之隱者亦見，所謂「上天
之載，無聲無臭」，至矣。……嗚乎！今猶古也，今之詩猶古之詩也，

〔註13〕　歸群弟子：《歸群文課》，收於方寶川編：《太谷學派遺書》第二輯第六冊（揚
　　　　　州：廣陵古籍刻印社，1998 年），頁 348～350。
〔註14〕　《老子四種──老子王弼注》（台北：大安出版社，1999 年），頁 28。
〔註15〕　周勛初：《中國文學批評小史》（台北：崧高書社，1985 年），頁 17。

> 今人之性情亦猶古人之性情也，詩所以通性情，故孔子曰：「小子，
> 何莫學夫詩也。」性情所以通詩，故孟子曰：「以意逆志，斯爲得之
> 也。」是二者萬世說詩之標準也。〔註16〕

太谷學人認爲詩所要表達的，無非就是「性情」而已，故說詩即是說性情。
至於詩到底可不可言說？若持「詩可說」的觀點而言，既抽象且無比豐富的
性情，豈是言說可盡，一旦言說，似乎違反「詩無達詁」的原則；若持「詩
不可說」的觀點而言，那豈能明乎風人所言之旨，此又違反「不學詩，無以
言也」的名訓。陷入這種說與不說之間的迷思裏，頗有宋代蘇東坡〈琴詩〉「若
言琴上有琴聲，放在匣中何不鳴？若言聲在指頭上，何不於君指上聽」〔註17〕
的況味。那麼詩到底可否言說？太谷學人以爲古今之人的性情是相通的，古
人之詩可通今人之性情，而今人之性情亦可通古人之詩。故對於詩採能言說
者則言說，一言說則如見「鳶飛戾天，魚躍於淵」的歡騰情景，不可言說者
則用心領神會，感受那如「上天之載，無聲無臭」的境界。

其實就太谷學派對於詩的認知角度而言，風人的旨趣是很難探究的，偏
偏後儒多著重於字句訓詁，導致風人之旨逐漸湮滅，〈詩說〉即曰：

> 詩且多有難言之隱，後儒支支節節，字梳而句櫛之，可謂勤矣，然
> 已鑿矣。今夫天之於物也，春風一動，萬物皆春，問何以春？天不
> 能言，物亦不能言；秋風一肅，萬物皆秋，問何以秋？天不能言，
> 物亦不能言。……離形迹而契以性情，孔門之言詩也；離性情而求
> 諸形迹，後儒之言詩也，菁華既竭而餔啜醨者徧天下矣。……詩也
> 者，天之形迹也，性情之形迹也。〔註18〕

太谷學派認爲解讀詩篇的方式有二種：其一爲孔門「離形迹而契以性情」的
言詩方式，其二則爲後儒「離性情而求諸形迹」的言詩方式。至於此二種方
式何者較佳？由上所述即可知太谷學人主張言詩的方式，是從孔門的，因爲
詩篇是天道下貫於人，然後人之性情反映於其中，故解讀詩篇時，不效「後
儒支支節節，字梳而句櫛之」，而是直契以性情，這種自然且不須透過言語的
契印，即如「春風一動，萬物皆春」、「秋風一肅，萬物皆秋」的交感，在《論

〔註16〕歸群弟子：《歸群文課》，頁317～321。
〔註17〕張志烈、馬德富、周裕鍇編：《蘇軾詩集校注》卷二（石家莊：河北人民出版
　　　　社，2010年），頁2269。
〔註18〕歸群弟子：《歸群文課》，頁306～308。

語‧陽貨》即載：「子曰：『予欲無言。』子貢曰：『子如不言，則小子何述焉？』子曰：『天何言哉？四時行焉，百物生焉。天何言哉？』」〔註19〕孔子因其弟子多從言語方面去瞭解他，而忽略其隱藏於學問裏的性情，故要弟子多從他「無言」、「未言」處，去體會他所傳授的道，猶如對自然界除了從知識層面學習外，也應當靜體造物主的美意。然而可嘆的是後儒在解讀詩篇時，卻僅從專致於字面上去爬梳，極力欲探究其中的難言之隱，而無法與風人之性情相契印，終致扞格不入。

　　職是之故，在〈詩說〉中，太谷學人即針對古之說詩與今之說詩的優缺得失，做一番評論，其云：

> 蓋古之說詩，以我說詩者也，性情之學也。開卷有得，觸處即是，大和氤氳，與之往來，深之則聖人之事也，淺之則匹夫匹婦可與知而與能也。後世之說詩，以詩說詩者也，訓詁之學也。什求其歸，章求其旨，句求其故，字求其名，信古疑荒，信心疑固，或得或失，或主或奴，所謂區區諸老翁爲事誠殷勤，又所謂老師宿儒白首莫能悉其義者也，吾將何說哉？吾將何說哉？〔註20〕

由此可知，太谷學人以爲古今說詩最大的差異在於一者「以我說詩」，另一者則「以詩說詩」。古人說詩能直契風人的性情，並能按聽聞者的程度，深入淺出的講授，對於程度較高者，其能將儒家「賦詩以言志」的傳統闡揚至精，對於程度較低者，其能以通俗的方式說解，俾使匹夫匹婦能掌握風人之旨的箇中三昧。然而，今人說詩則強調字句的疏通，如此只是造就出一批又一批的經儒，解詩至此，則詩中的風人之旨蕩然無存矣！

　　關於詩，江峰在〈太谷學派的生命境界觀〉裏提到：「詩有自身獨特的形成機制。」〔註21〕詩無達詁，風人之旨趣有時乃讀詩時無從探究的，至於這無法以言說方式探究的風人之旨，該如何去解讀、欣賞？〈詩說〉云：

> 詩，思也。耳目觀於內，入於誠曰「思」；性情感於中，發於聲曰「詩」。……聖人之教人以詩也，即其教人以思也。不曰思而曰詩者，思者，心之事也；詩者，性情之事也。心契於性情而惟一，則思周乎倫物而惟精。……詩可徵也，思之不能廢學也。孔門之學詩可徵

〔註19〕　見《四書章句集注》，頁82。
〔註20〕　歸群弟子：《歸群文課》，頁299～300。
〔註21〕　江峰：《太谷學派生命哲學研究》，頁418。

也。然則吾何學哉？思而已矣；吾何思哉？學詩而已矣。詩外無思，
思外亦無詩。〔註22〕

太谷學人以爲「詩」與「思」乃一體兩面的，唯「詩」是情動於中而形於言
的表現，而「思」則是人耳退聽，人目內視，耳目皆由原本的向外攀緣而轉
換成反照於內心的狀態。由於「思」是內心的事，而「詩」則是性情的事，
性情事或可說，但內心事是絕不可說，只能以心感之，故聖人藉由教人以詩，
同時教人以思來體驗那詩中不可言說的境界。至於此不可言說之境，當如何
方能臻驗？太谷學人以爲當人心與風人相契合時，性情會變得獨特，而性情
也因爲周旋於人倫萬物中，使得人思變得專注，誠如江峰〈太谷學派的生命
境界觀〉所言：「太谷學人不僅僅重視以生命去體驗儒宗聖境中詩化的生命世
界，而且還重視通過這種體驗來詩化自己的生命世界。」〔註23〕是以太谷學
人承繼孔門治學的理念，主張學與思要並重，學詩同時也學思，唯有學詩方
能進入思的狀態。

然而這種「思」的狀態是很抽象的，對於中下階層的人不易掌握；故致
力於儒學民間化頗深的黃葆年云：「三百之《詩》皆自思生也，不思則無《詩》
矣，思出其位曰『邪』。〈洪範〉曰：『思曰睿，睿作聖。』孟子曰：『思則得
之。』思出其位，不得謂之思矣；子曰：『小子何莫學夫《詩》。』《記》曰：
『溫柔敦厚，詩教也。』思出其位，不得謂之三百之《詩》矣。君君，臣臣，
父父，子子曰『位』。君不君，臣不臣，父不父，子不子亦曰『位』。」〔註24〕
黃葆年從倫理的角度切入，來爲一般的民眾宣講《詩經》，他認爲《詩經》三
百篇所欲傳達的思想，即是要百姓日常生活裏的行事須謹遵綱常分際，君臣
與父子之間皆各安其本，各守其分，他曾說：「凡物莫不有其本，惟知其本者，
思不出其位。」〔註25〕可知若能明乎本末關係，依本行事，則本立道生，此
亦可謂掌握了風人的旨趣。

太谷學派是很重視詩學教育的，他們對於無法言說的風人之旨，提出以
「思」學詩的教學主張，並針對教學對象的差異，予以不同的對「思」的體

〔註22〕歸群弟子：《歸群文課》，頁 333～334。
〔註23〕江峰：《太谷學派生命哲學研究》，頁 419。
〔註24〕黃葆年：《黃氏遺書》卷五，收於方寶川編：《太谷學派遺書》第一輯第四冊
　　　　（揚州：廣陵古籍刻印社，1997 年），頁 375～376。
〔註25〕黃葆年：《詩經讀本》，收於方寶川編：《太谷學派遺書》第二輯第四冊（揚州：
　　　　廣陵古籍刻印社，1998 年），頁 17。

驗方式，在《白石山房語錄》即載：「人之思是不通的，學詩乃通。」〔註 26〕
由此可知，太谷學派自從張積中開始，即主張藉由學詩讓人的心思達到空靈，
同時體驗與風人的性情相契印的境界，而對於一般的民眾則期許他們藉由學
詩，了解風人之旨所欲傳達的是思在其位，勉其個人的言行舉止應符合倫理
的常軌。此乃太谷學派主張學詩，探究風人旨趣的目的，即是要使人心與上
天重新接軌的明證。

二、性體情用爲眞詩

清代趙翼（1727～1814）在〈論詩〉云：「江山代有才人出，各領風騷數
百年。」縱觀詩壇，從古迄今，可謂代有才人、名家輩出，所留下的震古鑠
今的詩篇更是不計其數，詩的園林因而百花齊放，爭奇鬥艷，熱鬧非凡；然
而太谷學派對於「眞詩」的認定，自有其確立的標準，張積中在〈南園詩序〉
裏即云：

> 天地之詩，蓋有眞詩焉。眞者，發於性情之自然；僞者，鑿鑿弗與
> 也。夫所謂眞者，眞氣之所結也，不論貞淫，無分正變，但原於眞
> 氣，天地即得而寶之而後人傳之。〔註 27〕

張積中是太谷學人中很重視「氣」的概念的，在《白石山房語錄》即載其云：
「一吸則氣升，一呼則氣降，凡息自然之升降也。」〔註 28〕其以爲天地之間
的自然之氣全在人的一呼一吸之間，接著又云：「《詩》之風即口中呼吸之氣
也。」〔註 29〕由此可知，張積中以爲《詩經》裏的「風」即猶如人息升降般
的自然，這種自然又是來自於眞性情的，故無關乎貞淫或正變，只要是來自
於這自然眞氣的即爲眞詩，此眞詩必能受到天地的寶愛，俾使後人流傳千古。

持此觀點言之，太谷學派以爲的「眞」，即是發於自然的性情，故在詩學
教育的領域裏，性情便是其《詩》教最高的指導原則。朱師孟庭在〈雜糅詩
學批評的袁枚〉裏便對「性情」提出看法，其云：「所謂的『性情』，本是包
含著『性』與『情』兩方面的，不過在運用時，其側重點可以有所不同。經

〔註 26〕　張積中：《白石山房語錄》，頁 74。
〔註 27〕　張積中：《白石山房文鈔》，收於方寶川編：《太谷學派遺書》第二輯第一冊（揚
　　　　　州：廣陵古籍刻印社，1998 年），頁 49。
〔註 28〕　張積中：《白石山房語錄》，頁 22。
〔註 29〕　張積中：《白石山房語錄》，頁 67。

生家、道學家多重在『性』，詩人、文評家多重在『情』。」〔註30〕太谷學派在講學時，有嚴謹思辨如經生、道學家的一面，也有感性溫婉如詩人、文評家的一面，故對於性與情是兩者並重，以性為體，以情為用的，朱淵在〈闕題三十一首之二〉云：

> 詩之教，性情而已矣。其始也，性去求情，男下女也；其繼也，情來歸性，女從男也；其終也，性情渾合，男化女，女化男，肫肫其仁也。仁也者，詩之秘旨也，能近取譬，可以為仁，可以學詩也。
> 〔註31〕

男女的交感，是維繫宇宙的運行生生不息的重要關鍵，而這種異性相吸的特質也是源於人本具的真性情；是以，朱淵以為《詩》教所要傳達的便是「性情」而已，黃葆年亦曰：「〈風〉、〈雅〉是飲食男女。」〔註32〕故由朱淵的這段話可知，從一開始的性求情（即男下女），接著情歸性（即女從男），到最終的性情渾合（男女化而為一），吾人通過學《詩》即為達「肫肫其仁」的境界，進而掌握《詩經》的秘旨。要掌握此秘旨則具體的方式即能近取譬，推己及人。因此，黃葆年〈送毛子序〉云：

> 詩也，性情之學也。性達於情為哀為樂，情立於性為不淫為不傷，能近取譬，三百皆為仁之方也。子曰：「人而不仁，如禮何？人而不仁，如樂何？」洙泗之言詩也，先於禮樂，吾故曰：「性情之學也。」性之達於情也，惻隱也，羞惡也，辭讓也，是非也，一本諸惻隱，故曰：「人皆有不忍人之心也。」情之立於性也，同視也，同聽也，同美也，一移於心之所同然，故曰：「禮義之悅我心，猶芻豢之悅我口也。」不忍人之心，詩之本也。〔註33〕

黃葆年認為性與情是不相離而相輔相成的，由性而達情，情或哀或樂，但必得依性而發用，方能達「哀而不傷，樂而不淫」的理想境界，由此即知，《詩》三百篇皆是欲喚醒人的惻隱之心、不忍人之心（即仁），張積中在《白石山房

〔註30〕 朱孟庭：《清代詩經的文學闡釋》（台北：文津出版社有限公司，2007年），頁204。

〔註31〕 朱淵：《養蒙堂遺集》，收於方寶川編：《太谷學派遺書》第一輯第五冊（揚州：廣陵古籍刻印社，1997年），頁32。

〔註32〕 徐煦：《歸群草堂語錄》，卷四，頁70。

〔註33〕 黃葆年：《歸群草堂文集》，收於方寶川編：《太谷學派遺書》第二輯第二冊（揚州：廣陵古籍刻印社，1998年），頁106～107。

語錄》即云：「學詩以不忍人之心爲主。」〔註34〕因爲此乃《詩》之根本。聖
人便將不忍人之心寄寓其中，〈詩說〉云：

> 夫聖人有殷然濟世之志，而又有超然高世之心，是故乾坤之清氣與
> 山澤之和氣，醞釀洋溢，感而爲詩，其含章日月，鼓舞風霆，足以
> 孚民物而動天地，此性情之至也。失其和而關雎、麟趾之意微、溫
> 柔敦厚之教荒矣！失其情而山榛隰苓，美人不作；蒹葭、秋水，道
> 阻且長矣！〔註35〕

聖人之所以爲聖人，乃其同時具有「殷然濟世之志」及「超然高世之心」；因
此能感通天地的清氣及山澤的和氣，發而爲「含章日月」、「鼓舞風霆」，足以
教化百姓、感天動地的詩，這樣的詩可謂是性情極至的表現。若失其和，則
關雎、麟趾的意旨就會因而隱晦不彰，溫柔敦厚的詩教也會荒廢；若失其情，
則山榛、隰苓的美人風韻就會因而不現，蒹葭秋水、道阻且長的感傷也會無
從遣消。由此可知，太谷學派認爲「溫柔敦厚」只是《詩》教的一端，而情
感的抒發則是另一端，唯有性與情並重，才能全面彰顯聖人《詩》教的意旨，
如此一來，可謂破除自漢以來解詩者迷信於「溫柔敦厚」的《詩》教，而能
以更周全、客觀的角度來解讀詩篇。

　　太谷學人認爲倫理綱常是不能缺少情感滋潤的，而詩乃本乎性情，故從
學詩入手，將有益於倫理綱常的關係更和諧，〈詩說〉云：

> 詩之興也，興於天地之交也，上下之交也，父子、夫婦、昆弟、朋
> 友之交也。交也者，性情往來而不能已也，有所不能已，故言之，
> 言之不足，故長言之，長言之不足，故詠歎之，詠歎之不足，則不
> 知手之舞之，足之蹈之。斯道也，修辭之道也，作者所以立其誠也，
> 學者所以立其誠也，惟其性情往來而不能已也。詩亡而性情不可見
> 矣，性情不可見則人倫幾乎絕，乾坤幾乎息矣。〔註36〕

太谷學人認爲詩產生於天地之交及倫理綱常的人際網絡裏，父子以慈孝交，
夫婦以敬交，昆弟以悌交，朋友以信交，而性情便寄寓在這一來一往的互動。
由於人我之間一旦接觸即會產生情感，這種情感藉由長言、詠歎、手舞、足
蹈得以展現，創作者並沒有誇博學、競聲名的功利目的，只是如實並且誠懇

〔註34〕　張積中：《白石山房語錄》，頁 75。
〔註35〕　歸群弟子：《歸群文課》，頁 311～312。
〔註36〕　歸群弟子：《歸群文課》，頁 336～337。

的將這種情感傳達出來，而讀詩則是感受詩中眞情實意的薰陶，與詩人的性情做內在的交流，故性情透過詩的藝術形式來表現，詩一旦滅絕於天地間，性情就會隱晦不彰，學子便無從藉由詩來陶冶性靈，俾使倫理綱常的人際網絡，更爲融洽。

　　但放眼當代的詩壇，太谷學人感慨能「以性爲體，以情爲用」的眞詩已不多見，充斥於詩壇的作品不是言情不言性，就是言性不言情；是以〈詩說〉云：

> 詩亡而天人之性情不通久矣，非性情不能通也。後世之所謂性情，非性情也。夫性，天性也，而通乎人情；情，人情也，而通乎天性。性情之通天人也。……後世言情者，不欲言性，是不知天也，以不知畏天，因不知樂天，而怨天尤人之詞章出焉，不知離性以言情，則情失其情而詩亡矣；言性者，不敢言情，更不知人也，不知人情，安知天性哉？故其說詩也，以文害辭，以辭害志，而信斯言也之訓詁成焉，不知離情以言性，則性失其性而詩亦亡矣。〔註37〕

太谷學人認爲人無法即上天所賦予的性以達乎情，進而盡心、知性以知天，因此天與人悍格而不相應，導致詩壇呈現兩種風貌：其一乃詩人只著重於抒發個人抑鬱不平的情志，並無反觀內心省察且靜體上天之意，此乃不知畏天而樂天，詩壇故而爲怨天尤人的詩篇所籠罩，〈書陶淵明先生飲酒詩後〉即云：「天下淡泊之境，人之所棄也，懷棄去之心，而處不能棄去之勢，於是悲憂窮蹙，怨憤無聊之詩作焉。」〔註38〕這種只言情不言性的詩篇，其情也失其眞；其二乃詩人如經生家、道學家只著重於言性，不敢談情，殊不知性與情是不相離的，故其說詩便重在梳通字句之意，完全忽略了情意的美感，這種只言性不言情的詩篇，其性也失其正。由是觀之，太谷學人認爲詩已亡矣，詩壇已無眞詩。

　　由此可知，詩人若偏執一端或言性或言情，此絕非眞詩，在《黃氏遺書》即載：「怨天尤人，其自屈、馬始乎？以屈、馬爲文而斯文喪矣。」〔註39〕黃葆年也認爲在作品中一味的怨天尤人，抒發牢騷，對於讀者而言，並無法藉由閱讀而獲得靈魂的躍升與心境的轉換，只會令讀者陷入愁雲慘霧的悲傷情

〔註37〕歸群弟子：《歸群文課》，頁351～352。
〔註38〕歸群弟子：《歸群文課》，頁809。
〔註39〕黃葆年：《黃氏遺書》卷一，頁79。

緒裏，進而同聲一哭罷了；因此，屈、馬的作品對太谷學人而言，並非一流的作品。〈論詩文〉也說：「今之詩人非自矜即疾世，自矜曰『占身分』，疾世曰『多感慨』。怨天尤人之見橫亙於中，欲其詩之超妙也，難矣！」〔註40〕李光炘認爲當代詩人不是目中無人，就是憤世疾俗，這種怨天尤人的心態充塞於胸中，想要把詩寫得高妙，進而引人入勝是很難的。

職是之故，太谷學人提出了能傳後世於不朽的詩篇，其所尚爲何，所忌爲何，在〈書陶淵明先生飲酒詩後〉即云：「詩之作也，性情固結於中，不得已而有言者也；詩之傳也，言之發於性情而固結於天下後世之人心者也。至於務采色，誇聲音以飾之，憤時嫉俗，抑鬱無聊以激越之而詩亡矣。」〔註41〕太谷學人認爲「詩之作」與「詩之傳」二者的共通處歸結於「性情」，就「詩之作」而言，當眞性情動於內心時，方化爲文字流洩出來；就「詩之傳」而言，當詩篇的產生是來自於詩人的眞性情時，其必能感動天下後世的讀者；故可知太谷學人所尚者，乃詩篇是否寓有詩人性情，如此方能達天人性情相通的境界。至於所忌者則是專就形式著力，重視鍊字及音韻的抑揚頓挫，又怨天尤人的情緒充塞其間，這種無法即性以達情的詩篇，既不可謂之眞詩，當然也就失卻其傳世價值了。

三、聲音之道通性情

太谷學派認爲足以流傳千古的眞詩，必有詩人的性情寄寓其中，而此性情是與天相應的，亦可謂天人相應的詩篇方能彰顯詩裏純眞、純美的藝術境界；然而在太谷學派所活動的年代，人心已被外境所蒙蔽，所創作的詩篇亦不再有上古的純厚自然，張積中在《白石山房語錄》即說：「二〈南〉之音，天聲也；變風之音，人聲也。二〈南〉去笙詩不遠矣。」〔註42〕所謂「笙詩」指的是《詩經》裏六首有目無辭徒有音樂的作品，張積中認爲這六首笙詩的音樂是先民遺留下來的，《詩經》二〈南〉裏的詩篇風格敦厚素樸，絲毫不造作，即宛如天籟，而自〈邶風〉以降的變風，則是衰世之音，由詩篇當中即可感受到人們充滿了憂慮的愁緒。

龔鵬程在〈抒情：氣感愉悅的世界〉說：「音樂、詩歌都由風氣鼓動感人而

〔註40〕 李光炘：《群玉山房詩鈔》，頁 80。
〔註41〕 歸群弟子：《歸群文課》，頁 817。
〔註42〕 歸群弟子：《歸群文課》，頁 68。

生，也就可以動人、感人、教化人、諷刺人，甚至還可以『動天地，感鬼神』。因爲天人同氣，故亦可以共感。這都是從氣充滿宇宙、天人交感、天人合一的觀念發展出來的講法。」〔註43〕張積中便很重視「氣」的概念，〈論詩〉載其云：

> 詩者，風也。在天爲風，在人爲氣；氣之激越者，其言多慷慨；氣之纏綿者，其言多婉曲；氣之戚者，其言多哀；氣之清者，其言多遠。蓋有眞焉，不可沒也，皆發於性情者也。〔註44〕

他認爲詩在自然界即是風，化而爲人即爲氣，而這氣又分布於各鄉土，不同的鄉土即有不同的民情與風氣，故產生不同的音樂：激越昂揚之氣有慷慨之音，纏綿悱惻之氣有婉轉雅致之音，悲慟哀戚之氣有哀傷之音，清徹之氣有玄遠之音。若將音樂應用於詩歌，則〈國風〉便應運而生。

太谷學派自張積中開始，便將詩與音樂結合來評論詩壇，〈唐詩正聲序〉云：「夫聲教之衰，性情之漓也。文人寡行，才士趨華，上昧乎金聲玉振之音，下騖乎牛鬼蛇神之想。夫所謂辭者，天地之文易，不易之典則也。侈祭魚而務博之何哉，夸錯采而爭妍，去之遠矣。」〔註45〕張積中認爲時下的詩壇，文人才士缺乏德行操守的觀念，只一味的徵名逐利，致使上古金聲玉振之音蕩然無存，所創作的詩篇皆以炫耀記問之學及鍊字爲尚，導致聲教〔註46〕衰敗，人的性情澆薄不彰，無法與天感應。

到黃葆年創建歸群草堂講學時，對於詩與音樂的關係則有更進一步的說明，他認爲詩與音樂並非截然不同，性質迥異的，其實這二者是有相通之處的，〈天籟遺音序〉即云：

> 天之於人也，猶親之於子也，而不必其諄諄然命之也，遺之以音而已矣；古之於今也，猶師之於弟也，而不必其諄諄然命之也，亦遺之以音而已矣，是何也？聲音之感人深也，斯道也，莫著於詩。〔註47〕

〔註43〕龔鵬程：《中國傳統文化十五講》（台北：五南圖書出版股份有限公司，2009年），頁218。

〔註44〕張積中：《白石山房文鈔》，頁246。

〔註45〕張積中：《白石山房文鈔》，頁136。

〔註46〕龔鵬程在〈抒情：氣感愉悅的世界〉說：「我們至今還常用『聲氣相通』這個詞來說人與人之間頗有關係。而聲與氣本來就是相通的，古人亦本於此而發展出『聲教』，重視聲音在溝通神人、協和百姓方面的作用。」龔鵬程：《中國傳統文化十五講》，頁222。

〔註47〕黃葆年：《歸群草堂文集》，頁39。

黃葆年認為天與人的關係，猶如父母與孩子；古與今的關係，猶如老師與學生。上天與古人皆不須以生硬的教條來訓勉生民或今人，只須留下些聲音給他們即可，而這聲音寓有上天與古人之道，感人至深，形之外則成了詩篇，生民或今人即藉由學詩，體悟上天與古人的諄諄命意，〈詩說〉進一步申論此意：「聲音之道，通乎性情也，作者不啻神相告，而誦者不啻身為親也，猶春則天地萬物皆春，無人疑為秋；秋則天地萬物皆秋，無人疑為春也。故曰：『聲音之感人深也』」〔註48〕。由此可見，天與人的相應本如四季輪替般的自然，然而這種自然卻無從自當代的詩篇感受到，職是之故，他在〈天籟集序〉表達其慨嘆，他說：

> 《記》曰：「樂由天作。」又曰：「凡音之起，由人心生也。」此二說者，足以觀詩矣。詩動乎天而應以人，動乎人而應以天，天人之相應也。今之詩由古之詩也，天人之不相應也，意匠經營之日深也，興觀群怨之日遠也。予聞夫金石絲竹之音之盈於虛空也，予聞夫金石絲竹之音盈於先民也，予又憂夫天人之不通而人心蔽之也，今古之不通而今之說詩者蔽之也。〔註49〕

從這段序言可知，黃葆年按「音樂是天然而成」及「所有的音樂都是起於人心」的兩種說法來評論詩篇。持此觀點，他認為音樂既是由天所作，而音樂又是起於人心，由此足見人與天相應之理乃不言而喻，在《天籟集》裏對於李白的〈子夜秋歌〉，他評曰：「音由人生，卻自天上飛來，可於此詩味矣。」〔註50〕時序入秋，秋風颯颯吹來，為妻的心繫著遠在邊塞出征的良人，相思之情流洩於陣陣的搗衣聲中，祈願上蒼的庇佑，早日平反胡虜，讓一家得以團聚；是以詩人創作詩篇即是希冀通過與上天的互動，進而感應人，再通過與人的互動以感動上天。誠如上古的金石絲竹之音充盈於無限的天地間，充盈於先民的內心。不過當今的詩篇卻日益著重於形式上的刻意經營，興觀群怨的真性情則逐漸從詩篇中消失殆盡，與古詩天人相應的特質，大相逕庭，這種今古不通的現象，是黃葆年所憂心的。

　　在太谷學派的傳人中，黃葆年致力於民間教化最深，他編纂《天籟集》、

〔註48〕歸群弟子：《歸群文課》，頁326～327。
〔註49〕黃葆年：《歸群草堂文集》，頁37～38。
〔註50〕黃葆年：《天籟集》，收於方寶川編：《太谷學派遺書》第二輯第五冊（揚州：廣陵古籍刻印社，1998年），頁248。李白〈子夜秋歌〉全詩曰：「長安一片月，萬戶搗衣聲；秋風吹不盡，總是玉關情；何日平胡虜，良人罷遠征。」

《天籟遺書》的目的，便是蘄願一般百姓藉由讀詩，明乎「性本善」的義理，並落實於生活中，彰顯上天好生之德的美意，他在〈天籟遺音序〉云：

> 予既成《天籟集》，且續之矣，而高山流水之音，猶巍巍乎湯湯乎盈吾耳也。靜而察之，蓋天籟之在吾心，無心遺之，有心又遺之；而天籟之在天下萬世之人心，未聞遺之，聞如未聞又遺之，不知其幾幾矣。嗚乎！古人之遺有盡乎？天地之遺有盡乎？願與知音之士一洗從前箏笛耳也。〔註51〕

在這段敘述裏，黃葆年表達其「上窮碧落下黃泉」搜集能反映風人真性情的詩篇之原由乃「天籟之在吾心」、「天籟之在天下萬世之人心」，此與他的詩篇乃天人相應的主張是吻合的。其次，面對當代詩壇為虛浮不實、重技巧的詩風所籠罩，導致人思漸為蒙蔽，故他精選寓有風人之旨的詩篇，一方面做為教學時引導學生涵養情意，另一方面則基於不忍這些天籟漸為世人所遺忘，可譽其有傳詩之功。其次，黃葆年編有《詩經讀本》，他評〈蓼莪〉說：「仁人孝子之心，發於聲音而達於情性，是以如此其至也，斯之謂詩，斯之謂誦詩已矣。」〔註52〕可見他在教學生誦讀詩篇時，要學生發自內心，至誠而誦，如此方能通達風人的性情。

太谷學派認為天地之真詩乃寓有風人之性情於其中，而這性情乃如孟子主張的四端，是人皆有之，不必刻意去營造，便自然流露、自然發用，故〈詩說〉即云：

> 天地無言也，而發於春者為春聲，發於秋者為秋聲；萬物無心也，而鳴於春者其音樂，鳴於秋者其音哀，是故詩之始作也。性情之聲音也，其感人深也，及夫《三百》之流傳也，聲音之性情也，其感人愈深也。……治世之音也，亂世之音也，亡國之音也，先民之性情也。天地萬物之性情也，猶春之不可為秋，而秋之不可為春也，故曰：「聲音之感人深也。」〔註53〕

太谷學人認為詩篇的誕生，一如萬物無言、無心般的自然，故而無論是治世之音、亂世之音、亡國之音皆是先民真性情的反映，就如四季的更迭無法亂其次序。因為自然所以更能感動人心。《三百篇》能流傳至今，且不斷的被傳

〔註51〕黃葆年：《歸群草堂文集》，頁43～44。
〔註52〕黃葆年：《詩經讀本》，頁318。
〔註53〕歸群弟子：《歸群文課》，頁323～325。

誦，詩人的自然不造作是很重要的因素；是以〈詩說〉即云：「詩，天籟也。天籟之發於人者也，天下惟動於天者，不可以形迹求。……惟詩與樂動於天機之自然。」〔註 54〕由此可知，詩篇乃發於人而動於天的，只要是天人相應者，皆不落於世俗的考據與訓詁裏，唯有致其誠，方能藉由詩篇聞其天籟，通達風人的性情。

第二節　寓感通於詩的鑑賞論

〈詩說〉云：「詩也者，性情之所往來而發於言者也。性情發於言，斯爲有聲之詩，性情未發於言，斯爲無聲之詩，有聲者有盡而無聲者無盡。知無聲詩而有聲之詩不煩言而解也。」〔註 55〕太谷學派認爲天命神靈（性情），無法藉由人們的視、聽、言、動等感官直接被感知，而是默存於人們的心靈，人們必得致其誠，方能與天命神靈（性情）相通，而詩歌則能將人們的體會予以具體化、形象化，以達天人相應的境界；故太谷學派以詩歌教學，啓迪學生藉由詩歌感通天命神靈，激發情意，培養美感，進而有「眞吾性吾情發爲天籟也，千古名句，如是如是」〔註 56〕的領悟。

持此觀點言之，太谷學派對於詩篇的鑑賞很重視讀者與作家之間的感通，而作品則是爲這兩者的感通所搭起的橋梁。以下就針對太谷學派在其關於《詩經》或詩歌的專論中，所反映出的鑑賞理念，加以論述：

一、詩貴自然〔註 57〕，直指性情

朱師孟庭在〈具有靈眼靈手的金聖嘆〉中說：「古今中外的一切文學家，他們無一不把眞情實感的表現，視爲文學的一項本質要素，因爲它是文學生命之所在，又是作家與讀者最深刻的交流管道。」〔註 58〕可見寓眞於其中的文學作品，方能獲得千載以下之讀者的共鳴，而這也是太谷學派在鑑賞詩篇時所強調的，〈書宋書謝靈運傳論後〉即云：

康樂以勳貴子弟爲異朝臣子，鬱鬱不得志，放逸於山水間，故其詩

〔註 54〕歸群弟子：《歸群文課》，頁 305。
〔註 55〕歸群弟子：《歸群文課》，頁 301～302。
〔註 56〕黃葆年：《天籟集》，頁 160。
〔註 57〕黃葆年：《天籟集》，頁 187。
〔註 58〕朱孟庭：《清代詩經的文學闡釋》，頁 18。

琴瑟之音也，而憂患之心隱躍行間矣。由康樂以觀潘、陸，潘、陸
之性情可知也，由潘、陸以觀嵇、阮，嵇、阮之性情可知也，由嵇、
阮而上溯之，其人之性情皆可知也。然必吾之性情入乎古人之性情，
而後古人之性情入乎吾之性情也。豈斷章摘句、辨格律、論體製之
所能窺測也哉。〔註59〕

晉室南遷以後，心繫於家國的士族，面對「風景不殊，舉目有江河之異」〔註
60〕，不免慨然之情油然而生，如謝靈運自放於山水間，寫詩遣興，抒發個人
抑鬱不得志的心情，讀詩篇即可感受其憂患之緒流洩於字裏行間，太谷學派
認為在鑑賞詩篇時，若能掌握風人因時代感受而產生的性情，則往上溯之，
對於潘岳、陸機，甚至嵇康、阮籍等否定現實、韜晦遺世的詩篇，也都能起
共鳴，這種由風人自然流露的真性情，絕非一味的重鍊字、辨格律、論體製
所能感通的。

　　太谷學派在鑑賞詩篇時，很強調自然，他們認為唯有由重形式與技巧的
桎梏裏解放出來，方能直指風人的性情，李光炘在〈論詩文〉裏云：「《古詩
十九首》情深文明，百讀不厭，作者不傳何人，亦不解何題，可見古人作詩
寫性情，今人作詩寫題目。」〔註61〕他點出古人與今人在創作上的差異，以
致讀古詩與今詩的感受也有所不同。古人是意在筆先，乃主動性的創作，黃
葆年在《詩經讀本》裏便說：「以古人自道其性情，而無作詩以為名高之心，
故不著其姓氏也。」〔註62〕足見寫作於古人而言，只是「自道其性情」，不求
聞名於詩壇，故作品裏「性情中具足文采，文采中具足性情，隨感而發，自
然滿坑滿谷」〔註63〕，朱師孟庭也說：「蓋詩是人們感情的表現，無題詩能自
由發揮，往往能表現最自然。」〔註64〕然而今人則「為賦新詞強說愁」，乃為
寫作而寫作的被動性的創作，故情感的表達即流於牽強，與「自在流出是之
謂真」〔註65〕的境界，相差遠矣！

　　太谷學派對於民間歌謠的價值，是持肯定態度的。李光炘在〈論詩文〉

〔註59〕歸群弟子：《歸群文課》，頁217～218。
〔註60〕見《世說新語箋疏》（台北：華正書局，1984年），頁92。
〔註61〕李光炘：《群玉山房詩鈔》，頁76。
〔註62〕黃葆年：《詩經讀本》，頁176。
〔註63〕黃葆年：《天籟集》，頁184。
〔註64〕朱孟庭：《清代詩經的文學闡釋》，頁210。
〔註65〕黃葆年：《天籟集》，頁211。

裏說：「山歌漁唱，天籟自鳴；俚曲盲詞，自然入妙。彼皆不知何謂九宮也。故詞同一牌而人各一體，曲同一牌而唱不一律，若以陰陽上去填砌，不易爲知音，失其道遠矣。」〔註66〕他認爲村夫野老對格律雖然一竅不通，但那些文人雅士眼中的「山歌漁唱」或「俚曲盲詞」，卻都是他們發於眞性情的心聲，就是因爲這些作品自然不造作，故總能獲得共鳴，黃葆年在《天籟集》也肯定這類的民間歌謠，認爲其創作的過程乃：「有上句自然生出下句，有前首自然生出後首，顚倒一字不得，增減一字不得，其色澤則天然之色澤也，其情韻則天然之情韻也。」〔註67〕反觀那些文人雅士雖精通於格律，卻受拘於格律體製，以致造成重形式輕內容的傾向，風人的性情盡失。

　　然而在文人雅士的角度看來，這些民間歌謠是毫無價值可言的，太谷學派的張積中即持如此的態度，他在〈題淺碧山房詞選後〉即云：「曲者，曲肖乎人欲者也，欲之發也，窒焉爲難而況乎肖以達之，被諸管絃，升諸朝廟，亂乎血氣而破乎宮商，下里之音非廟堂之樂也。下里而登諸廟堂，天德之衰，人心之蔽，於此乎見之矣。」〔註68〕張積中將詩歌區分爲「下里之音」與「廟堂之樂」，在他看來「下里之音」，是人縱欲所發的，故聞之會使人「亂乎血氣而破乎宮商」，如果肯定這類不登大雅之堂的詩歌，則天德將衰，人心將蔽矣。

　　張積中於黃崖山築寨講學，即爲儒學民間化而努力；不過，他對詩歌卻存有雅、俗之分的觀念，鄙視那「下里之音」，以爲其俗不可耐，殊不知這類「下里之音」即是百姓純眞的流露與自然的反映，或可謂張積中以正統文人自居，內心深處是無法認同通俗里巷歌謠的，如此即呈顯出張積中爲人的矛盾之處。

　　當太谷學派傳至黃葆年時，爲了早日實現先師李光炘「南北合宗」的遺願，故大力向具影響力的地方人士靠攏，除了爭取經濟的支援，支持歸群草堂的開銷外，亦可壯大太谷學派的聲勢。基於此，黃葆年重視民間歌謠也就是必然的態勢了，他在《詩經讀本》云：「後人以爲里巷之歌謠而輕之、賤之，不知其風俗純美，人心古厚，遠非〈離騷〉、漢、魏諸人所能及其萬一者也。」〔註69〕由此足見「風俗純美」、「人心古厚」是里巷歌謠的優點，而這也是將

〔註66〕李光炘：《群玉山房詩鈔》，頁81。
〔註67〕黃葆年：《天籟集》，頁130。
〔註68〕張積中：《白石山房文鈔》，頁142。
〔註69〕黃葆年：《詩經讀本》，頁176。

於文人雅士的作品裏消失的，〈詩說〉即云：「失其本心而觀天下之書，聖經賢傳皆詖淫邪遁也；不失其本心而觀天下書，詖淫邪遁皆絕妙好辭也。」〔註70〕人對於里巷歌謠有厭惡之感，乃失去本心，本心爲邪思而蔽，天人無法感通所致，若本心仍在，則會發現里巷歌謠親切可愛，故黃葆年在《天籟集》裏說：「善用歌謠，覺風韻愈出。」〔註71〕此乃希望文人雅士找回本心，從民間歌謠汲取創作的養分，若能運用得當，則所作的詩歌將別有一番天然風韻，以達「如風行水上，自然成文；如泉流石上，自然成音，亦清亦和，非工非匠」〔註72〕的境界。

近人胡適在其《白話文學史》中說：「文人覺得民歌可愛，……有時因文學上的衝動，忍不住要模仿民歌，因此他們的作品便也往往帶著『平民化』的趨勢，因此便添了不少的白話或近於白話的詩歌。」〔註73〕此論點可於李光炘〈論詩文〉得到例證，他說：「唐人七絕鍊字，……其樸實處如『閨中少婦不知愁』、『飛入尋常百姓家』、『誓掃匈奴不顧身』等，惟其樸實，是以敦厚古雅。」〔註74〕由此可推知，唐詩裏的「樸實」及「敦厚古雅」是模仿民歌所致，而用力於儒學民間化頗深的黃葆年，除了肯定民間歌謠的價值外，期許太谷學人創作詩篇時，要兼具平民化的特質，也是他致力的方向。

太谷學派從鑑賞的角度認爲「詩貴自然」，此自然不僅要跳脫格律體製的桎梏，同時情感的表達是否眞誠，也關係到自然與否，黃葆年在《詩經讀本》云：「〈周頌〉所稱，誠哉，其可告於神明矣。若李斯刻石頌秦功德，漢人衍而爲郊廟之歌，皆貢諛獻媚之尤者耳，奚頌之有？」〔註75〕他認爲《詩經》裏做爲祭祀的頌詩，乃寓有祝禱之人的眞誠，如此方能與感通於上天；然而諸如李斯以降至漢，所爲之頌多言不由衷，歌功頌德、貢諛獻媚之意充斥其中，完全失去〈頌〉的根本意義與價值，也失去「自然典切，是之謂雅」〔註76〕的精神。

要而言之，無論就形式或內涵而言，情感表達的自然及格律體製的自然，

〔註70〕歸群弟子：《歸群文課》，頁339。
〔註71〕黃葆年：《天籟集》，頁391。
〔註72〕黃葆年：《天籟集》，頁64。
〔註73〕胡適：《白話文學史》（長沙：岳麓書社，1986年），頁32～33。
〔註74〕李光炘：《群玉山房詩鈔》，頁79。
〔註75〕黃葆年：《詩經讀本》，頁431。
〔註76〕黃葆年：《天籟集》，頁212。

皆爲太谷學派在鑑賞詩歌時所重視的。因爲如此，方能直指風人性情，達到天人感通的境界。

二、神會言外之意

　　《文心雕龍・神思》曰：「古人云：『形在江海之上，心存魏闕之下。』神思之謂也。文之思也，其神遠矣。故寂然凝慮，思接千載；悄焉動容，視通萬里。」〔註77〕劉勰認爲人在進行文藝創作時，心是無遠弗屆的，就時間而言，當他寂靜而思慮凝聚時，其想像力可以上接千載以上的聖賢，就空間而言，當他悄然無言時，其視野可以觸及萬里之外的景物。既然作家在創作時，想像力是無限開展的，則對詩篇的鑑賞即不可過分拘泥於表面字意的疏通，而當求作家寄予作品的弦外之音，及發掘詩人所營造出的意境之美，在《天籟集》中即云：「詩之所謂古者，在神韻氣之間，非可以形跡論也，自後世以聲律爲古而古詩汗牛充棟而古詩亡矣。」〔註78〕太谷學派就此提出神會的鑑賞之道，在《天籟集》裏載：

> 詩至唐諸體備矣，然以七絕爲最，爲其風流獨出也。工七絕者多矣，必以少伯爲最，爲其神韻天成也。七絕起句最難，非神動天成隨工商一片，未易得「到而不到，不到而到」之妙也，少伯盡之矣，試即集中所存者言之。「寒雨連江」，則蕭條送客之景也；「昨夜風開露」，則想像承恩之象也；「奉帚平明」，有終宵望澤之情焉；「西宮夜靜」，有寂寥懷君之況焉；「秦時明月」，其久戍不歸之精魄乎；「閨中少婦」，其依依楊柳之神魂乎。一字不著，破空而來，而天籟自流，情思百端，動於楮墨之外，眞神品也。〔註79〕

在名家如林的唐代詩壇裏，黃葆年最讚賞「神韻天成」的王昌齡（少伯），他認爲王昌齡在創作時，因爲善於馳騁想像力而打破時空的限制，能「一字不著，破空而來」，運用文字的藝術表現，營造出或蕭條或喜悅，或悲戚或無奈，或相思等氛圍，並且兼顧筆下的情感流露，自然而不造作，故其作品總能牽動讀者的情思，進而引領讀者進入「到而不到，不到而到」之神思玄想的境界。

〔註77〕梁劉勰著、王更生注譯：《文心雕龍讀本》（台北：文史哲出版社，1999年），頁3。
〔註78〕黃葆年：《天籟集》，頁233～234。
〔註79〕黃葆年：《天籟集》，頁232。

　　楊靜在〈論詩歌創作中想像的力量〉中說：「在藝術想像的自由天地中，主體的心靈得以充分舒展，創造性思維得以充分釋放，充分發揮，其結果則是一個令人驚異的藝術形象系統的誕生。」〔註80〕詩人運用神思創作的詩篇，必有豐富的意境之美及許多想像摹擬的成分，寄寓其中，這將有待讀者以神會之，方能領略其言外之意境，黃葆年在《天籟集》裏便云：

> 千古有美人稀有事，美人梳頭而爲我所見更稀有事，美人梳頭而我
> 能作歌以形容之，稀有中之稀有事，吾不知長吉果有所見而爲之耶？
> 抑或想像而爲之耶？有所見而爲之，則兩美以形合，而一時之美人
> 見；想像而爲之，則兩美以神合，而千古之美人見。我讀其詩而知
> 長吉本美人化身也，我讀其詩而知美人本長吉化身也，鳴呼妙哉！

〔註81〕

以上乃黃葆年針對李賀〈美人梳頭歌〉所做的評述。他認爲讀者在鑑賞詩篇時，會因爲詩人創作的手法不同而領略亦不同。若詩人是「有所見而爲之」，則美人梳頭的姿態盡現於筆端，這種純粹外在的描寫，完全未留下想像的空間給讀者；若詩人是「想像而爲之」，則美人梳頭的神韻流動於字裏行間，這種內在神韻的捕捉，在千年之後，仍給讀者無限的意會、玩味空間。

　　其次，太谷學派既然在鑑賞詩歌時，主張要留心「神會言外之意」，是以他們便很反對從「紀實」的角度來評論詩的優劣。清儒方玉潤（1811～1883）在《詩經原始》曾說：「俗儒說《詩》，務求確解，則三百詩詞，不過一本記事珠，欲求一陶情寄興之作，豈可得哉？」〔註82〕由此可知，若以考證、確解的態度來鑑賞詩篇，則詩裏的情味與意境盡失矣，故李光炘在鑑賞詩篇時即提出「執理者，不可以爲詩也」的主張，他在〈論詩文〉說：

> 執理者，不可與言詩也。〈曲禮〉：「猩猩能言，不離禽獸。」註疏家
> 乃以禽不能該獸之說附會，實不知走字之音不協也；《詩·齊風》：「匪
> 雞則鳴，蒼蠅之聲。」若以「則」字不妥，改一「之」字則不成詩
> 矣；李賀〈箜篌引〉：「吳質不眠倚桂樹。」夫長吉豈不知月中有吳
> 剛哉？白居易〈長恨歌〉：「峨眉山下少人行。」或曰：「明皇幸蜀不

〔註80〕　楊靜：〈論詩歌創作中想像的力量〉，《遼寧行政學院學報》第11卷第11期，2009年，頁163。
〔註81〕　黃葆年：《天籟集》，頁403。
〔註82〕　方玉潤：《詩經原始》卷之四（北京：中華書局，1986年），頁182。

曾過此山。」是皆以文害辭，以辭害志，祗只講考據、辨字義，而
不可與言詩也。〔註83〕

李光炘認爲在解析詩篇時，當明乎詩以無所指實乃最佳的鑑賞之道，故應以
「神會」的角度讀詩，不必以徵實的態度，緊扣著一字一句講考據、辨字義
而不放，如此一來，或可考證詳實，卻也破壞了詩含養性靈，排遣悲喜的況
味，他在〈論詩文〉又說：「杜甫〈明妃村〉詩『群山萬壑赴荊門』，不曰『千
山者』，此意袁簡齋知之而不能言也。張繼『姑蘇城外寒山寺』，信是純妙好
辭，若『金陵城內報恩寺』，何嘗不紀實？直不堪噴飯耳。」〔註84〕足見能令
人百讀不厭、感動人心的詩歌，亦須講究語言的藝術表現，這是清儒袁枚所
力倡的，他認爲眞性情唯有通過生動美妙的文字，方能獲得彰顯，而也是李
光炘所肯定的；是以〈論詩文〉說：「工部時値亂離，詩多紀事，詩史之稱由
來也，而風人之旨亦復由此湮晦。」〔註85〕杜甫的詩多以紀實入詩，其作品
雖有「詩史」的美譽，卻失去了讓讀者「神會」的空間。

第三節　寓內涵於詩的創作論

太谷學派對於學生的詩學教育，可分爲理論與創作兩方面。在理論的部
分，他們教以學生鑑賞詩篇應有的態度，以及創作詩篇必須留意的地方，掌
握了理論部分後，則要將之運用於創作當中。《續修四庫全書總目提要》載有
《龍川弟子集》並評曰：「是帙則歸群弟子景仰前輩，輯其師同輩學者唱和之
作而成者也，都約三數十人，各體皆有。」〔註86〕該書乃太谷學人的詩集，
是詩歌理論實踐後的成果展現。模仿似乎是學習創作必經的過程；然而一味
模仿他人，卻沒有個人的特色，即使創作千百篇亦仍是鸚鵡學舌罷了。有鑑
於此，黃葆年在《天籟集》裏便提出了進步的詩歌創作觀，他說：

> 後人學古，仿其面目，失其神骨，變其面目，蓋神骨失則面目全非。
> 神骨傳則面目自肖，如人子之似父母，非可以摹擬而得之也，請於
> 少陵驗之。漢人樂府多不完美，其在不完美之處，天趣橫生，乃正
> 其完美之處，古人所以不可及也；然亦有實不完美者，古人之拙，

〔註83〕　李光炘：《群玉山房詩鈔》，頁73～74。
〔註84〕　李光炘：《群玉山房詩鈔》，頁79。
〔註85〕　李光炘：《群玉山房詩鈔》，頁77。
〔註86〕　見《續修四庫全書總目》第34冊，頁587。

正不必爲古人諱也。是故建安有建安之完美，南朝有南朝之完美，

唐人有唐人之完美，不得謂今勝於古，亦不必今不如古也。〔註87〕

一般的文藝創作者多有「貴古賤今」、「今不如古」的觀念，故一味崇尚名家
的作品，進而維妙維肖的模仿，最終陷入「神骨失則面目全非」的窘境。在
此黃葆年即提出不同看法，他舉漢樂府爲例，認爲漢樂府的優劣皆來自於其
自然，因爲自然，故「天趣橫生」，卻也因爲自然，而被譏爲俚俗不登大雅之
堂。不過，在黃葆年看來，漢樂府的不完美處正是其完美處，此乃其特色。
由是而言之，每個朝代的文學都有其完美之處，實不必厚彼薄此，太谷學派
的文藝創作亦持有此種觀念；是以他們的創作數量頗豐，內容方面或抒懷，
或記遊，或寓教化，這些作品也都展現其自信的創作態度。茲就太谷學派的
創作理論及作品，論述於次：

一、才學相合，重視切題

關於才性，牟宗三在〈「人物志」之系統的解析〉說：「從字面上說，才
質等於氣質，而且氣字更廣泛，因爲『才』亦屬於氣一面的。但何以說『才
性』比宋儒所說的『氣質之性』，其函義爲更廣大而開展呢？這是因爲宋儒說
氣質之性乃是在道德實踐中由實現『義理之性』而開出的。它是在義理之性
的籠罩下而視爲被變化的對象。……在品鑒的論述下，才性並無一個更高的
層面來冒之。它可以全幅舒展開。」〔註88〕持此觀點而言之，由於太谷學派
的學脈淵源於宋儒，宋儒認爲道或理或太極是創造氣的來源，故其逆氣而言，
肯定往上有個「眞實的創造性」即「天地之性」或「義理之性」，在此性的籠
罩下，進德修業，這也是太谷學派重視教育的原因。若順氣而言，則人的愚
智是先天的，後天的教育因而無從施行。

太谷學派對於詩篇的創作，雖然很欣賞先天的才氣，但後天的學習也是
很重要的，〈詩說〉云：「然屈、宋幽怨，猶有其才，毛、鄭殷勤，猶有其學，
流風餘韻，有未絕也。魏、晉而降，風雜華夷，阮懷陶節，其空谷之音乎？
唐則將復古道，非我而誰，其青蓮之才乎？宋則風月無邊，庭草交翠，其濂
溪之學乎？慶、曆、啓、禎之季，掃地盡矣。要而言之，才與學分而詩衰，

〔註87〕黃葆年：《天籟集》，頁349～350。
〔註88〕牟宗三：《才性與玄理》（台北：台灣學生書局，1997年），頁47。

才與學合而詩盛。」〔註89〕太谷學派認爲有才氣固然值得欣賞，但恃才而驕，則所創作出的詩篇，其內涵與深度必將停滯不前。站在太谷學派重視教育的立場看來，就才與學而言，他們無疑是更重視後天的積學工夫，才會提出「才與學分而詩衰，才與學合而詩盛」的主張，而黃葆年在《天籟集》針對李白與杜甫兩位名家的作品做評述，他說：「太白樂府，以氣運意，天授也；少陵樂府以意運氣，人工也。然擬議以成其變化，亦驚風雨而泣鬼神矣。」〔註90〕由此可知，李白是有先天才氣的，而杜甫則是以後天的努力爲多，若效杜甫積學以儲寶，仍可以創作出驚風雨、泣鬼神的好詩篇。

太谷學派認爲有了積學的工夫，對於創作上最大的助益莫過於「切題」，即扣緊題目旨意來寫，李光炘在〈論詩文〉即云：「文無優劣，切題便佳。昌黎云：『惟陳言之務去。』陳言者，不切題之言也，不切之言，雖錦心繡口不爲功；切題之言，雖俗語常言亦入妙。此昌黎之文，所以起八代之衰也。」〔註91〕雖然這段論述是針對作文而發，但對於作詩亦有參考指引的價值。李光炘認爲遣詞用字並不能構成評斷一篇創作優缺的絕對標準，唯有「切題」才是重要的。

由是言之，若能「切題」則創作出的詩篇必有妙趣寄寓其中，李光炘說：「〈木蘭辭〉以『唧唧復唧唧，木蘭當戶織』爲起，以『兩兔傍地走，安能辨我是雄雌』爲結，眞是天仙化人之筆，若後人爲之，必以忠孝節義爲大手筆矣。」〔註92〕由此可知，爲該詩者必是切題者，其掌握了木蘭代父出征的忠孝精神，但不流於教忠教訓的呆板，反而以雌雄莫辨爲收束，更添詩中妙趣，故《續修四庫全書總目提要》評其詩曰：「率有天際眞人想，說者因謂其詩有天牛鸞笙，飄然霞舉之概，或如月下清梵，泠泠獨絕云。」〔註93〕此評道出了李光炘的詩作具有天眞爛漫的情韻，讀之，令人咀嚼再三，回味無窮。其次，他認爲朱慶餘〈近試上張水部〉亦有如此妙趣，其評曰：「宛然新婦廟見之作，言近指遠，謂之善言，用畫眉事，尤稱切題。」〔註94〕該詩作者本爲溫卷而作，但能別具巧思，從新嫁娘見翁姑而畫眉，心中忐忑不安的角度來寫，既切題又不失詩之妙趣。

〔註89〕歸群弟子：《歸群文課》，頁 329～330。
〔註90〕黃葆年：《天籟集》，頁 349～350。
〔註91〕李光炘：《群玉山房詩鈔》，頁 75。
〔註92〕李光炘：《群玉山房詩鈔》，頁 77。
〔註93〕見《續修四庫全書總目提要》第 34 冊（濟南市：齊魯書社，1996 年），頁 799。
〔註94〕李光炘：《群玉山房詩鈔》，頁 79。

李光炘認爲爲詩文若無「切題」，則易予人冗贅拖曳之感，他說：「東坡〈前赤壁賦〉至『固一世之雄也，而今安在哉』，弔古詞義已盡，就此收結正好，乃中間忽雜『清風明月』一段文字，殊不切題，大可刪去。」〔註95〕若不刪去，將予人模糊不知所云的缺憾，反而破壞了作品原先要傳達的旨趣。

二、詩無古律，自然爲宗〔註96〕

自南朝齊武帝永明年間始，詩壇講究詩的格律與對仗之風漸開，影響了梁以降的文人雅士創作詩賦時，自覺的使用聲調規律，所創作的詩篇故多流於形式，脫離現實，眞情實意不復寓焉，以致藝術上的表現則呈現呆板平庸之態。

太谷學派的張積中便對此提出批評，他在《張氏遺書》說：「叶韻非古也，叶以求音，字非其眞，文非其理，誦不成聲，詩教也乎哉！」〔註97〕由此可知，一味的講音韻、求鍊字、重形式，導致情感失眞、思想薄弱，風人之旨盡失，這便非一首好詩，他在〈小王屋山居圖徵詩啓〉認爲一首好詩應該是「不必拘乎體韻，祇各道其生平，高山流水，信彈君子之心，弄月吟風亦是天人之相」〔註98〕，只要情感自然流露，格律不過是一種形式，而黃葆年於《天籟集》中也說：「自在流出，其聲動心。」〔註99〕足見詩歌所以能感動人心之處，在眞不在格律。

近人錢穆在〈詩說〉裏也說：「應該是這首詩先有了，而且是一首非寫不可的詩，那麼這首詩纔是你心中之所欲言。有了所欲言的，然後才有所謂言之工不工。……倘使連這個作意和心情都沒有，又有甚麼工不工可辨？甚麼對不對可論。」〔註100〕誠哉斯言，詩人唯有意在筆先，先感動自己而所創作的詩篇，方能感動讀者，至於格律則不必執意於該方面，《續修四庫全書總目提要》評李光炘詩曰：「蓋胸次曠然，性情吞吐，有不期其然而然者，所作亦不拘一體，不守家法而自然高妙。」〔註101〕此評可謂反映李光炘的文藝創作

〔註95〕 李光炘：《群玉山房詩鈔》，頁80。
〔註96〕 黃葆年：《天籟集》，頁223。
〔註97〕 張積中：《張氏遺書》，收於方寶川編：《太谷學派遺書》第一輯第二冊（揚州：廣陵古籍刻印社，1997年），頁129。
〔註98〕 張積中：《白石山房文鈔》，頁28。
〔註99〕 黃葆年：《天籟集》，頁226。
〔註100〕 錢穆：《中國文學論叢》（台北：東大圖書公司，1991年），頁121。
〔註101〕 見《續修四庫全書總目提要》第34冊，頁799。

觀，他在〈論詩文〉裏即云：「漢、唐樂府，宋、元詞、曲皆以自然配合，九宮非以九宮強來附合，黃鍾娶妻，隔八生子，一律必有一呂。呂者，侶也，雙聲、疊韻是也。詩人不知陰陽變化之妙，雖按九宮，不能成詠。」〔註102〕雖云符合格律的創作，使人吟詠起來有抑揚頓挫，深具音節之美，然而爲了要符合格律，以致情感無法真實的流露，這樣的詩篇，誠如削足適履，必無法流傳千古，故當學生問不合於格律的詩篇，能否傳世？李光炘答曰：「合而不傳者有之，合而不知者亦有之，未有傳而不合者也。」〔註103〕由此可知，能傳世的作品一定寓有真性情，有真性情的作品一定符合格律，格律與性情乃相輔相成的，而黃葆年在《天籟集》裏提到：「詩無古律，自然爲宗。」此語可謂太谷學派指導學生詩篇創作的最佳註腳。

三、教化爲體，詩意爲用〔註104〕

　　太谷學派的傳人對於詩學的教育，除了有理論做爲學人鑑賞與創作的指導方針外，他們實際進行創作，數量亦爲之可觀。由於太谷學派創建草堂以講學，不僅有肩負傳承師說的使命，同時也有將儒學民間化的企圖；是以他們創作了多首以「教化爲體，詩意爲用」的詩篇，希冀藉由韻文易記誦且具音節之美的特性，將教化之旨更易於傳播給學生，俾令學生在詩意美感的涵養中，收潛移默化之效。太谷學派寓教化的詩篇大抵可分爲三類，茲就此論述於次：

（一）莫把光陰負

　　自從黃崖慘案爆發後，頃刻間，太谷學人猶如驚弓之鳥，爲躲避當政者的耳目，故四處遷徙，浪跡天涯；但內心仍謹記著先師「南北合宗」的遺願，無奈「日月逝於上，體貌衰於下」，在慨嘆逝水流年之餘，不免期許學人要把握光陰，爲合宗之事全力以赴。朱淵的《養蒙堂遺集》有〈春遊口占〉多首，其一詩曰：「遊人自含返征輪，棄假原來即保真；莫把光陰孤負了，天涯何處不逢春。」〔註105〕該詩勉勵學人在滾滾紅塵中，當明乎何者爲真、何者爲假，

〔註102〕李光炘：《群玉山房詩鈔》，頁76。
〔註103〕李光炘：《群玉山房詩鈔》，頁76。
〔註104〕成案：所謂「教化爲體，詩意爲用」，乃指以教化爲體，但又深恐其過於嚴肅，故藉由詩的方式體現出來，如此，不僅能在吟詠中獲得美的感受，更能將教化旨意傳達予讀者。
〔註105〕朱淵：《養蒙堂遺集》，頁265～266。

切勿認假爲眞，誤了寶貴的光陰；又另一首〈春遊口占〉詩曰：「老大徒傷不
自持，勸君精進好爲之；光陰易逝如流水，力少功多在此時。」〔註106〕該詩
勉勵學人當及時進德修業，否則烏兔相催，待白了少年頭，便後悔莫及。

另一位太谷學人——蔣文田在《龍溪先生詩鈔》裏，亦寫了多首寓有「莫
把光陰負」的詩，他的〈紅白二種，諸子即席賦詩，予亦從而和之〉詩中有
一段曰：「飮君酒，聽我歌，將就園，安樂窩，金帶圍腰又若何？黃金百萬有
時盡，莫把流光空擲梭。」〔註107〕該詩殷殷叮囑學人富貴榮樂有時而盡，把
握當下才是，這與朱淵「棄假原來即保眞」的詩旨相呼應，讀來頗有勸世的
況味。

（二）仁體發恕心

太谷學派每一代的傳人都頗有善心，對於賑災、體恤農民更是不遺餘力，
張進在〈危機與應對——黃崖教案後的李光炘與太谷學派〉裏即提到：「李光
炘長期樂善好施，社會口碑良好，擁有一定的群眾基礎，容易獲得地方社會
的支持與保護。」〔註108〕足見太谷學人們「仁體發恕心」的善舉是倍受肯定
的。

蔣文田便把對農民的敬意與關懷，藉由詩篇傳達出來，他的〈咏懷四首
之一〉即曰：「窮巷寡人事，居與木石鄰。得閒即爲樂，饘粥不憂貧。出門望
隴畝，隴畝無閒人。耕夫攜鐮刈，耕婦荷鋤耘。小姑無所爲，饁彼何殷勤。
布穀鳴桑間，宛宛情相親。深愧頒白叟，傴僂猶負薪。」〔註109〕該詩描寫年
老且傴僂的農夫與農婦，其田耕的辛勞，而自己卻能得閒外出散心，愧疚之
情不禁油然而生。

蔣文田於破曉時外出，眼見貧苦百姓爲生活苦惱而奔波，便有「太息黍
苗方待澤，誰將霖雨及蒼生」〔註110〕的詩句，藉以抒發悲憫之懷。其次，他
又作〈舟過宿遷，流民滿道，歲已暮，雪將繁，四顧悵然〉絕句二首，其一
詩曰：「風緊雪將逼，雲垂天欲昏。哀鴻何處集，歸客不堪聞。」〔註111〕將無

〔註106〕朱淵：《養蒙堂遺集》，頁266。
〔註107〕蔣文田：《龍溪先生詩鈔》，收於方寶川編：《太谷學派遺書》第二輯第四冊（揚州：廣陵古籍刻印社，1998年），頁54～55。
〔註108〕張進：〈危機與應對——黃崖教案後的李光炘與太谷學派〉，《揚州大學學報》第14卷第3期，2010年5月，頁88。
〔註109〕蔣文田：《龍溪先生詩鈔》，頁19。
〔註110〕見蔣文田：《龍溪先生詩鈔·戊子曉發郯城驛車中作》，頁30。
〔註111〕蔣文田：《龍溪先生詩鈔》，頁77。

家可歸的流民比喻爲鴻鳥，在風雪相逼的暮色中，發出哀哀之鳴，令人不忍聽聞。其二詩曰：「金屋貂裘暖，蓬門紙帳春。誰知風雪夜，尚有未歸人。」〔註112〕這是蔣文田代貧困者向政府控訴貧富的差距，疼惜之情可謂溢於言表。是以，在除夕夜他賦詩曰：「際此歲云暮，我心多傷悲。懍懍北風寒，貧者何所依？薪米比珠桂，雨雪況淋漓，我縱無長物，中心殊委蛇。」〔註113〕生活雖談不上錦衣玉食，但三餐至少還能溫飽，比起那些衣食困窘的貧民，蔣文田除了深感無比的幸福外，同時也寄予無限的同情。

《周氏遺書》載：「天物不可不憫也。《禮》云：『君無故不屠牛，大夫無故不屠羊。』天物不可不憫也。」〔註114〕周太谷以爲屠牛宰羊乃爲祭祀所用，除此之外，牛羊亦爲有情眾生，不可不憫，在太谷學派的傳人中，蔣文田是個極有悲憫心的人，不僅對人，甚至對牲畜，亦寄予無限的悲憫之情，〈哀無告〉這首詩便是民胞物與精神的展現，詩前有段序曰：「戊戌之秋，由滕達於泗，於時積雨壞途，污泥陷車，僕痛馬瘏傷如之何？嗚乎！民亦勞止，猶有作歌以告哀者，若物瘁則無可告也。予心惻然不怡，終夜作爲此詩以告行者。」〔註115〕蔣文田認爲人在勞苦行役時，尚能作歌以宣其哀，但那匹病重的馬卻只能拖著病軀，忍受主人的鞭笞，繼續前行，其哀無以告矣，蔣文田眼見此景，心生不忍，爲馬作詩告哀，詩曰：「汗血斑斑力已殫，瞥驚鞭影膽先寒，泥塗賴爾馳驅苦，誓欲酬恩報轉難。」〔註116〕詩裏流露出對馬的同情，亦以該詩寄語學人當「推己及人，推己及物」，將太谷學派汎愛的思想彰顯於生活中。故陳遼評其詩云：「蔣文田詩作的天然平淡、樸實無華的藝術風格，而且更可以從中了解到蔣文田的性情和志趣。他的這些詩，是一般的詠懷、述志一類舊體詩作所不能比及的。」〔註117〕所評甚爲公允。

（三）志聖報親恩

在倫理的綱常裏，太谷學派對孝道尤爲重視，《歸群文課》更有多篇闡發孝道的文章，於本論文第四章〈太谷學派的倫理教育觀〉已有論述；然而以

〔註112〕蔣文田：《龍溪先生詩鈔》，頁77。

〔註113〕蔣文田：《龍溪先生詩鈔》，頁60。

〔註114〕周太谷：《周氏遺書》卷六，收於方寶川編：《太谷學派遺書》第一輯第三冊（揚州：廣陵古籍刻印社，1997年），頁336。

〔註115〕蔣文田：《龍溪先生詩鈔》，頁71。

〔註116〕蔣文田：《龍溪先生詩鈔》，頁71～72。

〔註117〕陳遼：〈清末泰縣詩人蔣文田〉，《揚州師院學報》1989年第3期，頁127。

詩歌形式來彰顯孝道精神的,則有朱淵及蔣文田。他們將「志聖報親恩」的旨意寓於詩篇,啓示學人行孝須及時的道理,朱淵〈示門人〉詩曰:「永宵不寐倍思親,獨有慈幃恩日新,十月懷胎心戀戀,三年哺乳意眞眞,劬勞何日方能答,罔極終生怎得伸,憤志聖賢求報德,願將孝弟服勤身。」〔註118〕該詩首先向學人申以母親生養子女的辛勞與偉大之理,繼而勉勵學人讀聖賢書亦要尚聖賢志,把孝悌的精神身體力行以報親恩。

蔣文田的〈即示揚銓棟璧玉諸子〉詩,其中一段曰:「汝輩賴怙恃,終日事兒嬉。日高尚未起,百事靡所爲。食非貧者食,衣非貧者衣。勢必諺且誕,艱難罔聞知。少壯不努力,毋乃非所宜。」〔註119〕該詩則從「惜福」的角度切入,警示學人在物質生活滿足後,應當致力於繼往前賢,立身行道以顯父母,亦可謂孝矣。

《續修四庫全書總目提要》針對太谷學派的詩作評曰:「蓋龍川門下學者皆內希聖賢,外尚事功,非老于牖下,章句儒儔,若以鏤金刻采,組織工麗,或循矩蹈規,聲韻陰陽,或神味雋永,氣勢磅礴等求之,則相失遠矣。」〔註120〕此評論點出了志聖賢,尚實踐的太谷學派,寫詩並非其長,只能藉之以述懷或教化,故後人不該以嚴格的角度視之,但太谷學派開啓了有清一代清新可喜的教化詩風,仍是值得爲文壇所肯定的。

第四節　小結

綜觀太谷學派的詩學理論,無論就其解讀《詩經》或者鑑賞詩篇的角度而言,在有清一代的民間講學中可謂獨樹一幟。正是太谷學人兼顧庶民程度的講學態度,以致其學脈方能延續至民國而仍餘韻未絕。由於太谷學派長期爲學術史所忽略,而其詩學觀亦不爲文學史重視,並列爲討論;故本文就「寓性情於詩的本源論」、「寓感通於詩的鑑賞論」、「寓內涵於詩的創作論」等三方面來探討。

其一,在本源論方面,太谷學派認爲《三百篇》中皆是風人眞性情的反映,此眞性情或可說,或不可說,對於不可說者吾人當用「思」以致其誠,

---

〔註118〕朱淵:《養蒙堂遺集》,頁274～275。
〔註119〕蔣文田:《龍溪先生詩鈔》,頁60。
〔註120〕見《續修四庫全書總目提要》第34冊,頁587。

方能感知，切忌流於「以詩說詩」，專就字句訓詁的俗儒。在此基點上，太谷學派進而認為所謂的真詩乃發於性情之自然，故一方面肯定「溫柔敦厚」的詩教外，對於真情實意的情感表達亦甚重視，同時也教以學生唯有即性以達情，不發怨天尤人之牢騷，如此作者與讀者的靈魂方能藉由詩篇以提升。其次，太谷學派又認為詩與樂是相通的，樂由天而作，音由心而生，故有「天籟在吾心」的主張，由此得出唯有「天人相應」、「古今相通」的詩篇，方能映耀古今的結論。

其二，在鑑賞論方面，太谷學派從感通的角度去鑑賞詩篇，認為天命神靈（性情）默存於人心，待人通過詩篇去感知、體驗；是以優秀的詩篇乃詩人上接天道而真性情的流露，故而太谷學派對於民歌的態度也從鄙視到肯定，並鼓勵學人向民歌汲取創作的養分。其次，太谷學派反對以「紀實」入詩，認為這是詩歌的一大敗筆，應當留予讀者有無限的神會、意會的空間，去感受其中豐富的意境與情韻之美，方能謂之好詩。

其三，在創作論方面，太谷學派有鑑於世人「崇古賤今」、一味擬古的現象，故提出進步的文藝創作觀，認為代代皆有自己的特色，切勿厚彼薄此，當以自信的態度來創作詩篇。關於創作，太谷學派認為才學相合是最理想的，但才氣畢竟非人人皆有，故而轉向重視積學的工夫，有了學養作詩方能切題，並且能寫出詩之妙趣。其次，黃葆年提出「詩無古律，自然為宗」的主張，啟示學人跳脫格律的桎梏，當以情感表達為尚，能留傳千古的詩乃在真不在格。最後，太谷學派以「教化為體，詩意為用」創作出「莫把光陰負」、「仁體發恕心」、「志聖報親恩」等主題的詩篇，俾使學人在吟詠詩篇時，亦能收潛移默化之效。

從太谷學派的解《詩》、鑑賞、創作等觀點，明確勾勒出其詩學教育的特色，相信這除了對於清代以降的民間講學別具開創的意義外，亦可彌補文學史上的一段空白，這是不容小覷的。

第七章 結 論

　　太谷學派乃是一個以傳播儒家學說於民間的學派，開山宗師——周太谷畢生以闡揚儒學不遺餘力，爲了將教育普及於中、下階層，他亦兼採佛、道思想做爲方便門來講學，這樣的學說走向一旦確立後，代代傳人的講學方式亦萬變不離其宗。周太谷在臨終前，便將衣缽傳予得意的兩大高足——張積中與李光炘，並囑咐他們將來一個要「還道以北」，一個要「傳道於南」，由此足見他蘄願自己的學說能遍及大江南北的期望與抱負。

　　然而太谷學派的傳道活動是既坎坷且不順遂的。張積中之兄張積功由於誓死不屈於太平軍，終至全家殉難。對此，張積中一方面有感於時局的紛亂，道德與人心的敗壞，一方面則惦念著師說的承傳，故決心前往山東的黃崖山講學，爲這紛擾的人間墾出一片安適的心靈淨土。無奈此舉卻引來官方的側目，黃崖山慘案的爆發，打亂了太谷學派傳道活動的秩序，一連串艱難的考驗則待北宗孓遺朱淵、南宗的領袖——李光炘及蔣文田、黃葆年等弟子，一一克服。

　　因爲神祕而遭受過政治的摧殘，故在學派傳道的過程中，黃葆年曾說：「龍川掛才子牌子，人不易識。」〔註1〕足見在黃崖慘案後，做爲太谷學派最高精神領袖的李光炘，特別強調以學術來淡化過去予外界神祕色彩的用心；然而過於學術化則又不利於道的傳播，故李光炘的教學方式深刻且多變，《龍川夫子年譜》載：

　　　　或獎彼勵此，或懲一警百，或因小見大，或出顯入深，或詳人所略，

〔註1〕　徐煦：《歸群草堂語錄》，卷四，收於方寶川編：《太谷學派遺書》第一輯第五冊，頁44。

> 或略人所詳，或教人信而自疑，或方說戒而故犯，或縱人爲非而不
> 一救，或與人爲善而不明言，或小叩大鳴，天花亂墜，去題萬里而
> 語不離宗，或屢問不答，以其昏昏，使人昭昭，而令積久之疑，渙
> 然一旦，或放言推論，沛然若決江河，源源而來，窮年累月而不能
> 盡，或一言半語，當下即了。〔註2〕

由此可知，他不僅賞罰分明，且能把握當下的情境而對學生的提問給予相應
的回答，這足以說明李光炘累積了不少豐富的教學經驗，否則不可能有如此
靈敏的臨場應變力。循此，即以「教育思想」的角度切入，來探討太谷學派
的南宗如何在整個傳道活動的歷程裏，藉由創建草堂，一則完成續南援北、
南北合宗的任務，一則將太谷學派的學說向民間去紮根，影響中、下階層的
百姓使其生活能合於道德。也讓學派成爲名符其實的民間性學派。經過從史
料及《太谷學派遺書》的爬梳與解讀，本文即就：太谷學派在學界的定位、
太谷學派教育內涵的實踐、太谷學派教育思想總評、本文研究的意義與發展
等四節，將研究的成果與心得，呈現於次：

第一節　太谷學派在學界的定位

　　一個學派自孕育而成長而茁壯，過程中除了有賴時代與社會的推波助瀾
外，學派成員心力的投注亦是不可或缺的因素，其次，有後學持續針對學派
的某些議題或其影響後世學界的某些觀點，進行探究與關照，則可令學派精
神輝映於思想史的長河，歷久彌新。持此觀點來看太谷學派，何以其長期受
學界所漠視，但學脈賡續的時間卻又能跨越一世紀之久？吾人可從兩方面理
出：

一、家族性，形成學派門戶自限

　　太谷學派的學員組成群有個很特殊的現象，便是家族性的色彩相當濃
厚，家族眷屬前來共修、習道者很多，直系親屬者有：李光炘與其父李佳幹，
其孫李泰階，黃葆年與其子黃壽三、黃壽彤、黃壽彭，劉鶚與其子劉大紳；
手足關係者有：李光炘與其兄李光熊，其弟李光榮；表（堂）親關係者有：

〔註 2〕謝逢源：《龍川夫子年譜》，收於方寶川編：《太谷學派遺書》第一輯第三冊，
　　　　頁 107～108。

張積中與李光炘，又李光炘與其族兄李和卿，朱淵與其堂弟朱濂；姻親關係者：李光炘與張積中的堂妹結婚，周太谷將女兒嫁予李光炘之子李少平。

　　由此現象看來，太谷學派之所以無法在思想史長河裏，開枝散葉，影響後世深遠，便是因為學員組成以家族性為主，而造成這種門戶自限的結果，當與黃崖山事件有關係。自從張積中及其弟子殉道後，太谷學人一時之間猶如驚弓之鳥，對於學派中的事更是謹言慎行，所有的授課內容均只能在學人之間討論，對外則秘而不宣，雖然學派秉著「有教無類」的教育精神，但方能唯有親眷的關係成為學脈傳承的領袖，這反映在第四代的李泰階、劉大紳最為明顯。

二、宗教性，成就學脈不絕如縷

　　既然太谷學派的家族性色彩如此濃厚，甚至曾為了是否將學派遺書出版，而有爭論不休，僵持不下的局面，然而到底其又是具有何等的魅力，總能吸引來學者與日俱增，對學派所教授的內容興緻勃勃呢？韓秉方、馬西沙在《中國民間宗教史》中說：

> 我們認為，由周太谷開山，傳道授徒，創一家之言，繼起者張積中和李光炘闡揚師說，確實形成了一個新學派，並發展成有一定影響的學術團社。但是，同時也應該承認，此學派從創立之日起，就帶有濃厚的神秘色彩，而其宗教性則隨著學術團體的發展而日益增強。〔註3〕

太谷學派自宗師周太谷起，代代領袖皆頗諳術數，並且能藉由術數替人排憂解難，由此足見，這「帶有濃厚的神秘色彩」的宗教性格，便是吸引許多中、下階層的民眾趨之若鶩的關鍵要素，也是成就周太谷的學脈能不絕如縷的另一主因，甚至到了黃葆年更增加民間信仰的奉祀，這或許是因為「有教無類」的精神故有此舉，黃葆年應當深明民間的百姓教育程度多不高，要對他們實行教化前，必當先順應民情，再者民間信仰仍是傳承著教忠教孝的思想，未必要將其與迷信行為等而視之，梁景之〈清代民間宗教的民俗性與鄉土性〉說：

> 通常，他們關注的是神靈的職能或神靈的效驗，而絕少在意其譜系

〔註3〕韓秉方、馬西沙：《中國民間宗教史》，（上海：上海人民出版社，1992年），頁1312～1313。

源流、教派界限、等級高低或在理與否。另一方面，百姓的信仰又是多樣化的，他們不會圍於某一教派或某一位神佛菩薩，而是常常根據需要變換或選擇乞求的對象。這樣，當僅僅依靠某一位或某幾位神靈而無法滿足人們的多樣化訴求時，多神或眾神崇拜的形式也就應運而生了。他們往往希望借助於諸神的合力以達到自己的目的。〔註4〕

太谷學派在講學時雖是以儒為宗的，但時而又輔以佛、道的思想，足見其親民的表現；不過，換個角度視之，由於一般的百姓大多存有「有拜有保庇」的想法，他們堅定的以為這些神靈對於自己的生活有良好的改變與影響，進而能擺脫生命中的困境，所以他們就會逢神即祭，逢廟即拜。太谷學派的諸位領袖便是充分掌握了民眾這種務實（或可說是另一種勢利）的心理，並且深思後發現這並無害處，才會因勢利導，順著其心理來引導，再將民間信仰與學派的思想加以結合、傳播，以達到宣揚教化的目的。

第二節　太谷學派教育內涵的實踐

所謂「五育」乃指德、智、體、群、美等五育，而這「五育並重」向來為教育學者或教師在實踐於具體的教育上所重視；然而曾師昭旭說：「須知每一制度、形式之創立，都必有整個文化、歷史為其背景，為其整體文化的某一環的落實表現。」〔註5〕由此可知，文化的淵源、時代的背景、社會的風尚，對於當代的教育影響皆不可等閒視之。太谷學派的學派淵源於宋學，甚至說確切些，他們受傳統儒家的薰陶甚深，而所面對的時代是滿清最積弱不振的時期，西方列強環伺而虎視眈眈，不平等的條約一個接一個的簽，鴉片更使得社會人心萎靡，於是迷惘的眼神、飄泊無所歸依的靈魂、日益敗壞的道德，正待一個能挽救頹喪社會風氣的學派崛起。而太谷學派在這人心惶惶的亂世中，即起著鼓舞人心向善的作用，是一帖相當珍貴的安定劑。以下就其教育內涵的實踐，做一總結性的論述：

〔註4〕梁景之：〈清代民間宗教的民俗性與鄉土性〉，該文收於《當代中國宗教研究精選叢書——民間宗教卷》，馬西沙主編（北京：民族出版社，2008年），頁311～312。

〔註5〕曾昭旭：《存在感與歷史感——論儒學的實踐面目》，頁76。

一、在德育方面的實踐

　　太谷學派對於品德的教育，首重啓迪門人明乎性本善的義理，進而辨明人性中的固有與本無，一旦辨明，則勉力的保其所固有，去其所本無，而修德的途徑乃由反省開始做起，在《觀海山房追隨錄》載：「昔大竹見人教子，曰：『有暇教子，何不自教？』」〔註6〕多數人皆闇於自見，唯有清楚自己的過失，然後藉由一次次的改過遷善，方能體證天道自由活潑的境界，如此便不枉人生一遭。接著，稟持「人欲也，是天理裏做出來，雖是人欲，人欲中自有天理，人生都是天理」〔註7〕的思想，太谷學派肯定情欲的價值，認爲天理乃在情欲中彰顯；然而必得以禮濟之，方能不使情欲橫肆濫流。然後，由於我國文化對於孝道觀念相當重視，太谷學派叮囑門人就個人而言，莫忘身從何來，故應當謹慎保身，珍惜生命，就具體生活的實踐而言，應當以敬善事父母，父母亡故後則要以誠祭祀。最終，可知與俗儒最大的迥異之處，乃在於太谷學人認爲經典是明道的橋樑，是幫助辨志、立志、尚志、持志的外緣，故他們特別叮囑門人切忌捨本逐末，忽略了經典對德性的陶冶與啓蒙。

二、在智育方面的實踐

　　太谷學派對於智的教育，首先乃在啓迪門人明乎宇宙間的萬物，無非一氣之聚散，認爲氣稟有害，將妨礙道德進路的開展，故重視氣的存養與變化，太谷學派由知言、謹言、讀書、內省、改過切入以養氣、變化氣質。另外，亦可將太谷學派尊重女性，啓蒙女性，提升女性地位，視爲一種進步思想的啓發，讓學人不再持有男尊女卑的偏見。

　　接著，太谷學派叮囑學人切勿戀假爲眞，當借假修眞，以「反觀」之道達身命合德的境界，以心息相依臻於聖境，如此方能正視死亡，不畏懼生死之變。其次，對於「命」要有正確的認知，明乎命乃客觀的限定，方能知命進而安命，安於命後再發揮人的能動性，積極有所做爲。最終乃太谷學派將「格」字釋爲「合」意，這種獨特的認知觀，竟與傳統儒家的恕道思想不謀而合。要而言之，吾人發現太谷學派在智的教育，誠如曾師昭旭所言：「所謂主知，即是知識是文化體系中的首出觀念。……中國傳統教育要培養人對良

〔註6〕　李光炘：《觀海山房追隨錄》，收於方寶川編：《太谷學派遺書》第一輯第三冊，頁52。

〔註7〕　張積中：《所見集》，收於方寶川編：《太谷學派遺書》，頁30～31。

心的直覺、對事物的具體感受力、對人際關係的敏銳感應等。」〔註8〕此與著重抽象思考的西方教育是迥然不同的。

三、在體育方面的實踐

關於體育方面的教學，在《太谷學派遺書》裏並無具體確切的論述；然而，可以將太谷學派代代的學人都曾領著門人，跋山涉水前往廬山，尋訪宗師悟道的踪跡，以堅定道心，視爲體育教學的實踐，既可活絡筋骨，又可欣賞美景。

四、在群育方面的實踐

太谷學派能在歷史上賡續時間長達一百五十年，就是藉由師友之間的相互砥礪，以維繫學派的不絕，他們很看重「友」的意義，李光炘曾說：「人生世上，朋友要緊。」〔註9〕且認爲眞友乃建立在「義」上，彼此互信、扶持、責善，以完成朋友之間的道義，故「親君子，遠小人」的擇友態度便十分重要，《龍川夫子年譜》載謝逢源向李光炘提出交友準則的問題，李光炘答曰：「內敦孝友，外輕錢財，此友可交也。」〔註10〕李光炘發出「交友先觀人」的警語，因爲個性要改變是不易的，故從一個人的人際關係及價值觀，即可看出此人是否值得深交，此語可做爲吾人在交友上的參考。其次，太谷學派有著「萬物一體」的思想，故對於賑災總是不落人後，即使散盡家財也在所不惜，充分發揮出「人溺己溺，人饑己饑」的精神，雖然這種愛的擴充，表現於陌路人的身上，但無疑也是一種群育的實踐。

五、在美育方面的實踐

就太谷學派教育的實踐而言，無論德育、智育、體育、群育等皆須有美育做爲陶冶，使心靈更爲柔軟。德育若輔之以美，便能展現溫柔敦厚的情意；智育若輔之以美，便能體現靈動的智慧；體育若輔之以美，便能領略山川自然的壯麗；群育若輔之以美，便能俾使人際網絡和諧。由此足見美育的重要。

〔註8〕 曾昭旭：《存在感與歷史感——論儒學的實踐面目》，頁77。
〔註9〕 李光炘著、謝逢源編：《龍川弟子記》，收於方寶川編：《太谷學派遺書》第一輯第三冊，頁147。
〔註10〕 謝逢源：《龍川夫子年譜》，頁61。

而太谷學派以什麼做爲門人美育的啓迪呢？就是詩。太谷學人是愛詩的，他們除了以「思」致風人之誠，並直探風人寄寓其中的旨趣外，同時也以自然、神會的角度鑑賞詩篇，跳脫訓詁的桎梏，其次，他們也實際創作詩篇，詩篇的主題或詠景物，或抒懷，或教化等。太谷學派對於詩旨的探究，詩篇的鑑賞及創作，在在都具有美化心靈的作用，尤其對氣質的提升與改造皆有莫大的裨益。

　　身處於時局動蕩不安的太谷學派，他們僅靠著學人之間的向心力及對學派思想的一貫堅定態度，歷經千辛萬苦，克服種種困難而創建草堂，並且不斷的修正、調整教學的方式，目的則是要向門人傳達爲學的眞諦，進而走出一條超然於功利的講學之路，賦予儒學民間化的新面向。而朱季康《黃崖山事件與太谷學派研究》評曰：「其本身所具備的雜糅的受教群體，不似『正統』的經義，使其被主流社會群體所排斥，而各種怪異傳說的附會又使之招致諸多誤會。故太谷學派由出生始即洋溢著反正統氣質，此等氣質成爲太谷學派秘密因素的來源。」〔註 11〕但對逐漸步向衰敗的滿清而言，太谷學派雖然被主流社會邊緣化，這未嘗非因禍得福，如此便能於低調中適意的發展其獨特的見解，不與政治同流合污，進而吸引有識之士的青睞與認同，無疑是晚清思想界的一道曙光。

第三節　太谷學派教育思想總評

　　總的來說，太谷學派自周太谷以來至劉大紳止，其間跨越了四代以上，並分爲南北二宗，賡續時間長達一五十年左右，而本論文所設定的研究範圍則以第二代的李光炘及第三代的朱淵、蔣文田、黃葆年爲主，其共通特色乃皆創建草堂以講學，爲承傳周太谷的思想盡心盡力。然而值得注意的是，在第二代時曾發生了一場驚天動地的黃崖慘案，致使學派的傳道活動受挫，自此，第二、三代所面對的問題便不甚相同了。

　　大抵而言，李光炘面對的是如何安撫因慘案爆發而驚慌的學人，其次，思考衣缽傳承的問題，如何讓學派能生生不息的傳承下去。第三代的朱淵及蔣文田二人所創建的草堂在整個學派的發展史中，所扮演的乃是學人在「過渡時期」的棲身之所，以助學派在兵慌馬亂中仍可絃歌不輟，同時協助黃葆

〔註11〕　朱季康：《黃崖山事件與太谷學派研究》，頁 43。

年完成先師李光炘南北合宗的心願。既然所面對的問題不同，在某些教育觀點上則時有矛盾或創新，以下茲就四方面，加以比較並論述：

一、抑女權與興女教

太谷學派的宗師周太谷，自幼即受母親開放思想的影響，稍長因四處遊歷，眼界自然寬廣，而尊重女性的觀念便於焉形成。這影響了日後學派的傳人張積中、李光炘、黃葆年在講學時皆招收女弟子，甚至讚譽女弟子的表現有時竟比男弟子更為出色，這種打破男性獨尊的觀念，讓女性亦有受教的機會，無疑是進步的。尤其，張積中拒不納妾，反對物化女性，以及李光炘主張興女教，認為女性受教育能推動社會的發展，此乃值得讚賞並肯定的。

然而這先進的思想，竟也衍生出矛盾，《龍川夫子年譜》載滬上申報館報導李光炘「或擁妓飛車」、又「率諸弟子選名妓，駕車遊於申園，……偕赴戲館，座客無幾，將罷歌，見師至，復登場，觀者稍集，正座惟師弟五人及群妓二十餘人而已」、其次「師擬物色一妓，以供行役」〔註12〕等，如此物化女性的行為與提倡女教的思想觀點悍格不入，在《龍川弟子記》甚至載其云：「至賤之人莫如娼鴇。娼能施舍，鴇能忍辱，勢使然也，而不可明心見性者，蓋娼不能舍名，鴇不能舍利耳。」〔註13〕李光炘認為青樓中的娼與鴇所以能施舍、忍辱，乃是為徵名逐利，故原本的清明心性也逐漸受到名利所蒙蔽，無法朗現。這其實是李光炘的以偏概全，殊不知有些青樓女子墜落風塵，並非名利之心使然，而是為了現實的家計考量，如果她們的人生有自主權，相信決不會願意自甘墜落的。

而黃葆年強調三網五常的重要（請參閱第三章第一節黃葆年與歸群草堂）亦與尊重女性的思想相牴觸，實為太谷學派思想上的缺陷，不過換個角度思之，身處專制的時代，這是太谷學派所受的侷限，逃不開的枷鎖，學派的宗師周太谷即云：「婦紀總於夫，子紀總於父，士紀總於大夫，大夫之紀總於太宰。」〔註14〕此乃吾人在批評其思想的糟粕之餘，也應存有同情與諒解的。

〔註12〕 以上資料參見謝逢源：《龍川夫子年譜》，收於方寶川編：《太谷學派遺書》第一輯第三冊，頁82～83。

〔註13〕 李光炘著、謝逢源編：《龍川弟子記》，頁67。

〔註14〕 周太谷：《周氏遺書》卷五，收於方寶川編：《太谷學派遺書》第一輯第三冊，頁308。

二、尙君權與民爲本

在政治方面的實踐，太谷學派自宗師周太谷以來，即有很濃厚的尙君權的觀念，《周氏遺書》載：「夫天不貳其四時，臣則不貳其君；日月不貳其明，子則不貳其父；地生不貳其物，婦則不貳其夫。凡物不貳則至德恒。」〔註15〕由此可知，周太谷是很強調倫常的，要求學生對於三綱五常的恪守是不容踰越的，而君權更是不容臣下挑戰，這樣的觀點在南宗的李光炘、黃葆年的教育思想上也都可看見，在《觀海山房追隨錄》即云：「君臣父子，聖人教人只此四端而已，極而兩之，尊莫尊於君，卑莫卑於子，盡其道者是爲君子。」〔註16〕君者恆尊，臣者恆卑，唯有遵守此分際者方爲君子，而黃葆年則有「背畔三綱，豈可學道」〔註17〕的學規，足見太谷學派尙君權的主張根深蒂固。

然而矛盾的是，太谷學派又很強調爲政者應當親民、知民、順民，甚至主張教育百姓，使百姓明事理，不過百姓一旦接受教化而明事理，對於政府的不當政策則必會表達其不滿，那麼屆時是否造成君權的搖動？其次，周太谷曾說：「君子賴民，民仰君子。」〔註18〕既明白君與民乃相依相存的道理，何以又將權視得如此至高無上？朱季康對此評曰：「周太谷曾有不少封建君臣大道之論，反對農民起義，但這不是他反人民的理由，他的養民、仁政等思想，無一不代表著其對人民的關心。只是個體認識的局限所然，他無法理解這些社會問題的根源，找不到解決這些問題的辦法，只有從遠古的虛妄中尋找想像，聊以自慰。」〔註19〕這段評論甚爲公允，朱季康於此點出了對太谷學派所處的時代局限之同情。雖然在政治理念上，他們偶有矛盾之處，但值得肯定的是他們並非一味崇尙尊卑之分，仍有尊重民意的時候，李光炘曾云：「孝可稱也，死於孝，未可稱也；忠可稱也，死於忠，未可稱也。」〔註20〕由此足見，愚忠並非太谷學派所稱頌的，因專制所造成的時代的侷限乃後人在評論一學派的思想時，所不可不寬宥的。

〔註15〕周太谷：《周氏遺書》卷二，頁52。

〔註16〕李光炘：《觀海山房追隨錄》，收於方寶川編：《太谷學派遺書》第一輯第三冊，頁62。

〔註17〕劉蘇：《歸群草堂語錄》卷三，頁34。

〔註18〕周太谷：《周氏遺書》卷五，頁297。

〔註19〕朱季康：〈近代轉型期中華東民間傳統儒家學派──太谷學派的人民政治觀〉《東華理工大學學報》，第29卷第4期，2010年12月，頁319。

〔註20〕轉引自劉厚滋：〈張石琴與太谷學派〉，此文收於朱季康、劉弘遠編的《張積中年譜》（南京：南京大學出版社，2009年），頁215。

三、講神通與重人事

太谷學派自始以來，由於扶乩、罡符隱咒、夜祭等儀式，甚至第二代的李光炘，那近乎奇異的童年往事，故被外界蒙上一層神秘、隱晦的色彩。然而經爬梳研究後發現，周太谷或扶乩但強調心誠，或持罡符隱咒但重在為民除患，或夜祭但所祭乃自然界之神，寓有報本返始之意，而舉行這些儀式的初衷仍代代相傳；從張積中開始，在儀式的部分除了祭祀外，扶乩與罡符隱咒則逐漸淡化，唯李光炘仍偶一用之，《龍川夫子年譜》載：

> 師入山訪道，往往夜眠石上，朝涉寒泉，附葛攀蘿，歷諸險峻，一日薄暝，投宿無所，憩一石洞中，假寐未熟，忽山風振林，葉簌簌下，須臾，踏步聲近，腥氣逼人，於暮靄模糊中，有巨物來逼洞門，見有人在，氣阻而卻，危坐對客，雙目炯炯如電，師知為虎，乃拱手曰：「道友，旅人行倦矣，願假一宿，詰朝當去，幸毋下逐客令也。」虎諦視良久，長嘯一聲，曳尾而去，山谷皆鳴。〔註21〕

當李光炘面對來勢洶洶、雙目炯炯如電的虎，步步向自己逼近時，竟能與虎好言好語的溝通，而虎亦能體諒他宿此並無惡意而曳尾離去。由此可知李光炘與虎必能行使某種神秘的交流，抑許是他這種「至誠如神」的態度，令虎有所感應。其次，稱呼「道友」，足見他對該虎的尊重及眾生平等的思想。

時至黃崖慘案爆發後，為避免不必要的誤解，去除迷信與神秘感乃必然的趨勢，從《龍川夫子年譜》來看，自丙寅年（1866）十月黃崖慘案後，關於李光炘施用術數的記載明顯減少許多，至多僅是些預卜吉凶之事而已。對於術數則時而施用，從《龍川弟子記》載李光炘曰：「神鬼多以愛憎作威福，名利之習未能忘也，故聖人敬而遠之。」〔註22〕即可知他對於神鬼的態度是反對的，他也想沖淡神秘的術數氛圍而轉以學術為導向，只是黃崖慘案後傳道的活動為官方所打壓，為了吸引來學者，讓學派成員分佈的地域及層面能更廣，以鞏固學派發展下去的力量，故他以一種不得不的心情，時而施用術數；然而他又無法遺忘宗師周太谷以儒為本的初衷，所以此時的他是充滿矛盾的。

到了黃葆年時則積極往親民的路線行去，完全捨棄講神通，除保有自然

〔註21〕謝逢源：《龍川夫子年譜》，頁37。
〔註22〕李光炘著、謝逢源編：《龍川弟子記》，頁284。

神的崇祀外，另有文昌帝君及關聖大帝的信仰。在黃葆年的觀念裡，這種祭祀不但非迷信，反而有移風易俗、端正人心的作用。其次，輔以儒家「有為者亦若是」的思想教化，由此足見太谷學派對於神通與人事的關係，從矛盾走向統一的過程。

四、貶民謠與崇性情

在詩學教育的方面，太谷學派相當看重詩歌對學生的潛移默化與陶冶性情的作用。自第二代開始，學人之間便時常藉詩歌或抒懷，或詠景詠物，或寄寓理想，或傳遞彼此間的思念；然而對於詩歌的鑑賞態度則有些不同，張積中是否定詩歌的通俗性的，認為這種下里之音將阻礙人心志向的開展，這與他在黃崖山進行民間講學，致力儒學民間化的初衷，委實相互矛盾。

而李光炘雖然肯定民謠的價值，事實上卻把它當作不登大雅之堂的山歌漁唱，《龍川夫子年譜》載李光炘自言：「詩則古人所能，我亦能也，文則我之所能，古之文人皆不能也。我文必傳，詩詞小道，陶寫性情而已，毋付梓。」〔註23〕由此足見，李光炘對於自己的文章頗有才高八斗的自信與自負，而認為詩詞雖能直指性情，吟來令人悸動，卻也只能是娛人遣興而已。

到了第三代的黃葆年，逐漸消弭這種雅俗之間的對立矛盾，他尤其看重民謠直指性情的可貴，故而大力推崇，《天籟集》即云：「今之樂猶古之樂也，不能以腐理刪〈國風〉，豈得以偽學廢〈子夜〉哉！才子、佳人自天地間至美之物事，畫家得之，入神、入妙；詩人得之，入神、入妙；學人得之，獨不入神、入妙乎？」〔註24〕黃葆年認為〈國風〉與〈子夜〉乃人間至真、至善、至美的反映，是詩人對天地間的情事所發出的由衷的讚嘆，故可堪稱為佳作，而後世的畫家、詩人、學人在創作時，若亦能掌握其中的真性情，那麼所為之作品必也能臻於神妙的境界。

第四節　本文研究的意義與發展

自從民國二十六年抗日戰爭爆發以後，在戎馬倥傯之際，太谷學派傳道的活動被迫停止，雖然在文革時期，曾通過民間互助方式繼續講學，但或許

〔註23〕謝逢源：《龍川夫子年譜》，頁96～97。
〔註24〕黃葆年：《天籟集》，收於方寶川編：《太谷學派遺書》第二輯第五冊，頁171。

是受到先前政治因素迫害的影響，似乎仍無法獲得教育界及學術界的共鳴。是以造成「太谷學派」長期爲思想史所漠視，唯有提到赫赫有名的劉鶚，抑或讀責小說《老殘遊記》時，才會附帶提及；不過由於受限於早年《太谷學派遺書》未付梓，又學派中人對於資料持秘而不宣的態度，因此研究者也只能對其做浮光掠影的介紹。

　　吾人以「太谷學派」爲題，展開對學派教育思想的研究，最大的意義即在彌補思想史上的空缺，同時也爲劉鶚或《老殘遊記》的研究者，提供一個新的解讀面向；其次，則是要彰顯民間講學對於時代的價值與意義，北宗的精神領袖——張積中曾說：「孔門教人，在日用上求。」〔註25〕做爲一個民間性的儒家學派，如何將學說融入於民眾的實際生活，並且帶領民眾解決人我交際的種種問題，這是他們很關心的課題；然而在重視科技發展的西方，卻是很薄弱的一環。

　　持此觀點，梁漱溟在《東西文化及其哲學》評西洋人的生活態度曰：「總是改造外面的環境以求滿足，求諸外而不求諸內，求諸人而不求諸己，對著自然界就改造自然界，對著社會界就改造社會界，於是征服了自然，戰勝了威權，器物也日新，制度也日新，改造又改造，日新又日新，改造到這社會大改造一步，理想的世界出現，這條路便走到了盡頭處！」〔註26〕由此可知，西方人總是僅就現象層面解決問題，從未就根本處著手，於是滿足了物質，卻荒蕪了心靈。

　　近年來，就臺灣目前的教育環境而言，雖然政府及教育研究者不斷的強調人本、強調五育並重，並提供多元的升學管道，希望能逐漸改變過去那「萬般皆下品，唯有讀書高」的陳腐觀念；然而這番的善意並沒有在當今社會中落實，究其因，即父母有感於「世界是平的」，國際村是逐漸的趨勢，故爲加強孩子的競爭力，仍是敦促著孩子往智育的方向發展，而德育、體育、群育、美育則成了爲進入名校的加分條件，並沒有眞正讓孩子由衷的重視，心悅誠服的實踐。

　　然而放眼當今的社會，仍有一群有識之士，有感於文化的凋零，道德的每況愈下，故孔子學院、百家論壇、華山講堂，甚至是坊間的兒童讀經班等

〔註25〕張積中：《所見集》，頁36。
〔註26〕梁漱溟：《東西文化及其哲學》（台北：台灣商務印書館，2002年），頁210～211。

紛紛成立，由此可真切感受到民間性的講學如此的蓬勃，並且辦得有聲有色，這些講堂對於品德教育的潛移默化，其影響力有時甚至連學校亦望塵莫及，故太谷學派雖然在其所處的時代未獲得重視，但其獻身於民間講學的那份熱忱，在當今卻有逐漸回溫的趨勢。

而有關太谷學派尚可發展的研究議題，可歸納出四方面：

其一，太谷學派在《易》學方面用功甚深，尤其第四代的劉大紳，更是投注畢生心力於此，故與《易》相關的著作頗豐，循此可深入《易》學的研究方向。

其二，當《太谷學派遺書》全面問世後，研究古典小說者可站在一個全新的視野上，更深入去探討劉鶚及其《老殘遊記》，或許能發現前所未有的觀點，得出迥異於過去的結論。另外，在張積中的《白石山房文鈔》卷一，收有一篇〈題紅樓夢後〉，足見太谷學人對小說也有所關注，研究者可將之與太谷學派的婦女觀一併探討。

其三，太谷學派源自宋學，其詩歌創作與濂洛風雅有何差異，這部分可以再進行比較與討論，以呈現太谷學派更完整的詩歌觀。

其四，雖然李光炘曾交代門人：「詩詞小道陶寫性情而已，毋付梓。」〔註27〕但仍不掩太谷學人對文藝的熱忱，太谷學人除了解詩、鑑賞詩、創作詩外還填詞，《歸群詞叢》即現存唯一的太谷學派詞作總集，共收有四百九十六闋詞，研究者可藉此梳理出太谷學派的詞學觀。

〔註27〕謝逢源：《龍川夫子年譜》，頁97。

參考書目

一、專書

（一）原典部分：

1. 方寶川輯：《太谷學派遺書》第一輯，揚州：江蘇廣陵古籍刻印社，1997年。
2. 方寶川輯：《太谷學派遺書》第二輯，揚州：江蘇廣陵古籍刻印社，1998年。
3. 方寶川輯：《太谷學派遺書》第三輯，揚州：江蘇廣陵古籍刻印社，2002年。

（二）古典專著：（按朝代次序排列）

1. 周·老子：《老子四種》，台北：大安出版社，1999年。
2. 周·左丘明著、晉·杜預注：《春秋左傳注疏》，台北：台灣商務印書館：《景印文淵閣四庫全書》第144冊。
3. 周·荀況、唐·楊倞註：《荀子》，台北：台灣商務印書館：《景印文淵閣四庫全書》第695冊。
4. 漢·許慎著、清·段玉裁注：《說文解字注》，台北：萬卷樓圖書公司，1999年。
5. 漢·鄭玄注：《孝經》，台北：台灣商務印書館：《景印文淵閣四庫全書》第151冊。
6. 魏·王弼、晉·韓康伯注：《周易注疏》，台北：台灣商務印書館：《景印文淵閣四庫全書》第7冊。

7. 南朝・宋・劉義慶著、民國余嘉錫箋疏：《世說新語箋疏》，台北：華正書局，1984年。

8. 南朝・梁・劉勰著、民國・王更生注譯：《文心雕龍讀本》，台北：文史哲出版社，1999年。

9. 宋・蘇軾著、民國張志烈、馬德富、周裕鍇編：《蘇軾全集校注》，石家莊：河北人民出版社，2010年。

10. 宋・朱熹：《四書章句集註》，台北：台灣商務印書館：《景印文淵閣四庫全書》第197冊。

11. 宋・洪邁：《容齋三筆》，台北：台灣商務印書館，1956年。

12. 清・方玉潤：《詩經原始》，北京：中華書店，1986年。

13. 清・劉鶚：《老殘遊記》，台北：世界書局，2004年。

14. 清・王國維著、民國・滕咸惠校注：《人間詞話新注》，台北：里仁書局，1994年。

15. 清・金天翮：《皖志列傳稿》，台北：成文出版社，1974年。

16. 清・趙爾巽：《楊校標點本清史稿》，台北：鼎文書局，1982年。

17. 清・李詳：《藥裏慵談》，南京：江蘇古籍出版社，2000年。

18. 清・尹任：《光緒肥城縣志》，北京：北京圖書館出版社，2007年。

（三）近代專著：（按出版時間排列）

1. 張相文：《南園叢稿》，北京：中國地理學會，1929年。

2. 盧冀野：《酒邊集》，上海：會文堂新紀書局，1934年6月。

3. 馬敘倫：《石屋續瀋》，上海：建文書店，1949年。

4. 鄧之誠：《骨董瑣記全編》，北京：三聯書店，1955年。

5. 中國史學會濟南分會：《山東近代史資料》，濟南：山東人民出版社，1957年。

6. 牟宗三：《中國哲學的特質》，台北：台灣學生書局，1963年。

7. 胡寄塵：《虞初近志》，台北：廣文書局有限公司，1970年。

8. 傅斯年：《傅斯年全集》，台北：聯經事業出版公司，1980年。

9. 朱保炯、謝沛霖：《明清進士題名碑錄索引》，上海：上海古籍出版社，1980年。

10. 劉蕙孫：《鐵雲先生年譜長編》，濟南：齊魯書社，1982年。

11. 周勛初：《中國文學批評小史》，台北：崧高書社，1985年。

12. 劉德隆、朱禧、劉德平：《劉鶚及老殘遊記資料》，成都：四川人民出版社，1985年。

13. 胡適:《白話文學史》,長沙:岳麓書社,1986 年。

14. 李震:《由存在到永恆》,台北:台灣商務印書館,1986 年。

15. 馬幼垣:《中國小說史集略》,台北:時報出版公司,1987 年。

16. 牟宗三:《政道與治道》,台北:台灣學生書局,1987 年。

17. 錢穆:《中國文學論叢》,台北:東大圖書公司,1991 年。

18. 陳遼:《周太谷評傳》,南京:南京出版社,1992 年。

19. 曾昭旭:《在說與不說之間——中國義理學之思維與實踐》,台北:漢光文化事業股份有限公司,1992 年。

20. 韓秉方、馬西沙:《中國民間宗教史》,上海:上海人民出版社,1992 年。

21. 嚴薇青:《嚴薇青文稿》,濟南:齊魯書社,1993 年。

22. 唐君毅:《人生體驗之續編》,台北:台灣學生書局,1993 年。

23. 葛榮晉:《中國哲學範疇導論》,台北:萬卷樓圖書公司,1993 年。

24. 王邦雄、曾昭旭、楊祖漢:《論語義理疏解》,台北:鵝湖出版社,1994 年。

25. 梁啓超:《中國近三百年學術史》,台北:里仁書局,1995 年。

26. 劉瑜:《劉鶚及《老殘遊記》研究》,北京:民族出版社,1995 年。

27. 魯迅:《中國小說史略》,台北:風雲時代出版股份有限公司,1996 年。

28. 楊儒賓:《儒家身體觀》,台北:中央研究院中國文哲所籌備處,1996 年。

29. 牟宗三:《才性與玄理》,台北:台灣學生書局,1997 年。

30. 聖‧修伯里:《小王子》,台北:希代書版股份有限公司,1999 年。

31. 張麗珠:《清代義理學新貌》,台北:里仁書局,1999 年。

32. 郭慶光:《傳播學教程》,北京:中國人民大學出版社,1999 年。

33. 朱維煥:《歷代聖哲所講論之心學述要》,台北:台灣學生書局,2001 年。

34. 梁漱溟:《東西文化及其哲學》,台北:台灣商務印書館,2002 年。

35. 葉海煙:《中國哲學的倫理觀》,台北:五南圖書出版股份有限公司,2002 年。

36. 曾昭旭:《存在感與歷史感——論儒學的實踐面相》,台北:台灣商務印書館,2003 年。

37. 曾昭旭:《良心教與人文教——論儒學的宗教面相》,台北:台灣商務印書館,2003 年。

38. 張麗珠:《清代義理學——傳統與現代的交會》,台北:里仁書局,2003 年。

39. 張莉紅、羅波:《天理人欲》,新竹:花神出版社,2004 年。

40. 張麗珠：《清代的義理學轉型》，台北：里仁書局，2006 年。

41. 江峰：《太谷學派生命哲學研究》，北京：東方出版社，2007 年。

42. 朱孟庭：《清代詩經的文學闡釋》，台北：文津出版社有限公司，2007 年。

43. 馬西沙：《當代中國宗教研究精選叢書——民間宗教卷》，北京：民族出版社，2008 年。

44. 勞悦強、梁秉賦：《經學的多元脈——文獻、動機、眞理、社群》，台北：台灣學生書局，2008 年。

45. 劉弘遠、朱季康：《張積中年譜》，南京：南京大學出版社，2009 年。

46. 龔鵬程：《中國傳統文化十五講》，台北：五南圖書出版股份有限公司，2009 年。

47. 萬晴川：《中國古代小説與民間宗教及幫會之關係研究》，北京：人民文學出版社，2010 年。

二、論文

（一）相關學位論文：（按畢業時間排列）

1. 黃文樹：《泰州學派教育思想之研究》，高雄：國立高雄師範大學教育系博士論文，1997 年 1 月。

2. 吳昭雲：《老殘遊記研究》，台北：國立台灣師範大學國文系碩士論文，2003 年 6 月。

3. 朱季康：《黃崖山事件與太谷學派研究》，蘇州：蘇州大學歷史系博士論文，2007 年 4 月。

4. 許東：《張積中與黃崖山寨研究》，山東：山東師範大學哲學系碩士論文，2010 年 3 月。

（二）相關單篇論文：（按發表時間排列）

1. 劉厚滋：〈張石琴與太谷學派〉，《輔仁學誌》，第 9 卷第 1 期，1931 年。

2. 劉蕙孫：〈太谷學派政治思想探略〉，《文滙報》，1962 年 10 月 11 日。

3. 周法高：〈論王冬飲先生遺稿兼談太谷學派〉，《中國一周》，1965 年。

4. 楊本義：〈新舊泰州學派的幾點驚人相似〉，《泰州學派學術討論會紀念文集》，泰州：泰州市政府文史資料研究委員會，1986 年 11 月。

5. 徐允明：〈太谷學派的傳道書——《老殘遊記》〉，《明清小説研究》，1988 年第 4 期。

6. 徐允明：〈太谷學派遺書訪問記〉，《江蘇社會科學》，1988 年第 2 期。

7. 徐允明：〈「內聖外王之謎」——太谷學派管窺〉，《江蘇社會科學》，1988年第3期。

8. 李谷鳴：〈論太谷學派的發展〉，《學術界》，1988年第2期。

9. 陳遼：〈近代一篇罕爲人知的《紅樓夢》評論〉，《江海學刊》，1989年第3期。

10. 陳遼：〈清末泰縣詩人蔣文田〉，《揚州師院學報》，1989年第3期。

11. 陳遼：〈「出土」學者和詩人朱玉川〉，《山東社會科學》，1989年第4期。

12. 方寶川：〈鮮爲人知的太谷學派遺書《歸群詞叢》〉，《文獻》1989年第4期。

13. 方寶川：〈太谷學派研究的歷史與現狀〉，《哲學動態》，1989年第10期。

14. 方寶川：〈關於泰州本《希平夫子語錄》的作者問題——與泰州圖書館商榷〉，《江蘇圖書館學報》，1990年。

15. 王學鈞：〈「二巳傳道」考辨——劉鶚與太谷學派關係論考之一〉，《明清小說研究》，1990年第1期。

16. 王學鈞：〈劉鶚《題愚園雅集圖撫本後并序——劉鶚與太谷學派之關係》〉，《文獻》，1990年第3期。

17. 方寶川：〈關於「朱玉川與劉鐵云」一文的訂疑〉，《福建師範大學學報》，1990年第4期。

18. 陳遼：〈太谷學派，我國傳統儒家的最後一個學派〉，《湖南城市學院學報》，第11卷第4期，1990年11月。

19. 程起瑞：〈儒家最後一個民間學派——太谷學派〉，《學術研究》，1991年第2期。

20. 方寶川：〈周太谷及其《周氏遺書》〉，《文獻》，1991年第3期。

21. 陳遼：〈近代一篇鮮爲人知的書論〉，《南京藝術學院學報》，1991年第4期。

22. 陳遼：〈所見太谷學派遺書〉，《文獻》，1992年第1期。

23. 陳遼：〈論太谷學派在儒家文化上的新變〉，《東南文化》，1992年第5期。

24. 張堂錡：〈老殘遊記的域外知音——德國漢學家屈漢思博士〉，《中國文哲研究通訊》，第2卷第2期，1992年6月。

25. 陳遼：〈道家思想與太谷學派〉，《安徽大學學報》，1993年第1期。

26. 王學鈞：〈《老殘遊記》的太谷學派觀〉，《江蘇社會科學》，1993年第4期。

27. 孫慶飛：〈太谷墓與太谷學派活動〉，《南京理工大學學報》，1993年第4期。

28. 陳遼：〈佛家思想和太谷學派〉，《江淮論壇》，1993年第4期。

29. 瞿晃良：〈太谷學派遺書蘇州版——記張德廣輯抄三種叢書本〉，《蘇州大學學報》，1993 年第 4 期。

30. 劉德隆：〈試析黃葆年給劉鶚的一封信〉，《江蘇社會科學》，1993 年第 4 期。

31. 方寶川：〈研究太谷學派的第一部專著——評《周太谷評傳》〉，《南京社會科學》，1993 年。

32. 孔繁林：〈挖掘學術遺產，弘揚民族文化——《周太谷評傳》讀後〉，《學海》，1993 年第 2 期。

33. 朱禧：〈劉鶚《老殘遊記》太谷學派及其他〉，《南京理工大學學報》，1994 年第 3 期。

34. 周榮華：〈《老殘遊記》中的政治倫理思想〉，《南京理工大學學報》，1994 年第 4 期。

35. 李仰華：〈太谷學派傳人李光炘〉，《南京理工大學學報》，1994 年第 5 期。

36. 王子淳：〈對近代太谷學派文學作品的幾點原則性看法〉，《南京理工大學學報》，1994 年第 6 期。

37. 周新國：〈劉鶚與太谷學派〉，《江淮學刊》，1994 年第 6 期。

38. 周志煌：〈《老殘遊記》與太谷學派——論近代民間思想的傳播型態及其意涵〉，《輔大中研所學刊》，1994 年 6 月。

39. 嚴薇青：〈「黃崖教案」余聞點滴——在劉鶚及《老殘遊記》國際學術討論。

40. 會上的發言〉，《山東師大學報》，1994 年第 3 期。

41. 王子淳：〈努力辦出有特色的學術專欄——《太谷學派研究》專欄編輯札記〉，《南京理工大學學報》，1995 年第 2 期。

42. 王汎森：〈道咸年間民間性儒家學派——太谷學派研究的回顧〉，《新史學》，第 5 卷第 4 期，1994 年 12 月。

43. 劉德隆：〈毛慶蕃致蔣文田書淺析〉，《南京理工大學學報》，1995 年第 1 期。

44. 屈漢新：〈對「黃崖教案」的思考〉，《南京理工大學學報》，1995 年第 1 期。

45. 朱松齡：〈太谷學派與氣功〉，《南京理工大學學報》，1995 年第 2 期。

46. 雨閣：〈《愚園雅集圖》說略〉，《南京理工大學學報》，1995 年第 2 期。

47. 李仰華：〈太谷學派及其代表人物〉，《南京理工大學學報》，1996 年第 1 期。

48. 王學鈞：〈黃炎培與毛慶蕃——太谷學派研究札記〉，《南京理工大學學報》，1996 年第 1 期。

49. 方寶川:〈張積中及其著述考略〉,《南京理工大學學報》,1996 年第 5 期。

50. 方寶川:〈太谷學派對孔子「性與天道」學說的闡發與實踐〉,《孔子與人生》,第 4 期,1996 年 9 月。

51. 張秋收、諸祖仁:〈泰州圖書館收藏、入藏太谷學派遺書情況簡介〉,《南京理工大學學報》,1996 年第 1 期。

52. 劉德隆:〈太谷學人蔣文田家書淺析〉,《南京理工大學學報》,1996 年第 6 期。

53. 王學鈞:〈劉鶚《述懷》釋論——劉鶚與太谷學派關係片論〉,《南京理工大學學報》,1997 年第 2 期。

54. 王學鈞:〈《老殘遊記》悟道詩釋證——劉鶚與太谷學派關係片論〉,《南京理工大學學報》,1997 年第 4 期。

55. 賈二強、王雪:〈論清代的太谷教——從《老殘遊記》談起〉,《陝西師範大學學報》,第 26 卷第 1 期,1997 年 3 月。

56. 陳遼:〈盛成與太谷學派〉,《南京理工大學學報》,1997 年第 5 期。

57. 朱禧:〈魅力來自感情,感情源於思想——再談《老殘遊記》和太谷學派,南京理工大學學報》,1997 年第 6 期。

58. 江明:〈黃崖山慘案〉,《春秋》,1997 年第 5 期。

59. 方寶川:〈漫談儒家孝道之衍化——以清代太谷學派孝悌觀為中心〉,《孔子與人生》,1997 年第 7 期。

60. 王學鈞:〈太谷學派研究的基礎工程——讀《太谷學派遺書》〉,《南京理工大學學報》,1998 年第 4 期。

61. 劉蕙孫:〈太谷學派遺書序〉,《南京理工大學學報》,1998 年第 5 期。

62. 王學鈞:〈楊蔚霞與太谷學派〉,《南京理工大學學報》,1998 年第 6 期。

63. 程文超:〈「遊」者的視線內外——《老殘遊記》的文化思考〉,《中山大學學報》,1998 年第 2 期。

64. 汪淑子:〈劉鶚及太谷學派與維新運動的關係〉,《明清小說研究》,1998 年第 3 期。

65. 方寶川:〈劉鶚與太谷學派關係考辨〉,《清末小說研究》,第 21 期,1998 年 12 月 1 日。

66. 朱禧:〈對儒家經典的獨特解釋——讀《儒宗心法》札記之一〉,《南京理工大學學報》,1999 年,第 1 期。

67. 王學鈞:〈太谷學派的儒教觀——「竊比老彭」釋論〉,《南京理工大學學報》,1999 年第 2 期。

68. 劉德隆:〈《周氏遺書》四則臆解〉,《南京理工大學學報》,1999 年第 3 期。

69. 王學鈞：〈劉鶚「三謁龍川」考〉，《南京理工大學學報》，1999 年第 4 期。

70. 肖愛樹：〈清末山東黃崖山事變述論〉，《聊城師範學院學報》，1999 年第 4 期。

71. 朱禧：〈將儒家經典爲我用——讀《儒宗心法》札記之二〉，《南京理工大學學報》，1999 年第 5 期。

72. 方寶川：〈劉鶚手記《道德經·序》作者考略——兼談太谷學派與道教〉，《道韻》，1999 年第 5 期。

73. 蔡廣林：〈《黃崖夫子示門弟子書》解析〉，《南京理工大學學報》，2000 年第 1 期。

74. 王學鈞：〈「四句偈」禪解——太谷學派世俗禪片論〉，《禪學研究》，2000 年第 4 輯。

75. 王學鈞：〈蔣文田與李龍川〉，《南京理工大學學報》，2000 年第 2 期。

76. 劉蕙蓀：〈我所知道的鐵雲先生與太谷學派〉，《南京理工大學學報》，2000 年第 5 期。

77. 許曉雯：〈劉鶚的淚——一個太谷學人的情感世界〉，《南京理工大學學報》，第 13 卷第 6 期，2000 年 12 月。

78. 王學鈞：〈黃葆年與太谷學派南北合宗〉，《南京理工大學學報》，2001 年第 1 期。

79. 陳遼：〈盛成論〉，《揚州大學學報》，第 5 卷第 6 期，2001 年 11 月。

80. 王學鈞：〈錢江與太谷學派——羅爾鋼《錢江考》補正〉，《江海學刊》，2002 年第 5 期。

81. 王學鈞：〈太谷學派「聖功秘訣」：心息相依〉，《南京理工大學學報》，2002 年第 1 期。

82. 方寶川：〈太谷學派《易》學發微〉，《南京理工大學學報》，2002 年第 2 期。

83. 王子淳：〈現代化早期實踐者的心聲——談劉鶚《登太原西域》〉，《南京理工大學學報》，2002 年第 5 期。

84. 陸學松：〈太谷學派主導思想及學派演變〉，《揚州大學職業學報》，2002 年第 3 期。

85. 王明發：〈新發現的兩部太谷學派遺書〉，《中國典籍與文化》，2002 年第 1 期。

86. 方寶川：〈謝逢源稿本《龍川弟子記》〉，《文獻季刊》，2003 年 1 月第 1 期。

87. 王學鈞：〈三教歸一，天下爲公——劉鶚與太谷學派思想論片〉，《南京理工大學學報》，第 16 卷第 1 期，2003 年 2 月。

88. 王明發：〈王伯沆先生與太谷學派傳人〉，《南京理工大學學報》，2004 年第 1 期。

89. 朱松齡：〈太谷學派的詩歌觀〉，《南京理工大學學報》，2004 年第 3 期。

90. 蔡文錦：〈太谷學派一傳大弟子李光炘的《李氏遺書》〉，《揚州廣播電視大學學報》，2004 年第 3 期。

91. 郭明道：〈太谷學派簡論〉，《南京理工大學學報》，2004 年第 5 期。

92. 王子淳：〈對太谷學派女性詩的幾點原則性看法〉，《南京理工大學學報》，2004 年第 6 期。

93. 李宗全：〈承傳與揚棄——劉鶚與《老殘遊記》的現代意義〉，《平頂山師專學報》，第 19 卷第 3 期，2004 年 6 月。

94. 陸學松：〈評周太谷的政治思想〉，《揚州職業大學學報》，第 8 卷第 4 期，2004 年 12 月。

95. 劉蕻、李津：〈循象索義，體證聖道——談《太谷學派遺書‧第三輯》及其《易》學觀〉，《南京理工大學學報》，第 17 卷第 6 期，2004 年 12 月。

96. 王學鈞：〈李龍川與淮軍名將李長樂〉，《南京理工大學學報》，第 18 卷第 1 期，2005 年 2 月。

97. 金文子：〈我所知道的太谷學派〉，《南京理工大學學報》，第 18 卷第 5 期，2005 年 10 月。

98. 郭長海：〈劉鶚「養天下爲己任」思想的具體體現〉，《南京理工大學學報》，第 18 卷第 6 期，2005 年 12 月。

99. 羅時進、李金坤：〈晚清劉鶚《鐵雲詩存》的精神世界〉，《蘇州大學學報》，第 1 期，2006 年 1 月。

100. 王學鈞：〈太谷學派的三教心法：「格物致知」釋論〉，《南京理工大學學報》，第 19 卷第 1 期，2006 年 2 月。

101. 劉娟：〈張積中與黃崖案〉，《史林探幽》，2006 年第 5 期。

102. 江峰：〈太谷學派格物致知說的生命本位特色〉，《北京師範大學學報》，2006 年第 4 期。

103. 朱季康：〈清咸同年間黃崖事件再認識〉，《山東大學學報》，2006 年第 3 期。

104. 朱季康：〈近二十五年來太谷學派研究的回顧與評價〉，《人文雜誌》，2006 年第 3 期。

105. 胡璟：〈新舊裂變時代的女性——兼論劉鶚的女性觀〉，《長江學術》，2006 年第 2 期。

106. 劉德隆、劉弘遠：〈李素心《素心女史詩餘》論略〉，《南京理工大學學報》，第 19 卷第 3 期，2006 年 6 月。

107. 李金坤：〈劉鶚詩歌精神生態探勝〉，《鎮江高專學報》，第 19 卷第 3 期，2006 年 7 月。

108. 陸勇：〈社會變遷與學術團體宗教化──以太谷學派爲例的考察〉，《南京理工大學學報》，第 19 卷第 4 期，2006 年 8 月。

109. 王子淳：〈太谷學派的政治宣言書──評諸乃方《眞州八景》詞〉，《蘇州大學學報》，第 6 期，2006 年 11 月。

110. 詹石窗、江峰：〈論太谷學派對道教生命思想的融通〉，《廈門大學學報》，2007 年第 3 期。

111. 王學鈞：〈喬樹枏與太谷學派〉，《南京理工大學學報》，第 20 卷第 1 期，2007 年 2 月。

112. 劉德隆、劉弘遠：〈張積中、李光炘早年的詩歌唱和──論小王屋山居詩及《素心女史詩餘》〉，《南京理工大學學報》，第 20 卷第 3 期，2007 年。

113. 萬晴川：〈太谷學派與《紅樓夢》〉，《紅樓夢學刊》，2007 年第 3 輯。

114. 江峰：〈太谷學派：漸入文化研究視域的民間儒家學派〉，《哲學動態》2007 年第 12 期。

115. 朱季康：〈張積中「還道于北」史述及考論〉，《山東師範大學學報》，第 52 卷第 5 期，2007 年。

116. 李金坤：〈劉鶚詩歌藝術世界發微〉，《太原師範學院學報》，第 6 卷第 6 期，2007 年 11 月。

117. 陶凌雲：〈關於蘇州歸群草堂〉，《文滙報》，2008 年 9 月 7 日。

118. 江峰：〈和諧──太谷學派生命哲學的靈魂〉，《北京師範大學學報》，2008 年第 6 期。

119. 劉弘遠：〈太谷學派的蘇州記游詩和贈友詩〉，《南京理工大學學報》，2008 年第 1 期。

120. 朱季康：〈早期太谷學派的性、命、心觀〉，《南京理工大學學報》，第 21 卷第 2 期，2008 年 4 月。

121. 江峰、詹石窗：〈試析朱熹對太谷學派生命哲學思想的影響〉，《東南學術》，2008 年第 6 期。

122. 朱季康：〈論太谷學派生成過程中的若干問題〉，《揚州職業大學學報》，第 12 卷第 2 期，2008 年 6 月。

123. 劉德隆：〈劉鶚生平業績與師承關係研究──《劉鶚集》出版前言〉，《南京理工大學學報》，第 21 卷第 3 期，2008 年 6 月。

124. 紀俊龍：〈《老殘遊記》中的知識分子〉，《東海大學文學院學報》，第 49 卷 2008 年 7 月。

125. 王傳凱、李培志：〈太谷學派傳人黃葆年之《帝君祭文》讀解〉，《湖南科技學院學報》，第 30 卷第 3 期，2009 年 3 月。

126. 朱季康：〈黃崖山事件具體軍事解決過程考論〉，《軍事歷史研究》，2009年第 4 期。

127. 朱季康：〈太谷學派北宗張積中五赴山東考述〉，《文史哲》，2009 年第 3 期。

128. 朱季康：〈晚清民間傳統儒家學派的孝悌堅持與創新──以太谷學派為例〉，《廣西社會科學》，2009 年第 8 期。

129. 江峰、董繼祥：〈太谷學派道教詩歌的詩化哲學透析〉，《黃岡師範學院學報》，2009 年第 4 期。

130. 江峰：〈乾坤生成說：太谷學派對生命本源的探索〉，《南京理工大學學報》，2009 年第 5 期。

131. 劉建臻：〈汪全泰學術探析〉，《揚州大學學報》，第 13 卷第 6 期，2009 年 11 月。

132. 朱季康：〈太谷學派（肇始階段）與揚州學派關係談片〉，《江南大學學報》，2009 年第 6 期。

133. 許東：〈論張積中的三教觀〉，《管子學刊》，2010 年第 2 期。

134. 朱季康：〈清季社會轉型期民間傳統儒家學派對理學的反動──以太谷學派為例〉，《四川師範大學學報》，第 37 卷第 2 期，2010 年 3 月。

135. 朱季康：〈晚清山東黃崖山事件的再思考──基於心態史學視野的群體性考察〉，《揚州大學學報》，第 14 卷第 3 期，2010 年 5 月。

136. 張進：〈危機與應對──黃崖教案後的李光炘與太谷學派〉，《揚州大學學報》，第 14 卷第 3 期，2010 年 5 月。

137. 周新國：〈徘徊於學派與教派之間的活化石──太谷學派發展軌跡探討〉，《揚州大學學報》，第 14 卷第 3 期，2010 年 5 月。

138. 朱季康：〈張積中設立太谷學派北宗前生平考述〉，《江蘇工業學院學報》，第 11 卷第 2 期，2010 年 6 月。

139. 朱松齡：〈《老殘遊記》婦女形象及太谷學派婦女觀淺析〉，《清末小說通訊》，第 99 期，2010 年 10 月。

140. 朱季康：〈蓋棺難定論：對歷史事件政治評價歷史的歷史評價──以太谷學派黃崖山事件為例〉，《南昌航空大學學報》，第 12 卷第 4 期，2010 年 12 月。

141. 朱季康：〈清季社會轉型期民間傳統儒家學派的天人和諧觀──以太谷學派為例〉，《西華大學學報》，第 29 卷第 6 期，2010 年 12 月。

142. 朱季康：〈近代轉型期中華東民間傳統儒家學派──太谷學派的人民政治觀〉，《東華理工大學學報》，第 29 卷第 4 期，2010 年 12 月。

（三）其他單篇論文

1. 周慶華：〈「格義」學的歷史意義與現代意義〉，《國際佛學研究年刊》，1992年第 2 期。

2. 劉志惠：〈中國古代書院教學〉，《大連大學學報》，第 4 卷第 2 期，1994年 6 月。

3. 蔡彥仁：〈中國宗教研究——定義、範疇與方法芻議〉，《新史學》，第 5卷第 4 期，1994 年 12 月。

4. 李世偉：〈戰後臺灣有關民間宗教研究的回顧與評介〉，《臺灣宗教研究通訊》，2000 年第 1 期。

5. 王汎森：〈中國近代思想文化史研究的若干思考〉，《新史學》，第 14 卷第4 期，2003 年 12 月。

6. 曾昭旭：〈人是文化創意之本——「文化創意產業」的幾點釐清兼論人的養成與人的失落〉，《淡江人文社會學刊》，2005 年 10 月。

7. 張曉婧：〈論明清徽州書院的社會功能——一種社會學視角〉，《淮南師範學學報》，第 7 卷第 4 期，2005 年。

8. 桑兵：〈中國思想學術史上的道統與派分〉，《中國社會科學》2006 年第 3期。

9. 江峰：〈自我控制——中國宗教的情感修行模式〉，《宗教學研究》，2007年第 2 期。

10. 徐春林：〈儒學民間化的內在理路——以泰州學派「百姓日用即道」思想的演進為軸線〉，《江西社會科學》，2007 年第 2 期。

11. 王保國：〈教化的政治與政治的教化——傳統中原政治文化傳播模式探析〉，《學術論壇》，2008 年第 1 期。

12. 張子程：〈興而致情，情生詩歌——論中國傳統詩歌美學創作主張〉，《陰山學刊》，第 21 卷第 5 期，2008 年 10 月。

13. 張猛：〈「興會」的詩學價值及其對詩學重構的意義〉，《寶雞文理學院學報》，第 29 卷第 1 期，2009 年 2 月。

14. 陶雪玉：〈儒家傳播方式探析〉，《廣西民族大學學報》，2009 年 6 月。

15. 邱小雲、黃梅珍：〈古代書院文化蘊含的德育思想及其當代價值〉，《內蒙古師範大學學報》，第 22 卷第 9 期，2009 年。

16. 楊靜：〈論詩歌創作中想象的力量〉，《遼寧行政學院學報》，第 11 卷第 11期，2009 年。

17. 李鳳娟、李平：〈論中國古代書院產生的原因〉，《長春大學學報》，第 19卷第 11 期，2009 年 11 月。

18. 劉大軍：〈繼承與超越：中國古代書院教育的啟示〉，《中國農業教育》，2010 年第 1 期。

19. 方紅梅、黃南婷：〈書院人才培養模式及其啟示〉，《中國商界》，2010 年第 2 期。

20. 黃南婷、方紅梅：〈如何在嚴格管理制度中傳播書院文化〉，《九江職業技術學院學報》，2010 年第 1 期。

21. 陳波：〈從現代大學特徵分析書院消亡的原因〉，《文學教育》，2010 年第 3 期。

22. 蕭永明、吳增禮：〈書院的發展對地方教育事業的促進〉，《大學教育科學》，2010 年第 2 期。

附圖一：專文研究面向的統計圖

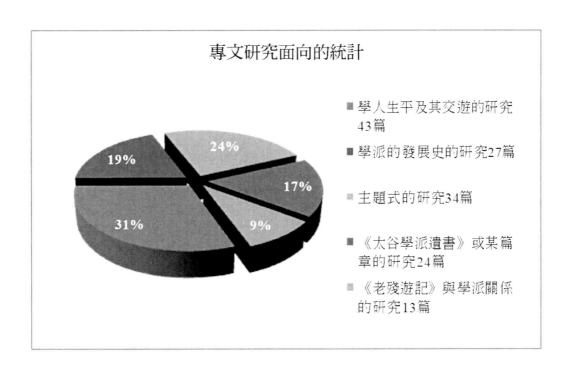

專文研究面向的統計

- 學人生平及其交遊的研究 43篇
- 學派的發展史的研究27篇
- 主題式的研究34篇
- 《太谷學派遺書》或某篇章的研究24篇
- 《老殘遊記》與學派關係的研究13篇

附圖二：專文研究時間的統計圖

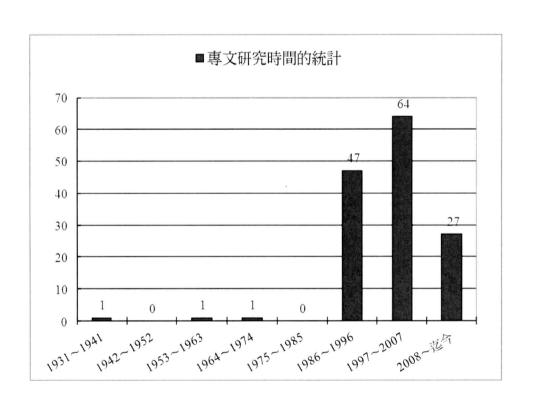

附圖三：專文研究地域的統計圖

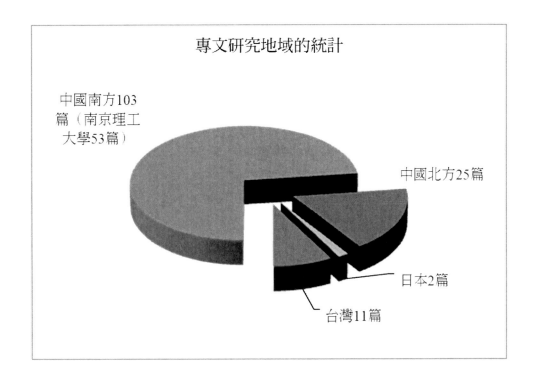

專文研究地域的統計

中國南方103篇（南京理工大學53篇）

中國北方25篇

日本2篇

台灣11篇